DUEL

지은이 | 제임스 랜달 James Landale

제임스 랜달은 BBC뉴스24 특파원이다. 2003년 BBC에 입사하기 전 그는 정치부 특파원이
자 해외 뉴스 편집자로 「더 타임스」에서 10년간 일했다. 그는 현재 아내, 가족과 함께 런던에
살고 있다.

옮긴이 | 채계병

고려대학교 정치외교학과를 졸업했다. 현재는 출판기획 및 번역 일을 하고 있다.
옮긴 책으로는 『나타샤 댄스 - 러시아 문화사』『비전의 충돌 - 세계를 바라보는 두 개의 시
선』『시대의 사기꾼 - 속고 속이는 자의 심리학』『악마의 창녀 - 20세기 지식인들은 무엇을
했나』『종교개혁』『아서왕 - 전설로 태어난 기사의 수호신』 등이 있다.

결투

명예와 죽음의 역사

제임스 랜달 지음—채계병 옮김

이카루스미디어
ICARUS MEDIA

"이보게, 결투 신청을 받는다면 어떻게 하겠나?"

"웃어버리지"

"그래, 물론 그렇겠지"

"새삼스럽게 왜 그런 생각을 하게 됐지?"

"명예에 대해 생각했네. 명예에 대한 생각은 변화하고 있어, 안 그런가? 내 말은 150년 전 우리가 결투 신청을 받았다면 싸워야 했을 거야. 지금은 웃어버리고 말지. 그러나 100년 전 쯤에는 그 것이 다소 곤란한 질문이었던 때가 있었지."

에블린 위프 『장교와 신사』, 1955

들어가는 말

이것은 내가 오랫동안 간직했던 실제 권총 결투에 대한 이야기이다. 집안에 전해 내려오는 데이비드 랜달과 조지 모건의 결투에 대한 이야기를 처음 들었을 때 유일하게 확인할 수 있던 신문 스크랩 자료는 빈약하고 너무 간략해 궁금증을 해소하는 것 못지않게 많은 의문을 불러일으켰다. 이 책은 내가 품었던 몇 가지 의문을 찾아 10년 이상 애쓴 노고의 결실로, 진실을 찾아 기록 보관소에서 도서관으로, 스코틀랜드에서 레이크 디스트릭트까지의 간헐적인 보물찾기와 같았다. 내가 찾은 결투 장소는 지역 역사 협회가 작은 돌무덤과 기념명판으로 표시한 외진 곳이었다. 키르컬디의 작은 박물관 귀퉁이에서 나는 선조가 결투에서 사용했던 권총을 발견했다. 또한 브리티시 라이브러리에서 1826년 8월 사건들에 대한 당시의 통찰을 확인할 수 있는 선정적인 신문기사 한 꾸러미를 찾아냈다. 하지만 많이 알면 알수록 더 큰 고민에 빠지게 되었다. 만일 그 특정한 원고를 찾지 못했다면 이 책은 쓰지 못했을 것이다. 결투가 벌어

진 이후 재판이 열렸고 관련된 법률가들 중 한 명이 자신의 기록에
대한 모든 증거를 복사했던 것이다. 오랜 세월 동안 그의 수고는 누
구의 손도 닿지 않은 채 에딘버러 도서관에 묻혀 있었다. 하지만 이
제 발굴되어 동판에 옮겨 기록된 이 역사적 사금 단지는 거의 30명
의 목격자들이 직접 증언한 4만개의 단어를 제공하고 있다. 이 사
건은 스코틀랜드에서 생명을 건 마지막 결투로 기록되었다. 무엇보
다 이것은 실제 이야기다. 분명히 하기 위해 몇 개의 단어와 쉼표를
바꾸었으며 때로 더 쉽게 이해할 수 있도록 이름을 대명사로 바꾸
거나 대명사를 이름으로 바꾸었다. 하지만 이야기를 꾸며내고 싶은
유혹을 견디며 나는 전적으로 이용할 수 있는 증언에만 의존했다.
적절한 문서상의 논거 없이는 사람들에게 어떤 생각을 주입하고자
하지 않았다. 또한 화가 나긴 하지만 이야기 속에서 공백이 있는 곳
은 말끔하지 못한 여백으로 모르는 채 내버려 두었다.

　이 책은 결투 그 자체에 대한 역사를 이야기하고 있다. 중세에
는 유혈이 낭자한 싸움에서 결투가 어떻게 나타났는지, 오늘날 도
저히 인정할 수 없는 명예라는 개념에 고무되어 결투가 300년 이상
유럽에서 어떻게 번성했는지, 또 19세기 말과 20세기 초에 어떻게
쇠퇴하여 사라지게 되는지 이야기하고 있다. 그것은 왜 분쟁의 해
결뿐만 아니라 더 미묘한 이유들로 남자들이 싸우는지를 설명하고
있다. 즉 결투는 용기를 증명하고 부끄러움을 피하고, 귀족을 흉내
내고, 사나이다움을 과시하고, 평판을 되찾고, 부당한 대우에 복수
하기 위한 것이다. 여기서 많은 결투들에 대해 말하면서 나는 역사

적 자료의 부족으로 곤란을 겪으면서 더 많은 2차 자료에 의존해야 했기에 부분적으로 편파적 기술을 했을지도 모른다. 결투를 목격한 사람들은 분명 편파적이며 일부 설명은 분명 모순되어 있다. 결투에 대해 쓴 사람들은 풍습에 우호적이건 적대적이건 간에 결투자에게 편견을 갖는 경향이 있다. 대부분의 경우 나는 편향적으로 보이는 어떤 세부 사항도 생략했다. 필요할 경우엔 무수히 많은 결투 이야기에 대한 독서에 근거해 사건의 진실에 가장 근접하다고 여겨지는 버전을 선택했다.

하지만 이 책이 결투를 찬양하거나 무장해야 한다고 주장하는 것은 아니다. 내가 말하고 싶은 것은 19세기 초 왜 두 명의 이성적이고 교육받은 남자들이 서로에게 총을 쏨으로써 분쟁을 해결하려 했는지, 그리고 왜 결투가 아직도 우리의 집단적 상상력을 사로잡고 있는가 하는 것이다. 오늘날에도 스포츠 해설가에게선 결투라는 표현을 쉽게 들을 수 있다. 따분한 줄거리에 활기를 불어넣고 싶어 하는 낭만적 소설가에게도 결투는 아직 상투적인 수단이다. 결투는 영웅과 악당이 대결하는 많은 컴퓨터 게임의 소재가 되고 있다. 또한 학계에서 결투는 게임이론에 중요한 부분을 차지하는 가장 최근의 인간 행위가 되어 왔다. 결투의 유산은 전세계적으로 남아 있다. 영국 여왕은 아직도 공식적 전사를 가지고 있다. 그의 임무는 이론상으로 군주의 권리와 자격에 이의를 제기하는 사람에게 결투신청을 하는 것이며, 이 역할은 14세기 이후 링컨쉐어 스크리벨스비의 디모크가가 맡고 있다. 현직 육군 중령 존 디모크는 1946년부터 여왕 전사의 임무를 맡아 여왕의 대관식에서 영방 기장을 지참했다. 하지만 그는 아직도 자신의 군주를 위해 싸워야 한다. 대서양 반대편의 미국 켄터키 주는 과거에 결투가 유행했었기 때문에 모든 공직자가 아직도 매년 다음과 같은 선서를 해야 한다. "이 주의 시민으로서 주(州) 안이나 밖에서 치명적인 무기로 결투를 하지 않으며, 결투 신청을 하거나 받지 않으며, 도전장을 전달하는 입회인으로 행동하지 않으며 따라서 법에 어긋나는 어떤 사람을 돕거나 지원하지 않도록 주여 도우소서."

하지만 극소수의 사람들에게는 결투가 역사적으로 시대착오적인 기괴한 행동이나 경쟁적 행위에 대한 은유만은 아니다. 결투는 현실이며 21세기에도 갈등을 해결하는 진정한 수단이다. 2004년 3월 8일 저녁, 두 명의 늙은 멕시코 농부들이 용수권 문제로 결투를 벌여 서로 총을 쏘아 사망한다. 사촌 간으로 이웃에 살던 마누엘 오로스코와 칸델라리오 오로스코는 멕시코 서부 피후아무 인근 자신들의 농장 경계에 있는 샘에 대한 접근권 문제로 50년 이상 논쟁을 벌여 왔다. 결국 70살의 마누엘과 85살의 칸델라리오는 권총 결투만이 자신들의 논쟁을 해결할 수 있을 것이라고 판단했다. 땅거미가 내릴 즈음 그들은 들 한복판으로 걸어가 서로 4미터 떨어져 마주한 채 동시에 총을 쏘았다. 지역 검찰 대변인 호세 라미레스에 의하면 친척들은 사촌 간의 분쟁을 결투로 끝을 보기보다 원만한 타결을 할 수 있게 애썼다고 말했다. 그는 "하지만 알다시피 노인들은 약간 완고하고 고집이 세서 합의에 이르지 못했다"고 말했다. 이보다 2년 전인 2002년, 수천 마일 남쪽 페루의 부통령 데이비드 바이스만은 정치에서 퍼스트레이디가 해야 할 역할에 대한 말다툼 끝에 한 국회의원의 권총 결투 신청을 받았다. 54살의 에이델 라모스는 바이스만에게 리마 인근 코찬 샌드에서의 결투를 신청하고 자신의 입회인으로 어떤 의사를 지명했다. 하지만 65살의 부통령은 결투 신청을 받아들이지 않았다. 그는 "우리는 사람들의 견해 차이를 법에 따라 해결하는 21세기 문명화된 세계에서 살고 있다"고 말했다. "결투는 합법적 선택사항이 아니다." 같은 달인 2002년 9월 지구의 반대편에선 톰 레일리라는 역사가가 결투신청을 받았다. 올리버 크롬웰이 1649년 아일랜드 동쪽 해안에 있는 드로게다 시를 공격했을 때 기존에 알려진 것보다 더 적은 사람을 죽였다고 주장했다는 이유 때문이었다. 드로게다 시의 전 시장인 프랭크 고드프리는 2천 명의 여자와 어린아이들이 학살당했다고 주장하며 다음과 같이 선언했다. "나는 나의 시와 크롬웰이 학살했던 사람들의 명예를 위해 레일리 씨에게 결투를 신청한다." 당연히 레일리는 결투 신청을 받아들이지 않았다. 한 달 후 당시 이라크 부통령이었던 타하 야신 라마단은 조지 W. 부시 대통령과 사담 후세인이 1대1 결투로 자신들의 견해 차이를 해결하라고 제안했다. 부시 대통령은 그의 제안을 거부하고 대신 이라크 침공을 감행했다. 이러한 농부들과 정치인들이 제정신인가 의심스럽기는 하지만 어떤 사람들에게는 명예를 위해 죽음을 무릅쓴다는 견해가 보기보다 시대착오적인 생각은 아닌 것이다.

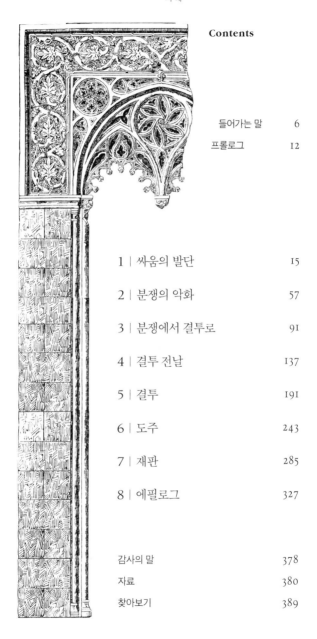

Contents

프롤로그

새벽의 여명이 동쪽 지평선에서 막 떠오르고 있을 때 4명의 남
자가 조림지를 가로질러 가파른 길을 걸어 올라가고 있었다. 그들
은 힘이 들어 가볍게 숨을 몰아쉬면서도 서로 말을 하거나 쳐다보
지도 않았다. 언덕 꼭대기에 다가간 그들은 울타리를 넘어 수목이
덮인 길에서 벗어나 축축하게 안개 낀 들판으로 들어섰다. 그곳은
북해에서 서서히 피어오르는 연무를 피할 정도로 높지는 않았다.
그들 중 두 명이 멈추어 조용히 이야기를 시작했다. 다른 두 명은 몇
야드 더 걸어 가 떨어져 선 채 서로를 뚫어지게 바라본다. 몇 분 후
한 사람이 이야기를 나누는 남자들을 돌아보며 "사과는 없습니다"
라고 외쳤다. 그의 말은 들에 울려 퍼졌다. 남자들은 침묵한 채 잠시
시선을 교환하고 자기 일을 시작한다. 동전을 던져 확인을 한다. 그
들 중 한 명이 자신의 발 아래에 표시를 하고 조심스럽게 열두 걸음
을 걷고 또다시 표시를 한다. 그는 위를 올려다보곤 동의를 표하는
고개짓을 확인한다. 두 명의 남자는 자신들의 손가방을 열었고 두

정의 권총을 꺼낸다. 천천히 신중하게 총에 총알을 장전하고 각자 상대의 움직임을 주시한다. 공이치기가 당겨져 준비된 총들은 조용히 지켜보는 두 사람에게 건네진다. 총을 든 남자들이 12걸음 떨어져 자리를 잡는다. 누구도 두려워하는 기색을 보이지 않으며 각자 정당성과 명예는 자기에게 있다고 확신하고 있다. 순간 예기치 않게 5번째 남자인 의사가 나무 사이에서 나타나 숨을 헐떡이며 무슨 일이냐고 묻는다. 성과 없는 짧은 대화 이후 의사는 서둘러 숲 속으로 사라진다. 총을 든 두 명의 남자가 외투, 스카프 그리고 시계를 함께 온 남자들에게 건네자 그들은 총을 든 남자들 뒤로 10야드 정도 떨어져 있는 곳으로 간다. 잠시 후 마지막 점검을 하고는 "신사 분들, 준비되셨습니까?"라는 외침이 울려 퍼진다. 총을 든 남자 중 한 명이 갑자기 합의된 것보다 일찍 권총을 들어 올린다. "규칙 위반입니다!" 입회인 중 한 명이 외쳤다. "발사 지시가 있을 때까지 총을 내리십시오." 총을 든 사내는 상대편을 향해 총을 겨눈 채 짜증나고 놀란 모습으로 위를 올려다본다. 잠시 정적이 흐른다. 이윽고 그는 마지못해 천천히 총을 든 팔을 옆으로 내린다. 또다시 고통스럽고 신경이 곤두서는 정적이 흐른다. "신사 분들, 준비되셨습니까?"라고 다시 외친다. 이번에는 실수가 없다. "발사!"라는 외침과 함께 두 정의 총구가 동시에 불을 뿜으며 언덕에 총성이 울려 퍼진다. 조용한 대기 속에서 연기가 천천히 사라진다. 총을 든 남자들 중 한 명이 믿기지 않는 듯 신음을 뱉어낸다. 상대방의 총알이 그의 흉곽을 관통해 폐를 꿰뚫고 왼쪽 겨드랑이 밑으로 빠져나갔다. 몸과

머리가 일어난 일을 받아들일 수 없다는 듯 그는 잠시 얼어붙은 채
서 있다. 이윽고 입과 코에서 피를 흘리며 왼쪽으로 쓰러진다. 몸이
땅에 닿기도 전에 그는 사망한 상태였다. 부상을 입지 않은 상대방
은 주저하지 않는다. 그는 들판을 벗어나 이제 법을 피해 도망자가
된다. 하지만 그는 만족해하고 있다. 목숨을 잃지 않았을 뿐 아니라
더욱 중요한 명예를 얻었기 때문이다.

1
싸움의 발단

…

결투의 역사에서 우리의 사악한 열정과 이따금 드러나는 어떤 특성들이 전개되는 과정을 통해 우리는 인류의 역사를 읽는다. 그것은 피로 얼룩진 반사경으로 한없이 불쌍한 존재인 우리가 모든 방면에서 진리를 성찰할 수 있도록 수세대에 걸쳐 흩뿌려진 피를 닦아내야 한다는 것을 느끼게 한다.

존 기던 밀리건, 『결투의 역사』, 1841

…

두 사람을 위한 커피, 한 사람을 위한 샴페인.

익명의 번역 『결투』, 1965에서 인용

1825년 7월 18일 이른 저녁 스코틀랜드 동남부 해안의 작은 도시 키르컬디의 조지 여관 2층에 15명의 남자가 모여 있었다. 분위기는 험악했다. 활달한 여주인 헬렌 맥그레이션이 카운터에서 마음 좋게 음료를 베푼 덕에 마룻바닥을 통해 아래층의 왁자지껄하고 유쾌한 소음이 들려왔다. 2년 전 과부가 된 맥그레이션 부인이 남편을 대신해 조지 여관을 과거처럼 키르컬디 생활의 사랑방으로 유지하고 있었다. 마차들은 하이 스트리트에 있는 이 견고한 화강암 건물에서 에딘버러와 던디를 향해 출발했다. 사람들이 술을 마시며 잡담을 하고 사업을 하는 장소도 이 여관이었다. 위층 거실 탁자 주위에 앉은 남자들은 언젠가 친구로 만나 포스 하구를 향한 창문으로 들어오는 시원한 바닷바람을 맞으며 즐겁게 술을 마셨을 것이다. 하지만 오늘 저녁은 상황이 달랐다. 그들은 그곳에 앉아 미소도 짓지 않은 채 근심어린 표정으로 서로를 바라보며 위안을 얻으려 했다. 그들의 사업 품목은 세계에서 가장 오래된 직물로 키르컬디 활기의 근원인 린넨이었다. 하지만 린넨 사업은 급격히 활력을 잃어가며 그들 모두가 파산 위협을 느낄 만큼 위축되고 있었다. 이들은 린넨 교역이 서서히 정체되는 것을 보았다. 알렉산더 발푸어와 제임스 에이턴의 공장은 린넨의 원료인 아마를 방적사로 만들었고 로버트 스토크의 공장 노동자들은 방적사로 천을 짰다. 윌리엄 밀러와 그의 형 토머스는 린넨을 파는 상인이었으며 윌리엄과 조지 올리펀트는 배로 직물을 해외에 운송했다. 찰스 1세가 키르컬디를 왕립 자치도시로 선언한 당시부터 역사적 유물인 '키르컬디의 시장이자 어선대장'이라는 직함을 자랑으로 삼고 있는 시장이자 수세 관리인인 조지 밀러도 그곳에 있었다. 이 상인들은 밀러의 관청 금고를 채웠으며 그들이 돈을 못 벌면 세금을 거둘 수 없었다.

한 사람이 특히 만족스럽게 방을 둘러보았다. 아마 방적공, 표백업자, 린넨 상인인 데이비드 랜달은 몇 달 동안 동료 교역자들에게 공동의 적에 대해 집단적으로 행동할 수 있도록 조직화할 것을 촉구했고 결국 그들은 데이비드 랜달의 제안에 대한 일을 진행하고 있었다. 밤이 깊어질 무렵 조지 여관에 모인 사람들은 키르컬디와 그 지역에 거주하는 모든 린넨 직물 제조업자, 그런 공장에서 사용되는 품목을 거래하는 업자들, 아마 방적공, 표백업자, 선박 소유주들을 회원으로 인정함으로써 더 자유로운 기반에 근거해 '상공회의소'를 설립한다는 데 만장일치로 합의했다. 그 목적은 분명했다. '회원들이 참여하는 교역과 제조가 영향을 받을 수 있는 모든 공적 수단을 감시하고 어떤 일반적인 불만도 완화할 수 있도록 그 비중과 영향력을 제공하는 것이다.' 상공회의소는 또한 교역과 제조 파생 부문의 특정 이익이나 일반적 이익을 포괄할 수 있는 어떤 다른 목적을 추구하고자 했으며 같은 일이라도 개별적인 노력보다는 협회에 의해 더 효과적으로 수행될 수 있었다. 의회 법안, 세관과 물품세 규제, 대영제국의 모든 주요 항만에서의 적절한 과세에 대한 규칙과 항목들, 그리고 외국의 중요 항만에서 확립된 법률과 규제 같은 유용한 공문서들이 제공되었다. 회원들은 매년 1기니의 기부금을 내게 되었다. 또한 그날 저녁 그들은 데이비드 랜달을 초대 상공회의소 의장으로, 그의 절친한 친구 윌리엄 밀리를 부의장으로 선출했다.

키르컬디의 린넨 교역업자들만 어려움을 겪고 있는 것은 아니었다. 1825년 불황으로 영향을 받지 않은 교역업자들은 거의 없었다. 1825년 불황은 전쟁으로 곪은 상처가 서서히 악화되어 10년간 앓아 온 영국 경제에 가해진 오랜 타격 중 가장 최근에 받은 충격일 뿐이었다. 나폴레옹이 워털루에서 패배한 지 10년 후, 영국은 반세기 전 시작된 산업혁명의 이익이 예기치 않게 급격히 축소되는 바람에 고통을 겪고 있었다. 1793년과 1815년 사이 대(對)프랑스 전쟁은 영국을 황폐화시켰다. 영국은 보나파르트의 침략군에 맞선 프러시아, 러시아, 오스트리아 연합군에 자금을 제공했다. 상비군 고갈은 영국 역사상 그 유래가 없을 만큼 심각한 것이었다. 많은 국내 의용군 연대 —— 의용군 장교들은 제인 오스틴 소설의 여자주인공들에게서 많은 사랑을 받는다 —— 가 프랑스 침략군과 싸우기 위해 조국 수비군으로 결성되었다. 또한 함선 1천척과 15만에 이르는 대규모 해군이 프랑스봉쇄를 유지 하며 침략을 막았다. 그 비용은 파멸을 야기할 정도였다. 우선 빚 을 갚기 위해 1799년 처음으로 수입세가 부과되었지만 실패로 돌아갔다. 전쟁이 끝날 때까지 영국 정부는 8억 파운드 이상의 부 채를 지게 되었고 영국중앙은행은 모든 현금지급을 중단했다.

키르컬디 린넨 무역업자들은 인정하고 싶지 않겠지만 사실 그들은 전쟁으로 이익을 얻었다. 군대는 군복을 필요로 했으며 대 금 지급은 양호했다. 일부 영국산 린넨은 프랑스 보병에게까지 공 급되었다. 제혁 사업도 겸하고 있는 데이비드 랜달과 같은 린넨 상 인은 이중의 행운을 누리고 있었다. 즉 영국군은 데이비드 랜달이 공급한 천으로 만든 군복뿐 아니라 그가 공급한 군화를 신고 진군 했던 것이다. 교역이 단절된 유럽 대륙에선 영국 직물에 대한 수요 가 늘어났고 바다는 압도적인 영국 해군이 대부분 지배하고 있었 다. 하지만 1815년 찾아온 평화와 함께 직물 수요는 급격히 감소 했다. 전쟁에는 성인 남성 인구의 6분의 1 정도 되는 50만 영국 남 성이 동원되었다. 그들 중 고향으로 돌아온 많은 사람이 실직 상태 에 놓였다. 운 좋게 일자리를 구한 사람들도 풍부한 노동력을 임금 삭감에 악용한 고용주들 때문에 아주 형편없는 임금을 지급받았 다. 물가가 치솟았고 특히 콘 로 Corn Laws에 따라 이미 인위적 인 보조를 받고 있던 빵 가격의 상승이 두드러졌다. 콘 로는 값싼 해외 곡물 수입을 막음으로써 영국의 약화된 지방 경제를 보호하기 위해 1815년 도입된 일종의 무역 장벽이었다. 때문에 농부와 농업 노동자들은 새로운 관세율을 찬양하였고 이와 관련되지 않은 사람들은 거의 없었다. 데이비드 랜달은 직원들이 매일 먹는 음식에 더 많은 지출을 해야 한다면, 식비를 충당할 수 있도록 그들에게 더 많은 임금을 지급해야 한다는 사실을 알고 있었다.

키르컬디 린넨 제조업자들을 위협하는 경제적 위기는 정치 불안으로 가중되었다. 전쟁을 승리로 이끈 토리당 정부는 이전 30년 대부분에 걸쳐 집권하고 있었다. 정부는 갈등으로 피폐해져 있었고 평화에 대비한 준비도 되어 있지 않았다. 훗날 윈스턴 처칠은 전쟁을 승리로 이끈 리버풀 경의 행정부가 전후 생겨난 새로운 난관을 해결하기엔 '부적합'한 정부라고 묘사했다. 그들은 프랑스와 혁명으로 위협받았던 현상유지정책 status quo을 지키기 위해 평생 싸웠던 정치인들이었다. 이제 그들은 경제재건, 사회 변화 그리고 무엇보다 정치개혁이라는 당황스럽고 새로운 문제들에 직면하고 있었다. 처칠은 새로운 문제들이 "개선하거나 해결할 수 있는 그들의 능력을 넘어선 것들이었다"라고 말했다. 따라서 많은 정치인들처럼 그들은 예비 보루를 만들어 자신들의 권력 토대를 지키려 하였다. 리버풀 경은 모든 현명한 충고에 역행하며 자기 당의 부유한 지주 지지자들에게 큰 부담이 되었던 수입세를 폐지했다. 대신에 절실하게 필요한 수입 손실을 보충하기 위해 간접세를 전면적으로 부과했다. 음식 가격이 폭등 —— 특히 맥주에 대한 특별세는 인기가 없었다 —— 하고 대중적 불안이 고조되었다. 토리당이 이끄는 정부는 데이비드 랜달이나 다른 키르컬디 무역업자들이 고대하던 정부는 아니었다.

　스코틀랜드 상인들은 의회정치를 불신하긴 했지만 지도력의 결여로 영국 왕실에 대해서도 좋은 인상을 받지는 못했다. 1811년 이후 조지 3세[1]는 1760년부터 간헐적으로 그의 통치를 괴롭혔던 정신병으로 더 이상 통치할 수 없었다. 결국 뚱뚱하고 인기 없는 아들 웨일스 황태자가 아버지의 죽음으로 인해 조지 4세[2]로서 왕위를 물려받을 때인 1820년까지 황태자 섭정으로 통치했다. 많은 영국인들이 굶주리고 있는 반면 조지의 사치는 도를 넘어선 것이었다. 그는 막대한 금액을 지출해 버킹검 저택을 궁전으로 변화시켰고 훨씬 더 어리석은 짓은 브라이튼 파빌리온 Brighton Pavilion궁이었다. 1824년 국왕으로서 그는 거의 7년

---

1) George Ⅲ 1738~1820
영국 하노버왕조 제3대 왕(1760~1820). 대륙에서 성장한 선왕과는 달리 영국에서 태어난 그는 〈애국왕〉으로서 자각을 하여, 1760년 즉위 이후 휘그당의 유력정치가를 물리치고 친정(親政)을 시작하였다. 특히 치세 초기 수년 동안 왕의 가정교사였던 부트백작을 중용하고 점차 내각을 경질하여, 정계와 세론의 강한 반발을 샀다. 그 사이 윌크스문제와 북아메리카 식민지 과세문제가 발생하였다. 70년 F.노스를 총리로 삼으면서 정국은 안정되었지만, 미국의 독립혁명을 저지할 수 없어 독립을 승인하였다. 83년 토리당의 소(小)피트를 총리로 임명한 뒤, 피트의 가톨릭교도 해방정책을 거부하면서부터 정치의 주도권을 차차 잃어갔다. 만년에 정신이상을 일으켜서, 1811년 이후는 황태자가 섭정을 하였다. 60년에 걸친 그의 치세 중에 영국은 산업혁명을 체험하여 크게 변모하였다.

2) George Ⅳ 1762~1830
영국 하노버왕조 제4대 왕(1820~30). 청년기에는 부왕에 반대하는 휘그당의 정치가와 교류하고 가톨릭교도인 여성과 몰래 결혼하는 등 온당하지 못한 품행이 종종 문제가 되었다. 1811년 섭정을 시작, 부왕이 죽은(1820) 뒤 국왕이 되었지만, 휘그당정치가와는 이미 소원하게 되어 가톨릭교도 해방 등 개혁정책에 강하게 반대했다. 정식 왕비 캐롤라인과 이혼문제로 비난을 받기도 했다.

간 800명을 동원해 윈저성[3]을 고딕식 미관의 기념비로 전환시켰다. 국민들은 시조의 이름을 붙인 섭정자의 공원과 섭정자의 거리를 포함해 조지의 건축적 야심에 감탄하기는 했지만 재원을 지출할 만한 가치가 없다고 생각했다. 윈저성 재건만으로 당시 1백만 파운드가 지출되었으며 이는 지금의 화폐가치로 따지면 거의 6천만 파운드에 달하는 금액이었다. 당시 왕가와 각료들에 대한 국민 반감의 순 척도를 급진적 시인 퍼시 셸리가 자신의 단시 「1819년 잉글랜드」에서 포착하고 있다.

늙고, 미쳐 눈이 멀어 경멸받으며 죽어가고 있는 국왕 —

그들 우둔한 혈통의 찌꺼기인 황태자들

그들은 이어지네

공개적 경멸로……

보지도, 느끼지도, 알지도 못하는 통치자들

하지만 자신들의 실신한 나라에 거머리처럼 들러붙어……

국민은 굶주리고 경작되지 않은 들에서 찔려죽는다.

당시는 키르컬디에서 콘월에 이르는 방화된 건초가리와 기계 파괴 같은 폭동의 시대였다. 다시 말해서 1789년 프랑스 대혁명 이

---

3) Windsor Castle
런던 서쪽 교외 윈저에 있는 영국 왕실의 이궁(離宮). 도시의 북동쪽 끝 템스강을 굽어보는 작은 언덕위에 있다. 런던에서 가깝고 사냥터로도 적합하며 천연요새를 이루고 있어서, 11세기에 윌리엄 1세가 큰 성으로 건조한 이래 역대의 왕이 증축·개축하여 오늘날과 같은 모습으로 정리되었다.

후 30년밖에 지나지 않은 민중 반란의 잠재력이 깨어난 시대였던 것이다. 변화의 물결을 두려워한 러다이트 노동자들은 전쟁이 끝나기 전인 1812년 자신들의 새로운 기계를 파괴하기 시작했다. 평화가 시작되자 의회 밖의 교육받은 급진주의자들은 집단 데모와 의회 청원에 노동자들과 함께하며 정치개혁에 대한 자신들의 요구를 재개했다. 혁명을 두려워한 정부는 단호하게 대응했다. 인신 보호령 Habeas Corpus은 1817년 일시 정지되어 당국이 급진적 행위로 의심되는 어떤 사람도 재판 없이 무기한 구금할 수 있는 권한을 갖게 되었다. 2년 후 6만에 이르는 대규모 군중이 저임금에 항의하며 의회개혁을 요구하기 위해 맨체스터 성 피터 필드에 집결했다. 당황한 지역 행정관은 칼을 빼든 기병대를 파견했다(10년 후 로버트 필 경[4]은 국내 경찰력을 확립했다). 11명이 살해당하고 400명이 부상당했으며 그들 대부분은 여자와 어린아이들이었다. 이 사건은 워털루 대학살을 의도적으로 연상하게 하는 피털루 학살[5]로 알려지게 되었다. 정부는 급진적 신문에 과세하고, 대규모

---

4) Sir Robert Peel 1788~1850
영국 정치가. 1809년 21세에 국회의원이 되어 아일랜드 사무장관·내장관 등을 지냈으며 34~35년, 41~46년에 각각 총리를 지내는 등 19세기 전반의 영국을 대표하는 정치가로 활약하였다. 정치적으로는 토리당에 속하여 기본적으로 보수적 입장을 대표하였으나 가톨릭 해방·재정개혁·경찰제도 개혁·곡물법 폐지·공장법 제정 등 정치적·사회적 개혁에 중요한 역할을 하였다.

5) Peterloo Massacre
1819년 8월 16일 영국 맨체스터 세인트피터광장에서 일어난 민중운동탄압사건. 원인은 6만 명 민중이 의회개혁·선거권 확대를 요구하며 집회를 하고 있을 때 급진적 활동가 H.헌트 등을 당국이 체포하려던 과정에서 발생하였지만, 근본적 배경은 그 당시 맨체스터 주변 노동자의 빈곤과 급진적 정치운동의 고양 그리고 치안유지에 대한 지방당국의 위기감에 있었던 것으로 알려졌다. 사망자 11명, 부상자 약 400명을 내었으며, 명칭은 광장이름과 위털루싸움을 결부시켜 야유조로 지은 것이다. 이 사건을 계기로 그해 말에 탄압입법인 육법(六法)이 제정되었다.

정치 집회를 금하고, 행정관에게 새로운 수사권을 부여하고, 명예훼손죄를 강화하고, 시민 의용군의 훈련을 금하는 일련의 억압적 입법으로 대응했다. 정부의 대응에 절망한 몇몇 사람은 1820년 토리 내각 전체를 암살하고 영국 중앙은행 점거 음모를 계획했다. 결국 카토 스트리트 콘스피러시 Cato Street Conspiracy ―― 그들이 모여 계획을 모의했던 런던 거리의 이름을 붙였다 ―― 의 지도자 5명은 배반당해 재판에서 사형선고를 받고 처형된다.

데이비드 랜달과 같은 키르컬디 린넨 상인은 이 같은 급진주의와는 아무런 관련도 없었다. 그들에게 불안은 불확실성을 의미했고 불확실성은 사업에 좋지 않았다. 데이비드 랜달과 그의 동료 상인들이 원한 것은 불황 속에서 살아남는 것이었다. 1820년대 초 상황은 약간 나아지고 있었다. 경제가 안정되고 풍년이 들었으며 정부는 노동자들이 교섭할 수 있는 노동조합결성을 허용했다. 상인들은 많은 자금을 빌려 해외 수출 시장에 뛰어들었고 전쟁 중 중단되었던 대규모 기간 시설 프로젝트들에 대한 작업을 재개하기 위해 엄청난 빚을 떠맡았다. 새로운 운하들이 개통되고 부상하는 산업도시의 거리를 가스등이 밝히기 시작했으며 초기 철도망이 전국으로 깔리기 시작했다. 이 모든 일은 자금을 필요로 했고 정부로서는 다행스럽게도 영국중앙은행이 경솔한 통화확대정책을 채택해 필요한 재원을 제공했다. 이어 지방은행들도 영국중앙은행을 따라 모험적인 대출을 해 주었다.

이 모든 투자로 남아돌게 된 자금이 주식 투자에 몰리며 투기적 주식 투자가 유행하게 되자 주식가격이 상승했다. 하지만 오래 지속되지는 못했다. 1825년 거품이 꺼지고 은행이 파산하자 영국 경제는 또다시 위기로 치닫게 되었다. 주가가 폭락하고 기업이 문을 닫았으며 뒤늦게 영국중앙은행은 통화 공급을 줄이고자 했다. 작은 은행들은 많은 대출금이 채무불이행상태에 있다는 사실을 알고 영국중앙은행에 도움을 청했다. 요청은 거부되었다. 결과적으로 잉글랜드와 웨일즈에 있는 93개 은행들에 지불청구가 쇄도했고 현금을 인출하려는 고객들을 막기 위해 문을 닫아야 했다. 결국 영국중앙은행은 프랑스중앙은행으로부터 금 차관을 보장받음으로써 겨우 살아남을 수 있었다. 빅토리아 시대 역사가인 데이비드 브렘너는 키르컬디 해안을 따라 올라가는 또 다른 직물도시 알브로아스의 운명을 묘사하면서 절망적 분위기를 포착하고 있다.

"그곳의 제품들은 거의 팔리지 않았고 화폐는 희귀해졌으며 신용은 사라지고 거의 모든 제조업계, 모험사업가, 명예로운 상인들이 한결같이 하나의 공통된 파멸 속에 빠져 있었다. 거의 모든 공장과 제작소엔 정적이 흘렀고 가난이 거리 전체를 지배하고 있으며 알브로아스는 머지않아 다시 이전의 모습이 되었다."

따라서 1825년 여름 15명의 키르컬디 상공회의소 설립 회원들이 조지 여관에서 만났을 때 그들은 10년간의 정치적 불확실성과 경제 불황을 견디어 냈을 뿐 아니라 상황이 훨씬 더 나빠지고 있는 것을 목격하고 있었다. 신임 의장인 데이비드 랜달의 말처럼 그들은 '절대적인 교역 불황'을 경험하고 있었다. 그리고 많은 사람에게 미래는 어두워 보였다.

1096년 고드프로이 베이나르라는 노르만 기사는 도의 백작 윌리엄 기사를 반역죄로 고발했다. 베이나르 백작은 윌리엄이 국왕에 대해 모반을 계획했다고 주장했다. 윌리엄은 사실이 아니라고 말했다. 국왕인 윌리엄 루퍼스는 당연히 의심했다. 그는 누가 진실을 말하고 있는지 밝혀내기 위해 두 명의 귀족을 솔즈베리로 데리고 갔다. 그곳 들판에서 왕과 신하들이 보는 앞에서 두 명의 기사는 남자 대 남자로 1대1의 유혈 결투를 벌였다. 마침내 도의 백작이 패배하자 왕은 부상당한 기사의 혀를 자르고 눈알을 뽑으라고 명령했다. 불행한 백작의 종자인 알도의 윌리엄은 채찍을 맞고 교수형에 처해졌다. 결투에 의한 잉글랜드의 첫 번째 재판은 이렇게 끝을 맺는다. 결투에 의한 잉글랜드의 사법적 전통은 1066년 윌리엄 루퍼스의 아버지가 유럽 대륙에서 도입해 처음 문화적으로 근대 유럽식 결투를 받아들이며 시작했다.

남자들의 결투는 공식적이고 의식화되었으며 목격자가 있는 재판을 통해 견해 차이를 해결할 수 있다는 생각은 예수가 태어난 수세기 후 고대 게르만인들에게서 유래하고 있다. 결투는 특히 '허리띠 결투'라고 불리는 것을 개발한 스칸디나비아의 이교도 사이에서 선호되었다. 이 결투는 옷을 벗고 가슴을 묶은 채 두 명의 결투자들에게 각각 검을 준 뒤 외딴 섬에 데려다 놓고 어느 한 명이 죽거나 살려줄 때까지 유혈의 광란 속에서 서로를 난도질하게 한다. 수년에 걸쳐 다양한 형태의 1대1 대결 monomachia 이 결투에 의한 재판 —— 또한 사법적 결투 혹은 전투에 의한 재판으로 알려진 —— 으로 발전했으며 그 과정은 501년 군더발트라는 부르군디왕에 의해 처음으로 확립된다. 그는 신이 전투 결과를 결정하기 때문에 신은 더 사소한 분쟁도 당연히 판결할 것이라고 믿었다. 때문에 군더발트는 현존하는 켈트, 게르만과 로마 전통들을 하나의 소위 렉스 부르군디오룸 Lex Burgundiorum으로 통합한다. 렉스 부르군디오룸하에서 두 명의 개인 간 분쟁은 심판관과 입회인들이 지켜보는 가운데 죽음에 이르는 공개 결투로 해결할 수 있었다. 신은 죄 없는 자를 보호하고 죄 있는 자를 심판할 것이라는 이론이었다. 성 아우구스티누스는 다음과 같이 기록하고 있다. "결투가 진행되는 동안 신은 기다리고 하늘이 열리며 신은 자신이 보기에 올바른 측을 지키신다." 많은 피고들에게 그것은 열탕에 손을 넣게 하거나 달구어진 포크로 지진 손을 하느님이 얼마나 효과적인 치료를 선택하느냐에 따라 운명이 결정되던 재래적인 죄인 판별법보다는 훨씬 더 환영할 수 있는 대안이었다.

결투에 의한 재판을 위해 엄격한 규칙과 의식이 있었다. 결투자들은 흔히 정화의식으로 몸의 털을 깎고 기름을 발랐다. 그들은 투기장으로 알려진 울로 둘러쳐진 장소에 들어갔으며 남쪽에선 고발자가 북쪽에선 피고자가 나왔다. 심판관들, 고위 공직자들과 성직자들이 특별석에서 지켜보았으며 일반 대중은 자신들이 원하는 좋은 위치에서 관람했다. 11시에 성직자들은 결투자들에게 분쟁을 평화롭게 해결할 것을 촉구하게 된다. 거부하면 그들은 자신의 무죄를 성경에 대고 맹세해야 한다. 일종의 자발적 형태의 약물 검사로 그들은 또한 자신들이 부적, 운이나 마법을 개인적으로 지니지 않았다고 맹세한다. 결투 신청자는 장갑이나 손 가리개를 던지고 상대자는 결투 신청을 받아들인다는 표시로 그것을 집어 든다. 이어 그들은 싸우게 된다. 귀족 결투자는 말을 타고 칼로 결투를 하며 평민은 말을 타지 않고 나무 막대기로 결투를 한다. 이러한 신의 뜻에 의한 정의는 지위의 높고 낮음과 상관없이 모든 죄인들에게 허용되었다. 승자는 상대를 살해할 수 있는 모든 권리를 갖게 되며 승자, 군중 혹은 권위자들이 내킬 경우엔 자비를 베풀 수 있다. 신속히 처리할 때 선호하는 방법은 투구의 면갑을 칼로 꿰뚫는 것이다. 다른 방법은 패배한 결투자를 구석으로 데리고 가 교수대에서 목을 매는 것이다. 패배를 피할 수 있는 유일한 방법은 고발자의 고발내용이 거짓임을 밝힌 것으로 생각되는 시점인 별이 보일 때까지 계속 싸우는 것이었다.

　고발당하거나 결투 신청을 받은 사람은 누구든 싸워야 한다. 여자와 성직자, 장애인 그리고 16살 이하나 60살 이상의 남자만이 예외이다. 하지만 누구나 이론상으로는 자신의 결투를 대신할 오리지널 프리랜서인 대리 전사를 이용할 수 있다. 그러나 어떤 경우든 패배할 경우엔 성한 몸으로 벗어날 수 없었다. 전사가 질 경우 그는 오른손이 잘리게 된다. 그 동안 목에 밧줄 올가미를 걸고 구석의 교수대에서 결투를 처음부터 끝까지 서서 지켜보던 패배한 결투 당사자는 교수형에 처한다. 군중 통제도 마찬가지로 강경하다. 결투 중 소리를 내거나 개입한 관중은 누구든 일년 혹은 하루 동안 투옥되거나 더 심한 경우 손이나 발을 잃을 수 있다.

결투에 의한 가장 기묘한 재판 중 하나는 전혀 있을 것 같지 않은 사례였다. 1400년 슈발리에 마퀴에라는 프랑스 기사가 친구인 오브레이 드 몽디디에를 살해해 은밀히 시신을 매장했다. 덩치가 큰 그레이하운드인 베르보라는 죽은 자의 개를 제외하고 목격자는 없었다. 하지만 영리한 그 개는 죽은 주인 친구들 중 한 명을 시체가 매장된 장소로 인도했고 땅을 파 시체를 발굴했다. 그 개가 되풀이해 마퀴에를 공격하자 의혹이 일었다. 청원을 받은 왕은 마퀴에의 유죄 여부는 개와의 결투에 의한 재판으로 신이 판결하게 하라고 명령했다. 결국 노트르담 인근에서 허리까지 파묻힌 채 그 기사는 막대기와 방패로 무장해야 했다. 이 조처는 때로 남자와 여자 사이의 결투에 사용되는 것으로, 개는 주저하지 않고 마퀴에의 목을 물어뜯었고 깜짝 놀란 기사는 살려달라고 비명을 지르며 자백할 것을 약속하자 개가 그로부터 떼어졌다. 개의 이빨을 벗어난 마퀴에의 목은 교수대의 밧줄 올가미를 벗어날 수 없었다.

고드프로이 베이나르가 승리한 이후 결투에 의한 재판은 노르만 영국에 점차 확립되었으며 곧 민사와 형사 소송 모두에서 일반적인 관행이 되었다. 하지만 중세 말에 이르러 결투에 의한 재판 관습은 점차 유무죄에 대한 판결에서 증거에 입각한 배심원에 의한 재판이 신보다 더 바람직하다고 당국이 생각하게 되면서 사용되지 않게 된다. 또한 신의 섭리가 더 근육질이거나 더 능숙한 결투자의 편을 드는 것처럼 보인다는 의혹도 점증하고 있었다. 시대착오적인 결투에 의한 재판을 부흥시키려는 한두 차례의 시도도 있었다. 1571년 한 남자가 영지권에 대한 분쟁을 해결하기 위해 결투에 의한 재판을 간청했지만 마지막 순간에 엘리자베스 여왕이 소송을 평화롭게 해결하라고 명령했다. 1819년 아브라함 손튼이라는 남자가 메리 어쉬포드라는 어린 소녀를 살해한 혐의로 고발당한 후 결투에 의한 재판권을 주장했다. 상소법원은 마지못해 법률에 따라 결투에 의한 재판을 결정했다. 손튼은 사실상 아직 결투에 의한 재판을 받을 권리를 갖고 있었고 소녀를 위해 싸워줄 사람이 없었기 때문에 그는 석방되었다. 의회는 신속하게 법률상의 허점을 보완해 같은 해 3월 22일 영국에서 결투에 의한 재판은 더 이상 존재하지 않게 되었다.

결투에 의한 재판이 근대 유럽 결투의 시초이긴 하지만 기사들의 결투는 결투에 의한 재판과 가까운 오래된 형태이다. 이 귀족 결투는 기사도 제도가 있던 시대의 프랑스에서 유래하고 있으며 귀족 결투는 결투에 의한 재판과 동시에 존재하고 있었지만 결투에 의한 재판보다는 더 오래 지속된 스포츠와 결투가 혼합된 형태였다. 초기의 마상 창 시합은 기사와 종자들의 팀이 소규모 전투에 모두 자유롭게 참여할 수 있는 유혈극이었다. 1240년 이 같은 난투극 중 하나에서 하루에 80명이나 되는 기사들이 사망했다. 점차 이러한 팀 시합은 개인 간의 결투나 독립된 기사들 간의 마상 창 시합으로 축소되었다. 이러한 결투들은 기사들에게 많이 일어났고 기사들만을 위한 것이었다. 평민들은 참여할 수 없었던 것이다. 결투에 참여하는 사람은 누구든 적어도 4세대를 거슬러 올라가 자신이 귀족 혈통임을 입증해야 했다. 때로 마상 창 시합은 스포츠 경기와 아주 유사했지만 다른 것들은 죽음에 이르는 공식적인 결투들이었다. 하지만 두 가지 변형 모두 유사한 형태를 따랐다. 마상 창 시합은 늘 투기장 내에서 벌어졌으며 무기는 창과 칼이었다. 일반인에게 관람이 허용되었으며 심판관들은 규칙이 준수되는지 여부를 판결했다. 흔히 미혼 여성의 명예가 문제가 되었다. 스포츠 마상 창 시합은 또한 사실상 고유한 결투 못지않게 빈번하게 치명적이었다. 상대에게 창을 겨눈 채 말을 타고 서로를 향해 돌진하는 것을 안전한 스포츠라고 할 수는 없다. 프랑스의 앙리 2세는 1559년 스포츠 마상 창 시합에서 머리를 창에 찔린 후 사망했다. 이제 이러한 마상 창 시합은 스포츠 이상이었다. 마상 창 시합은 기사가 전투에 익숙해질 수 있는 기회였다. 이를 통해 종자들에게 군인 정신을 주입했고 기사들은 언젠가 전투로 이끌게 될 군대의 질을 시합을 통해 판단할 수 있었다. 하지만 무엇보다 중요한 것은 기사들의 마상 창 시합이 새롭게 개발된 기

사의 명예라는 개념을 증명하기 위해 사용되었다는 사실이다. 승
패에 대한 생각들이 약화되기 시작했다. 대신 기사는 결과에 관계
없이 위험에 맞서 훌륭하게 처신하며 용기를 보여주는 것이 승패
만큼이나 중요하게 받아들여졌다. 승자와 패자 모두 훌륭하게 싸
웠다면 그들은 자신의 명예를 드높일 수 있다. 공개 마상시합에서
의 공식적인 마상 창 시합은 물론 기사의 결투에 대한 명예의 길
pas d'armes이라는 또 다른 변종으로 발전했다. 여기서 명예를
추구하는 기사는 일정 기간 동안 자신이 특정 장소 —— 일반 통
행로나 다리 같은 —— 를 '장악'했다는 것을 알리고 지나치는 모
든 사람들에게 결투를 신청한다. 이것이 몬티 파이톤의 영화 〈성
배〉에서 존 클리스가 연기했던, 변함없이 낙천적인 기사가 다리
에 서서 아서왕에게 사지가 잘리지 않고는 '아무도 지나갈 수 없
다'라고 말할 때 하려 했던 일이다. 이는 처음으로 사람들의 눈에
띄지 않는 곳에서 결투가 일어나야 한다는 생각을 도입하고 있는
것으로 다시 말해서 기사들은 분쟁을 해결하기 위해 사적인 결투
에 탐닉할 수 있었다.

　기사의 결투는 12세기 잉글랜드에 처음 소개되었지만 1300
년대에 가서야 확고하게 자리를 잡게 된다. 당시 에드워드 3세는
기사 계급 법정을 설치하고 프랑스의 필립 왕에게 결투 신청을 함
으로써 결투에 대한 자신의 승인을 확인했다. 프랑스 국왕은 에드

6) Battle of Crecy
백년전쟁 때인 1346년 북프랑스 크레시에서 일어난 잉글랜드군과 프랑스군의 싸움. 슬로이스
해전에서 승리하여 도버해협을 제압한 잉글랜드왕 에드워드 3세는 그해 여름에 기사부대

워드의 결투 신청을 거부했지만 크레시6)에서 에드워드의 군대에게 패배한다. 하지만 15세기 말까지 이 같은 귀족의 결투는 말을 탄 기사들이 말을 타지 않은 궁수들에게 꺾이면서 사라졌다. 혹은 어떤 편파적인 역사가가 기록했듯 "모든 과장으로 뒤범벅된 기사도 제도는 화약의 출현과 세르반테스가 기사도 제도를 풍자한 『돈키호테』를 쓰기 이전에 사라졌다."

결투에 의한 재판, 기사의 마상 창 시합 그리고 근대 유럽의 결투 간에 완전한 연결고리는 존재하지 않는다. 근대 유럽의 결투는 16세기와 17세기 이탈리아에 이어 프랑스에서 나타났다. 근대 유럽의 결투는 당시 귀족들과 그들의 충성스런 종자 집단들 간의 분쟁을 특징지었던 피의 복수와 암살이라는 무시무시한 '살인적 난투'에 대한 대안으로 나타났다. 하지만 구귀족 질서와 봉건 왕국이 절대 군주가 지배하는 중앙집권화된 국가의 성장으로 위협받게 되면서 귀족들에겐 더 이상 사병 유지가 허용되지 않았다. 이러한 권한 박탈에 직면하자 엘리트인 자신들의 지위를 보존하기 위해 귀족들은 법을 넘어서는 사적인 죽음으로 자기들끼리의 분쟁을 해결할 수 있도록 그 권리의 유지를 주장했다. 귀족

4000, 보병 1만으로 구성된 군대를 노르망디로 상륙시켰다. 노르망디를 공략하고 칸을 점령한 뒤, 센강을 따라 파리로 향하였다. 이에 프랑스왕 필립 6세는 몇 배 규모의 군세를 모았다. 에드워드 3세는 파리 직전에서 방향을 바꾸어 북서쪽으로 전진하였고, 프랑스군은 그 뒤를 추격하여 8월 26일 솜강을 건너 해안에서 50km 들어간 피카르드의 크레시평원에서 따라잡았다. 프랑스군은 영주귀족이 제공한 중장비 기사대를 집합시킨 것으로 지휘계통이 정비되지 않았고, 여러 도시에서 제공한 보병부대도 그 기동성이 약했다. 이에 맞서 잉글랜드왕군은 재빨리 유리한 진형(陣形)을 갖추고 활부대·창부대를 선두에 배치하여 돌진해오는 중장비 기사부대를 쓰러뜨렸다. 필립 6세는 용병에서 패하고 기사 4000을 잃었다. 에드워드 3세는 그뒤 칼레를 점령하여 대륙의 교두보로 삼았다.

들은 그것을 군주제 국가의 금지 법률에 대한 자신들의 자유와 자결권의 표현으로 생각했다. 귀족들은 역사를 회고하며 사법적 전통으로서 기사만의 결투 일부를 채택하기 시작했다. 무엇보다 귀족들은 기사의 명예라는 가공의 개념을 이용해 새로운 시대를 위해 그것을 재발명한다. 이렇게 해서 근대 유럽의 결투가 생겨나게 된다.

결투를 단순한 1대1 대결과 구별하는 것은 명예에 대한 새로운 생각이다. 단순한 1대1 대결은 두 사람 사이의 순수한 힘과 능력의 시험이었고 누군가 다른 사람을 위해 행해졌다. 다윗은 블레셋 사람들에게서 이스라엘민족을 구하기 위해 골리앗과 싸웠으며 사울 왕의 예쁜 딸을 얻었다. 아킬레스는 친구 파트로클로스의 죽음에 복수하기 위해 헥토르와 싸운다. 오비 완 케노비는 친구들이 밀레니움 팔콘에서 탈출할 수 있는 시간을 벌어주기 위해 다스 베이더와 싸운다. 이론상으로 이러한 대결을 결투로 부를 수 있다. 어원상으로 결투 duel이라는 단어는 라틴어 단어 'duo'와 'bellum'에서 음절이 탈락한 두 사람 간의 전쟁을 의미한다. 하지만 사실상 이러한 대결 중 어느 것도 엄격하게 말해 결투는 아니다. 대결자들 중 누구도 개인의 명예에 얽힌 분쟁을 해결하기 위해 싸우고 있지는 않기 때문이다. 그것은 근대 유럽에서 결투를 정의하는 핵심 기준이다. 남자가 결투를 할 때 그는 자신과 자신의 명예만을 위해 싸운다. 옛날의 기사들처럼 근대 유럽의 결투자들은 승패에 연연해하지 않으며 단지 명예를 회복하고 입증하며 위험에 맞서 용기를 증명하고자 한다. 또한 이를 위해 결투자들은 엄격한 실천 규범을 따르는 유형의 의식을 개발했다. 그것은 합의에 의해 형성된 냉혹한 귀족적 특권으로 공식적이고 인격적인 대결이다. 그것은 곧 키르컬디 출신의 린넨 상인에게 너무나 익숙해진 고대 유산의 근대적 왜곡이었다.

데이비드 랜달은 1786년 11월 27일 저명한 키르컬디 상인 집안의 아들로 태어났다. 제임스 랜달이라는 이름을 공유하고 있는 그의 아버지, 할아버지, 고조할아버지는 가죽 제조 및 판매 사업을 성공적으로 경영했다. 그들 모두 선박을 소유하고 있었고 시장과 자치시 대의원으로 봉사했으며 데이비드에게 금전적 정직성과 시민의 책임, 기업가적 재능과 같은 감각을 불어넣었다. 후에 그의 사망기사는 "젊은 시절부터 랜달 씨는 대단한 사업적 재능을 갖고 있었다. 일을 시작하면서 그는 형과 함께 가죽 제조와 교역을 위해 헤드 항에 설립한 건물에서 교역을 하는 아버지를 도왔다"라고 기록하고 있다. 이러한 기록은 데이비드 랜달의 아버지가 그가 겨우 12살 때 돌아가셨기 때문에 부분적으로만 정확하다. 가죽 제조 및 교역 사업은 실제론 데이비드가 19살, 그의 형 제임스가 21살이 될 때까지 가족 재산을 관리해 주는 사람이 운영했다. 키르컬디의 전 시장이자 고인이 된 데이비드 형제 아버지의 친구인 월터 퍼거스는 자신과 다른 재산 관리인들은 "데이비드 형제가 매우 확대된 그들의 사업을 수행할 능력이 충분히 있다"고 생각하고 "데이비드 형제에게 모든 경영권을 양도했다"고 말하고 있다. 많은 세월이 지난 후 퍼거스 씨는 자신이 "사업에서 그들의 노력이 성공적이라는 사실을 알 수 있는 근거"가 있었다고 말했다.

데이비드의 동생 알렉산더는 돈을 벌기 위해 인도로 이주했다. 데이비드의 누이 동생, 제인과 카트린느는 결혼도 못하고 아이도 없이 이른 나이에 사망했다. 제임스가 가족의 오랜 제혁사업을 꾸려나간 반면 데이비드는 곧 수익성이 더 높다고 생각한 아마 교역에 "전적으로 관심을 돌렸다." 데이비드 랜달 사는 성장하기 시작했고 아마의 구입과 판매뿐 아니라 방적사를 짜고 린넨 완제품을 표백하는 데 집중했다. 1818년 10월 데이비드는 키르컬디 앤 레이스 선박 회사를 설립하고 항구의 동쪽 부두에 집무실을 건축했다. 30대 중반이었던 1820년대 초까지 데이비드는 키르컬디에서 가장 성공한 사람들 중 한 명이었다.

재산이 거의 없고 대학 교육도 받지 못한 상인으로서 데이비드 랜달은 분명 지주 신사 계급은 아니었다. 그의 가족은 에딘버러 문장원에 등록된 가문의 문장도 없었다. 하지만 그렇다고 그가 신사가 아니라는 의미는 아니다. 역사가인 빅터 키에넌은 "잉글랜드에서……혈통은 많은 형태의 도덕적 엄격성을 갖고 있다"라고 기록하고 있다. "도회지 사람을 지역 계급으로 인도하는 유서 깊은 경로 이외에 상층 계급 지위 중 본질적으로 가장 높은 지위의 서열에 대한 주장을 보증할 수 있는 직업, 교육, 재산과 같은

데이비드 랜달은 19세기 스코틀랜드 상인의 존경할만한 모델로 단호하고 완고한 눈빛을 가지고 있다. 초상화가 그려진 시기는 정확하지 않지만 키르컬디 사장으로 선출된 것을 기념하기 위해 1835년에 그려진 것으로 보인다. 비스카운트 잉글리비 소장. 해리 미들턴이 찍은 사진.

다른 많은 근거들이 존재하고 있었다." 따라서 산업 혁명으로 점차 늘어나고 있는 중산층 사업가 세대 중 한 명이자 수세기에 걸쳐 자기 선조의 명성을 증명할 수 있는 저명한 지역 가문의 부유한 구성원으로서 데이비드 랜달은 사실상 신사였을 뿐만 아니라 키르컬디에선 상류 사회의 신사였다. 남아 있는 유화로 그린 초상화는 강인한 턱, 높은 이마와 약간 미소를 머금은 채 굳게 다물고 있는 입을 가진 단호한 표정의 남자를 보여주고 있다. 그는 곧고 단호하게 등을 뻣뻣이 기대고 있다. 어느 모로 보나 그는 다소 완고하긴 해도 품위 있는 존경할만한 인물이었다. 말년에 데이비드를 알았던 키르컬디 사람 존 록하르트는 그를 "천성적으로 자부심이 강한 사람"으로 묘사하고 있다. 또 다른 사람은 데이비드가 "엄격하고 키가 큰 인물"이었다고 말하고 있다. 「피프쉐어 애드버타이저」의 어떤 기자는 그의 "신사다운 모습과 신뢰할 수 있는 인격"에 대해 기록하고 있다. 무엇보다 그는 명예를 중시하는 사람이었으며 인격과 평판이 전부인 남자였다. 데이비드는 도시 주민들의 존경을 받고 있었으며 그의 말이 곧 그의 보증서였다. 그는 또한 아주 독실한 Auld Licht(오랜 빛) 교회의 신자였다. 오랜 빛 교회는 국가가 공동체의 종교 문제에서 얼마나 많은 역할을 해야 하느냐 하는 것에 대한 논란이 있은 후인 18세기 말 스코틀랜드 교회에서 분리된 보수적 종파였다. 키르컬디 오랜 빛 교회 성직자는 제임스 블랙 신부로 그는 데이비드의 "높은 인격"을 증언하기도 했다. 데이비드의 믿음이 인생에서 중요한 역할을 했다면 그의 믿음은 분명 1821년 가장 가혹한 시험에 직면했다. 1819년 33살의 나이에 인근 오히터툴 교구 출신 양조업자의 딸인 이사벨라 스피어스를 만났다. 그들은 곧 사랑에 빠져 결혼했다. 하지만 그녀는 갑자기 이유 없이 아이도 낳기 전에 사망한다. 훨씬 더 정력적으로 자기 일에 몰두했다는 암시 이외에 데이비드의 슬픔에 대해 남아 있는 증거는 없다.

그의 사망기사 담당 기자는 "아마 상인으로서 사업이 확장되자 데이비드 랜달은 아마 사업과 표백 사업을 결합하려는 욕망을 갖게 되었다. 따라서 그는 대지를 구입하여 로치티 워터에 넓은 표백 작업장을 건설했다"고 기록하고 있다. 표백장은 키르컬디에서 북쪽으로 겨우 5마일 떨어진 로치티 버른 기슭에 건설했다. 여기서 여름 내내 풀밭은 태양과 산들바람 속에서 천천히 흰색으로 표백되며 말뚝으로 경계 지어진 린넨으로 빽빽이 뒤덮여 있었다. 햇빛에 그을린 여인들이 표백장을 어슬렁거리며 말뚝을 점검하고는 더 많은 천을 널었다. 오른쪽에는 높은 굴뚝에서 증기를 내뿜고 있는 '붉은 지붕과 커다란 흰 벽'의 견고한 벽돌 공장이 서 있었고 일단의 곳간과 작업장들이 암퇘지의 젖을 빠는 새끼 돼지들처럼 주 건물에 달려 있었다. 왼쪽으론 23에이커의 데이비드 사업장을 따라 개울이 흐르고 있었다. 가슴까지 물이 차는 물웅덩이에서 남자들은 물에 젖은 아마 뭉치를 끌어올리고 있었다. 그리고 주위엔 몇 명의 경비원이 부싯돌식 발화장치의 구식 소총을 어깨에 걸고 어슬렁거리며 지역 주민이 식탁보로 훔쳐가지 않는지 지키고 있었다.

데이비드 랜달의 공장을 떠난 린넨은 발트 해안을 따라 동쪽으로 수천 마일의 여행을 시작한다. 비옥한 해안 평원의 들판 곳곳이 아마로 뒤덮여 있고 아마의 푸른 꽃은 바다에서 불어오는 산들바람을 맞아 희미하게 반짝인다. 스코틀랜드 농부들은 아마를 재배하려 했지만 질이 좋지 않았다. 지금처럼 좋은 아마를 생산하는 발트 연안은 풀이 무성하고 기후는 습기가 많았으며 밤엔 서늘했다. 씨앗은 채집하여 으깬 후 아마 씨 기름을 만든다. 길고 섬유가 많은 줄기는 방적사를 만들기엔 안성맞춤이었다. 대부분의 키르컬디 린넨 제조업자들처럼 데이비드도 16세기부터 지역상이 교역하고 있는 리가 —— 현재 라트비아의 수도이며 당시엔 중요한 러시아의 항구 —— 에서 아마를 수입했다. 아마는 처리되지 않은 원자재로 로치티 몇 마일 내륙 쪽에 있는 표백장으로 옮길 수 있게 적당한 길이의 줄기 더미로 묶인 채 키르컬디에 도착한다. 로치티에선 두드리고 물에 담그는 절차를 거쳐 줄기에서 섬유를 분리하고 삼빗이라는 날카로운 이가 있는 빗으로 엉킨 줄기들을 푼다. 이 어려운 작업을 하는 거친 사람들은 그들의 명칭인 '헤클러 heckler'가 현재 야유하는 사람으로 전해질 정도로 호전적이고 입이 거친 것으로 악명이 높다. 이 섬유들은 이어 다른 것들처럼 방적사로 만들어져 천으로 직조된다.

갈색의 린넨을 침대보나 식탁보 또는 잉글랜드 전역의 직장인들이 입는 유명한 '키르컬디 줄무늬' 셔츠로 만들기 위해선 하얇게 표백을 해야 했다. 19세기 초 이 작업은 복잡한 공정이었다. 천을 알칼리 물에 삶아 세탁하고 표백장에서 건조시킨 후 산성물에 담갔다 세탁해 다시 건조시켜야 했다. 천이 하얗게 될 때까지 모든 과정을 되풀이해야 했으며 몇 달이 걸릴 수도 있는 이 일은 맑은 이슬, 좋은 날씨, 건조한 바람에 절대적으로 좌우되었다.

1920년대 스코틀랜드에서 표백은 수익이 많은 사업이었다. 점점 더 많은 제조업자들이 린넨을 남부로 보내 잉글랜드에서 마지막 작업을 처리해 추가 비용을 발생시키기보다는 북부에서 표백을 하고 싶어 했다. 1825년 어려웠던 가을을 지나 1826년 겨울에 접어들면서 데이비드는 그럭저럭 빚을 지지 않고 사업을 유지했다. 이듬해 1월이 되자 스코틀랜드 은행은 키르컬디 지점 영업 지배인인 데이비드 모건과 조지 모건 형제에게 몇몇 지역 상인들이 불황에 어떻게 지내는지 평가해 줄 것을 요청했다. 23일 그들은 데이비드 랜달 사의 신용은 "아주 양호하며 표백장에서는 물론 이곳에서 아주 많은 직원들을 고용하고 있기 때문에 활발하게 은행 유통어음을 발행하고 있다. 그들의 사업은 아주 가치 있는 것들로 은행과 꾸준히 거래를 유지하고 있다. 데이비드 랜달 사는 상당히 많은 방적사를 판매하고 있으며……데이비드 랜달 사는 제혁업자이자 가죽 상인으로 상당량을 교역하고 있다"고 대답하고 있다. 이처럼 호의적인 평가는 경제 환경을 고려할 때 놀라운 것이었다. 하지만 이러한 평가가 오래 지속되지는 않았다.

　　조지 모건은 같은 이름의 키르컬디 상인의 둘째 아들로 1781
년 12월 22일 태어났다. 조지 모건의 아버지는 여자 때문에 여러
차례 문제를 일으킨 수수한 배경을 가진 사람으로 초기의 삶이 어
떤지에 대해선 별로 알려진 것이 없다. 1774년 4월 세인트 앤드
류에서 사생아의 아버지로 고발당하기도 했었다. 하지만 정착해
지역 처녀와 결혼해 5명의 딸과 7명의 아들을 두었으며 그 중 3
명은 어릴 때 사망했다. 그는 어려움 속에서도 성공을 거두어 존
경받는 키르컬디 무역업자이자 시의원이 되었으며 시장을 두 번
역임하기도 했다. 스페인에서 나폴레옹 군대와 싸웠던 수천 명의
남자들 중 한 명으로 31살에 입대해 전쟁에 참여했다는 사실 이
외에 그의 아들 조지 모건의 초기 삶에 대해선 알려진 것이 거의
없다. 후에 웰링턴 공으로 알려진 육군중장 아서 웰레슬리는
1808년 이베리아 반도에서 군을 지휘해 덥고 먼지가 많은 평원
을 천천히 가로질러 활로를 개척해 나가며 각 도시에서 조직적으
로 프랑스인들을 격퇴시켰다. 양측에서 수천 명이 사망했으며 장
교들을 절실히 필요로 하고 있었다. 사망자가 너무 많아 영국 귀
족은 목숨을 바칠 젊은이들을 충분히 공급할 수 없을 정도였으며
군은 중간 계급에서 장교들을 찾아야 했다. 조지 모건은 1812년
젊은 장교에 대한 군의 요청에 부응한 사람들 중 한 사람이었다.
군에서의 임무를 얻기 위해 조지 모건은 인맥 활용 방법을 알고
있는 아버지의 도움을 청했다. 던케른의 제임스 스튜어트처럼 조
지 모건의 아버지는 로슬린 경의 친구였다. 로슬린 경은 군대에

상당한 연줄을 갖고 있다고 알려져 있었기 때문에 조지 모건의 아버지는 그에게 아들을 도와줄 수 있는지 물었다. 방법이 있었다. 1812년 2월 1일 로슬린 경은 지인인 육군 중령 헨리 토렌스에게 편지를 보냈다. 헨리 토렌스 중령은 우연히 조지 3세의 둘째 아들인 요크 공 프레데릭의 참모장으로 있었다. 또한 요크 공 프레데릭은 모든 국왕 군대의 총지휘관이었다. 로슬린 경은 "친애하는 토렌스에게, 조지 모건을 기수로 추천하는 데 대해 그분이 기뻐하셨으면 하는 나의 보잘것없는 바람을 요크 공 전하께 전하는 호의를 베풀어 준다면 대단히 감사하겠네. 그는 내 친구의 아들로 나는 그가 모든 면에서 그 임무를 완벽히 수행할 수 있다고 확언할 수 있네"라고 편지를 썼다. 결국 1812년 4월 2일 조지 모건은 고맙게도 자신의 중간 계급 딱지를 떼고 흠 없이 영국 상류층에 편입되었다. 역사는 그날 '신사, 조지 모건'이 새로운 영국군의 주축이 된 많은 소규모 보병 연대의 하나인 보병 45연대에서 임무를 구입하도록 허용받았다고 기록하고 있다. 그가 연대 기장이나 깃발을 드는 보병 장교로서 가장 낮은 서열의 기수였다는 사실은 별 문제가 되지 않았다. 그는 국왕 군대의 장교였으며 장교라는 지위에 동반된 명예를 얻은 것이다.

조지는 곧 스페인에 파견되어 자신의 연대에 합류했다. 웰링턴의 45연대는 2년에 걸친 이베리아반도 전쟁 내내 전투의 중심에 있었으며 조지는 다행히 살아남았다. 수천 명의 영국인들이 목숨을 잃었고 그 중 상당수 젊은 장교들은 1세기 후 또 다른 세대가 프랑스에서 되풀이한 것처럼 총알이 빗발치는 가운데 부하들을 지휘하며 헛되이 목숨을 잃게 된다. 1813년 6월 조지는 중위로 진급한다. 이듬해 4월까지 승리한 웰링턴의 군대는 스페인에서 프랑스군을 몰아내고 프랑스 본토를 침입해 툴루즈에 이르게 된다. 나폴레옹은 양위하고 엘베로 유배 길에 오른다. 모두 전쟁이 끝났다고 생각했다. 스페인에서 6년을 보낸 후 45연대는 1814년 6월 스페인을 떠나 아일랜드 코크에 있는 병영으로 출발한다.

그곳에서 45연대는 다른 많은 연대들처럼 인원을 감축해야 했다. 1814년 10월 조지는 휴직의 형태로 군에서 쫓겨나게 된다. 이는 기술상으로 조지 모건이 아직 언제든 소환될 수 있는 45연대의 장교이긴 하지만 연대에 머물 순 없다는 것을 의미했다. 그의 행운은 1815년 초 나폴레옹이 엘베의 감옥에서 탈출한 후 프랑스에 상륙해 또 다른 군대를 집결하고 나서야 변화한다. 보나파르트와 한 번 더 결전을 치를 수밖에 없었던 영국 정부는 제대시킨 장교들을 다시 소집해야 했다. 조지 모건은 1815년 5월 2일 키르컬디에서 요크공에게 직접 편지를 써 "45연대나 왕실이 적절하다고 생각하는 다른 연대에 채용될 수 있도록 폐하께 추천해 줄 수 있는지 여부"를 물었다. 또한 친한 고위 장교에게 토렌스 중령 앞으로 자기를 위해 또 다른 짧은 서신을 쓰도록 설득했다. 5월 25일 조지는 보병 77연대 중위라는 임무를 부여 받았다. 이 연대는 7이라는 숫자가 병사들에게 그들의 모닥불 위에 걸어 놓은 갈고리를 상기시키는 '불 위의 냄비걸이 고리 pot hooks'로 알려져 있었다. 하지만 77연대가 프랑스에 상륙하기도 전에 나폴레옹은 패배했다. 다시 한번 조지는 휴직 상태로 군을 떠나라는 요구를 받았다. 그는 자신의 군 생활이 끝나지 않았을까 하는 생각을 하며 1817년 3월 귀향하게 된다. 그는 37살로 결혼도 하지 못했고 직업도 없었다. 따라서 조지는 스코틀랜드 은행을 위해 일하고 있던 형 데이비드 모건과 함께 일하게 되었다. 1818년 2월 그는 키르컬디에 있는 타운센트 광장 1번가에 있는 은행 지점 공동 지배인으로 일하기 시작했다. 조지는 하이 스트리트에서 멀지 않은 곳에 살고 있던 데이비드 모건과 그의 아내 마가렛 그리고 조카들과 함께 살게 되었다.

키르컬디 사람들은 천성적으로 결투를 좋아하지 않았다. 다른 많은 스코틀랜드인들처럼 그들은 닥치는 대로 총을 쏘아 대는 아일랜드인에 비해 서로에게 총구 겨누기를 그다지 내켜하지 않았다. 늘 그런 것은 아니었다. 월터 스콧은 1730년대에 "스코틀랜드에서 결투가 빈번히 일어났다. 신사 계급이 한때 파당으로 나뉜 채 게으르고, 거만하며 사나웠기 때문이었다"라고 기록하고 있다. 하지만 월터 스콧의 기술은 과장된 것이다. 100년 전 미국인 역사가 벤 트루먼은 "스코틀랜드인의 결투 풍습은 술을 좋아하고 시끌벅적한 이웃 아일랜드인들 만큼 널리 퍼져 있지 않다"고 진술하고 있다. 잉글랜드와 영연합으로 통합된 이래 귀족들이 대대적으로 남부로 이주하면서 스코틀랜드는 대체로 총을 가진 귀족들이 거의 남지 않게 되었다. 남은 스코틀랜드 상류 계급은 주로 사업가나 무역, 상업에 종사하는 사람들로 어려운 시대에 사치스러운 생활을 하는 데 열중했다. 하지만 1826년 봄 키르컬디 사람들 중 결투에 대해 모르는 사람은 없었다. 특히 불과 몇 년 전 영국에서 가장 악명 높은 결투 중 하나가 근처에서 일어났기 때문이었다. 1821년 「글래스고우 센티널」 크리스마스 특집호는 저명한 토리당 신사 던케른의 제임스 스튜어트가 겁쟁이라고 암시하는 익명의 야비한 시를 게재했다. 당연히 제임스 스튜어트는 분노해 저자를 찾기 시작했다. 신문의 정보원을 통해 이 비판적인 언급을 한 저자가 다름 아닌 자신과 먼 사촌 간인 닥터 사무엘 존슨의 전기 작가 제임스 보스웰의 장남 알렉산더 보스웰 경이라는 사실을 알게 되었다. 보스웰 경은 "상당한 정도의 반어법적 재능을 갖고 있었고 모르는 것을 더욱 알 수 없는 말로 설명하는 식으로 익명의 풍자문과 기사를 쓰는 경향이 있었다." 새해에 스튜어트는 피프 귀족의 유력한 일원이었던 친구 로슬린 경을 보스웰에게 보내 실제로 그가 무례한 시를 지은 저자인지를 물었다. 보스웰은 둘러댔다. 그는 그것이 '미묘한 문제'라고 말하고 친구인 퀸스베리 후작부인의 오빠 존 더글러스 후작과 상의해 보라고 주장했다. 더글러스는 로슬린에게 보스웰이 그 작품 저술에 관해서는 결코 확인하지 않을 것이라고 말했다. 결국 스튜어트는 보스웰에게 결투를 신청할 수밖에 없다고 생각했다. 보스웰은 즉시 결투 신청을 받아들였다. 그들은 오히터툴 마을 근처에 있는 키르컬디 교외의 발무토 영지에서 3월 26일 새벽에 만났다. 총을 쏴본 경험이 없던 스튜어트는 결투를 피하기 위해 상당한 노력을 기울이며 되풀이해 사과를 받아들이겠다고 제안했다. 그는 그 시가 단지 '아주 나쁜 농담'에 불과했다고 인정할 수 있다면 자신은 아주 행복했을 것이라고 말했다. 하지만 보스웰은 스튜어트에게 결투 이외에 대안이 없다고 확신하며 어떤 사과도 하지 않으려 했다. 일종의 잘못된 동기에 기인한 희비극에서 보스웰은 입회인에게 자신은 스튜어트에 대해 악의를 품고 있지 않으며 그에게 총구를 겨누는 대신 허공에 총을 발사할 것이라고 말했다. 스튜어트도 역시 알렉산더 경에게 적의를 느끼지 않는다며 자신도 그를 겨냥하지는 않겠지만 "불행하게도 그가 총에 맞는다면 비슷한 사례로 잉글랜드의 어떤 신사가 그랬던 것처럼 그의 엄지발가락에 맞길 바란다"고 친구들에게 말했다. 그러나 그의 바람대로 되지는 않았다. 12발자국 떨어져 두 사람은 총을 발사했고 스튜어트의 총알은 보스웰의 어깨를 관통해 어깨뼈를 부순 후 척추를 지나 보스웰은 전신 마비가 되었다. 그는 자신의 입회인에게 자기는 "죽은 몸뚱이에 산 자의 머리를 갖게 되었다"고 말했다. 보스웰은 발무토의 저택으로 옮겨져 큰 고통 속에 간신히 연명하다 다음날 오후 사망한다. 보스웰의 장례식엔 수천 명이 참석했지만 스튜어트는 재판을 받을 때까지 잠시 해외로 피신해 있었다. 분명한 정책 재판기관으로서 스코틀랜드의 화제 거리였던 고등 법원에서는 스튜어트를 고의 살인죄로 재판했다. 스튜어트는 두 명의 유망한 젊은 변호사의 변호를 받았다. 메슬 콕번과 제프리는 사과를 받아들이고자 하는 스튜어트의 의지와 그의 고결한 인품, 그의 절제된 행동, 보스웰의 죽음에 대한 회한이 분명 그가 '악의적 요소' 없이 결투장으로 향했다는 사실을 증명하고 있다고 주장했다. 배심원은 동의했으며 지체 없이 만장일치로 스튜어트를 석방했다. 이 사건은 4년 후 메슬 콕번과 제프리가 살인죄로 기소된 또 다른 키르컬디 결투자를 변호할 때 분명하게 상기시키게 될 주장과 판결이었다.

1826년 2월 39살의 데이비드 랜달은 위기를 느끼기 시작했다. 그는 수천 파운드의 빚을 지고 있었다. 데이비드 랜달은 아마 교역을 못 하고 있었으며 방적사 생산도 훨씬 줄고 있었다. 표백 수요는 유지되고 있었지만 더 많은 일거리를 맡을 수는 없었다. 표백 작업의 문제는 일단 구획 지어진 작업장이 천으로 채워지면 더 이상 주문을 받을 수 없다는 사실이었다. 무엇보다 그가 필요로 한 것은 더 많은 대지였다. 하지만 은행에서 또 다른 융자를 받기는 어려워 보였다. 그는 불황기라면 어느 사업이나 겪게 되는 자금 흐름 문제로 이미 고통 받고 있었고 모건 형제는 은행돈에 더 조심스러워지면서 데이비드 랜달과 다른 고객들에 대한 대부를 축소했기 때문이었다. 랜달의 말에 따르면 모건 형제는 "나의 어음 할인 정도와 관련해 당시 당연해 보이는 감정인 불안한 징후"들을 보여주고 있었다. 3월 모건 형제의 불안은 그들의 결정에 영향을 미치기 시작했다.

당시 데이비드 랜달 같은 상인들에게 현금과 구분되는 가장 일반적인 형태의 금융 화폐는 환어음이었다. 이것은 유효한 약속 차용 증서 IOC의 형태로 어떤 사람이 또 다른 사람에게 어떤 시점에 일정액을 지급한다는 서면 약속이었다. 수령자는 어음 만기가 될 때까지 기다렸다 약속된 날짜에 기재된 액수를 지급받을 수 있었다. 혹은 은행으로 가 은행이 지급받지 못할 위험을 감수하는 위험비용으로 소액을 할인한 후 즉시 현금으로 지급받을 수 있었다. 수령자는 물론 어떤 다른 약속 차용 증서처럼 환어음을 일종의 통화로 다른 사람에 대한 지급금액으로 넘기는 데 이용할 수도 있었다. 하지만 이 모든 과정은 약속 차용 증서를 기재한 사람의 신용이 확실할 때만이 작동한다. 그의 금융상의 정직성, 사업상의 신뢰 그리고 무엇보다 개인적 명예가 분명해야 했다. 1824년 출판된 익명의 소책자인 『영국의 결투 규칙』은 "그러한 것들이 약속 어음의 기원이다"라고 선언하고 있다. "약속 어음은 명예에 근거한 약속을 기록한 것이며 따라서 약속 어음이나 환어음의 지급과 관련된 것으로써 '명예에 근거한' 말을 상업적으로 이용하도록 유도할 수 있다." 오늘날 우리는 아직도 수표나 어음에 명예를 준다고 말한다. 1826년 자신이 지급할 수 없는 환어음을 발행한 사람은 파산이 임박한 사람이었다. 또한 환어음을 거부당한 사람은 누구든 평판을 잃게 되어 큰 어려움을 겪게 된다. 따라서 개인의 명예는 일상적인 통상 거래에 핵심적인 요소로 그것이 없이는 거래를 할 수 없었다.

그 해 2월 데이비드 랜달은 빚의 일부를 청산하기 위해 자신의 신용 거래에서 지급을 원하는 두 장의 환어음을 받았다. 두 장의 환어음은 300파운드로 한 장은 아마 일부를 방적사로 만든 것에 대해 고객이 지불한 것이고 다른 한 장은 단순한 대부금 상환이었다. 하지만 그처럼 어려운 시기에 데이비드의 거래 은행 담당자는 어음을 거부하고 현금을 요구했다. 모건 형제는 사실상 어음 발행 회사의 신용을 신뢰하지 못했기 때문에 어음 인수를 거부한 것이었다. 이는 은행 지점 대리인으로서 그들이 은행과 책임을 절반씩 나누어지고 있었기 때문이었다. 이 어음들이 지급되지 않는다면 모건 형제는 손해를 보게 된다. 그렇지만 그것은 데이비드 랜달이 자신의 채무자를 찾아가 직접 현금을 요구하는 당황스런 절차를 감수해야 한다는 사실을 의미했다.

몇 주 후 모건 형제는 아주 사소한 일로 상황을 훨씬 더 어렵게 만들었다. 3달 전 데이비드 랜달은 조지 미첼이라는 또 다른 상인에게서 1000파운드의 아마를 구입하고 재고 중 일부가 판매될 즈음에 대금을 지급하기로 약속했다. 데이비드 랜달은 후에 "하지만 나는 전체적인 교역 침체로 방적사를 전혀 팔지 못했고 약속한 어음을 지급할 수 없었다"라고 기록하고 있다. 이러한 자금운용 문제를 해결하기 위해 데이비드 랜달은 조지와 데이비드 모건에게 방적사를 담보로 미첼 씨가 가진 어음을 지급해 주고 그 지급액을 그들에게 반환할 수 있도록 3달의 기한을 달라고 제안했다. "나의 제안에 대해 그들은 방적사들이 내 창고에서 완전히 옮겨지지 않는다면 거부하겠다고 했고 나는 체면을 잃을 위험을 감수하면서까지 그렇게 하고 싶지는 않았다." 결국 데이비드는 어음 지급에 3달의 유예 기간을 주겠다는 또 다른 은행을 찾을 수밖에 없었다. 곧 더 큰 긴장이 고조되었다. 데이비드 랜달은 그 전해 9월 자신에게서 바지선 한 짐 분량의 아마를 구입했던 에베네첼 비렐 & 선 사에 대해 1000파운드의 채권을 가지고 있었다. 어음 만기가 되는 날 비렐은 현금 600파운드를 제공하고 400파운드의 약속어음을 제시했다. 데이비드 랜달은 비렐의 지불에 아주 만족했지만 모건형제와 스코틀랜드 은행은 다시 현금만을 요구했다. 그는 자신의 거래 은행 담당자들이 "어려운 시기에 그 같은 불편과 재정 곤란을 야기"할 수 있다는 사실에 "경악했다." 이번엔 데이비드 랜달이 자신의 입장을 견지했고 "상당한 언쟁" 끝에 모건 형제는 상냥해지며 어음을 받아들였다.

점점 완고해지는 모건 형제에 대한 데이비드 랜달의 우려는 재산 일부를 다시 저당 잡히는 것까지 고려하기 시작했을 정도였으며 결국은 불황기를 극복할 수 있을 정도의 충분한 현금을 보유하게 되었다. "당시 나는 어려운 시기에 다른 은행에서 할인을 요구할 정도로 뻔뻔하지 못했기 때문에 내 거래 은행 담당자들의 완고한 행동에 대비하여 보호할 수 있는 나의 상속 유산을 조사하던 시기였다." 데이비드 랜달은 다소 신중하게 에딘버러에 있는 스코틀랜드 은행 관리자들에게 직접 도움을 청하기 위해 접근했다.

그는 자기 재산의 일부를 담보로 제공하고 초과 인출이 보장된 초기형태의 '현금 계정'을 신청했다. 4월 17일 스코틀랜드 은행은 담보로 5천 파운드의 재산을 제출하면 데이비드 랜달에게 유효한 3천 파운드 한도의 초과 인출 현금 계정을 제공하는 데 원칙적으로 동의했다. 남은 2천 파운드는 필요하다면 미결제된 채무를 상환할 수 있도록 은행이 소유할 수 있게 되어 있었다.

데이비드에게 이것은 최악의 상황을 극복할 수 있는 생명선으로 엄청난 구원이었다. 따라서 어느 정도 자신감을 갖고 조지와 데이비드 모건을 만나기 위해 일주일 후인 4월 25일 오전 11시 타운센드 광장의 스코틀랜드 은행 사무실로 걸어 들어갔다. 그는 모건 형제에게 런던에 있는 스코틀랜드 은행 지점이 쿠트 사에 지불할 어음을 갖고 있다고 말했다. 그 어음은 1000파운드로 5일 후인 4월 30일이 만기였다. 그들이 어음 지불을 지시할 수 있었을까? "그들은 5월 1일자 할인 어음(매달 첫째 날은 내가 일반적으로 어음을 할인하는 유일한 날이었다)을 자신들에게 제공하고 런던 어음 지급 절차를 신청하게 된 점을 이해한다고 말하며 스코틀랜드 은행 런던 지점이 어음을 지불하도록 조치하겠다고 약속했다." 다시 말해서 모건 형제는 런던에서 어음을 지급할 것이고 데이비드 랜달은 하루 뒤에 그 금액을 지불한다는 것이었다. 데이비드 랜달은 은행을 나섰고 일을 마친 후 집으로 돌아왔지만 이어 모건 형제가 무슨 일을 벌일지는 전혀 예상하지 못했다.

제임스 머독은 은행에서 모건 형제에게 시달리던 직원들 중 하나였다. 직업상 그는 모건 형제의 회계원이자 행원이었다. 실제로 제임스 머독은 모건 형제에게 나쁜 소식을 전하는 전령사였으며 그날도 데이비드 랜달의 집을 향해 느즈막히 언덕을 걸어 올라가고 있을 때 이미 나쁜 소식 전령사의 역할을 하고 있었다. 데이비드 랜달의 집은 키르컬디 앞 바다를 굽어보고 있는 세인트 마리라 불리는 대저택이었다. 머독은 데이비드 랜달에게 생각을 바꾸었다는 내용이 담긴 자기 고용주의 편지를 가지고 있었다.

데이비드 랜달은 후에 다음과 같이 기록하고 있다. "경악스럽게도 그날 오후 지역 파티에 참석하기 위해 옷을 입고 있을 때 내가 그들에게 어음을 즉시 제공하지 않는다면 아침에 약속했던 런던에서의 어음 지급 지시를 거부하겠으며 나에게 나의 영국 거래처들에 대해 어음 갱신[즉 연장을 요구하기 위한]을 신청하도록 아주 공식적으로 권고하는 쪽지를 건네받았다. 이는 시간 부족으로 불가능할 뿐만 아니라 그렇게 멀리 떨어져 있는 상인들에게 나의 신용을 잃게 하는 조치였다." 모건 형제는 데이비드 랜달의 신용을 손상시켰을 뿐 아니라 그의 명예를 의심하고 있었다.

모건 형제는 완강했다. 그들은 편지에서 "우리가 개인을 위해 런던에서 만기 어음을 지급하라고 은행에 지시하기 전에 그 돈을 은행에 위탁해야 한다는 것이 은행의 복무규정입니다"라고 말했다. "선생님께서 저희들의 은행 규정 위반을 바라고 계시진 않을 것이라 확신합니다. 따라서 우리는 그 같은 규정에 따르지 않는다면 30일자 만기의 1000파운드 힛친 씨 어음에 대한 지급 지시를 거부하지 않을 수 없으며……저희는 선생님께서 은행 규정을 철저히 지켜야 할 필요성과 그것이 얼마나 공정하고 합리적인지 아시게 될 것이라 확신합니다."

데이비드는 분노를 폭발시켰고 머독은 그의 분노를 감수해야 했다. "나는 편지를 전달한 은행 대리인의 회계원에게 내가 얼마나 불쾌해 하는지 그리고 은행 대리인들의 행동이 얼마나 비능률적인지에 대해 말했다. 나는 회계원에게 모건 형제가 편지에서 말한 해결책을 재고해보고 그들이 아침에 한 약속을 지킬 것인지 여부에 대해 그날 저녁 다시 회답을 주도록 요청했다." 모건 형제는 다시 편지를 썼지만 그들의 답변은 그럴 수 없다는 것이었다. 데이비드는 즉시 다른 은행에 도움을 청했다. 그는 조지 밀러에게서 도움을 받을 수 있었다. 키르컬디 시장이자 수세 관리일 뿐 아니라 상인이기도 한 조지 밀러는 명예로운 사업가로서 데이비드 랜달의 명성만을 믿고 즉시 그의 어음 지불에 동의했다. 조지 밀러는 "나는 랜달 씨의 안정성과 정직에 아주 만족했기 때문에 즉시 지급에 동의했다"라고 회상하고 있다. 또한 마지막 우편물이 수거되어 버렸기 때문에 그는 메시지가 가급적 빨리 런던에 도착할 수 있도록 에딘버러에 직통 속달을 보냈다. 데이비드 랜달은 너무 고마워 스코틀랜드 은행에 있는 모든 예금 계좌를 취소하고 내셔널 은행으로 예금 계좌를 옮겼다. "아버지와 내가 40년 이상 다른 계좌 없이 오직 하나의 예금 계좌를 가지고 있던 은행과 거래를 끊어야 했지만 나는 모건 형제와 더 이상 거래하지 않게 되었다는 사실에 만족했다."

　하지만 데이비드 랜달은 얼마 전 보병 77연대에서 중위로 복무한 향사 조지 모건의 복수심을 과소평가하고 있었다.

2
분쟁의 악화

...

프랑스 신사이자 작가인 푸랭 드 생 푸아는 언젠가 냄새가 나니 떨어져 앉으라고 요구한 남자에게서 결투 신청을 받았다. 생 푸아가 냄새 나는 남자에게 말했다. "당신이 고집한다면 결투를 하기는 하겠지만 그런다고 문제가 어떻게 해결될 수 있을지 모르겠군. 당신이 나를 죽이면 나도 냄새가 나게 되겠지. 내가 당신을 죽인다면 아마 당신은 지금보다 더 심한 악취를 풍기게 될 거야."

필립 루시, 『결투들에 대한 책』, 1964

...

"깡패는 결투하지 않을 수 없으며 결투 후 비로소 그는 깡패가 아니게 된다."

장 자크 루소, 『새로운 영웅』, 1760

1826년 5월의 키르컬디는 퍼스 오브 포스의 북쪽 해안을 품고 있는 작지만 번잡한 항구였다. 바다를 곧게 가로지른 남쪽에는 영국의 늘어나는 해외시장을 오가는 수송 선박들로 번잡한 에딘버러 해협에 선착장이 위치해 있다. 매일 이 선박들 중 일부가 키르컬디의 작은 항구에 들러 석탄, 권련, 소금, 맥주와 무엇보다 린넨을 적재하기 전 발트의 아마와 영국 곡물 화물을 내려놓는다. 해안을 따라 약 5천명이 살고 있는데 그들 중 바다에서 멀리 떨어진 곳에 집이나 공장을 짓는 사람은 거의 없다. 당대의 통상 훈령집엔 "키르컬디는 아래쪽을 따라 뻗어 있으며 당연히 양쪽에 몇 개의 좁은 길이 나 있고 1마일 정도 되는 길은 하나만 있다"라고 기록되어 있다. "도시 주택은 망루와 뾰족 탑이 있는 평범한 건물로 거의 시 중심에 위치해 있으며 고딕 양식의 교회는 도시 뒤편 언덕에 서 있다. 키르컬디 항구는 안전하고 편리하다. 최근 교역이 급증하고 있다. 또한 몇 개의 중요한 제조업이 성행하고 있으며 그 중에는 양말 제조업과 함께 줄무늬가 있는 것, 이불잇 감, 체크무늬 천 등 넓은 천 제조업이 있다. 마찬가지로 확장된 규모로 몇 개의 양조업과 함께 대규모 무두질 공장이 있다. 키르컬디 항구는 최근 엄청나게 개선되어 아주 큰 화물선들도 쉽게 수용할 수 있다."

따라서 키르컬디는 번영하는 무역항의 모델이었으며 산업혁명에 이어 번창하고 있었다. 산업혁명은 피프쉐어 시골집에서 방적하고 실을 짜는 다양한 노동자 집단을 현대적이고 기계화한 직물 산업으로 집결시켰으며, 이 직물 산업의 공장과 제작소들이 대영제국의 늘어나는 수요를 충당했다. 1818년 2백만 야드의 린넨이 키르컬디 제작소에서 생산되었다. 키르컬디 린넨 무역 사학자인 존 록하르트에 따르면 "'키르컬디 줄무늬'의 이름과 명성은 스코틀랜드와 잉글랜드 북부 그리고 아일랜드의 모든 도시와 마을에 알려져 있었다. 직장인들 중 다른 셔츠를 입는 사람은 없었다. 키르컬디 줄무늬 셔츠 소재는 사람들이 원하는 견고한 품질이었기 때문이다." 하지만 늘 그런 것은 아니었다. 50년 먼저 경험한 사무엘 존슨은 키르컬디가 "상업과 제조업이 아직 활발하지 않았던 잉글랜드 다른 지역의 작거나 낙후한 시장도시들과 다르지 않았다"고 보고 있다. 하지만 키르컬디는 프랑스와의 전쟁에서 이익을 얻었다. 영국 해협이 안전하지 않았기 때문에 상대적으로 무역이 안전한 영국 북부의 항구와 근해의 해안으로 옮겨갔기 때문이었다. 1826년 키르컬디는 점차 영국 사회에 대한 지배력을 확대하며 증가하고 있던 중간 계급의 일부세력, 즉 자신감에 찬 부르주아 상인들과 무역업자들의 도시였다. 심지어 100년 전 영국 유람여행을 하던 중 키르컬디를 지나던 작가 다니엘 데포는 이 도시의 상인 계급에 주목했다. "이 도시엔 일부 상당한 규모의 무역상들이 있다. 그들은 상인이라는 단어의 진정한 의미로서 상인들이었다." 1826년 피고트의 통상 훈령집엔 은행가들과 제빵업자들, 표백업자와 서적상들, 통제조업자와 제과업자들, 증류주 제조업자들과 약제상들, 아마 방적업자들과 고기 장수, 모자 제조업자와 양말장수, 무역업자와 배달인들, 마구 만드는 사람들과 선박 소유주들, 재단사와 제혁업자들, 20명이 넘는 포도주 양조인들, 시계 제조업자와 수레 바퀴 제조인들 그리고 우산 제조업자들까지 나열하고 있다. 1816년에서 1818년 사이, 키르컬디에 살며 자치도시학교에서 학생들을 가르쳤던 작가 토머스 카일라일에 따르면 "키르컬디 주민은 유쾌하고 정직한 이웃들로 그들의 일과 풍습을 통해 옛날 스코틀랜드적인 훌륭한 것들을 볼 수 있다."

1826년 던디나 세인트 앤드류로 가는 길에 키르컬디에 도착한 여행자라면 마차가 주도로를 따라 덜거덕거리며 달릴 때 등뼈처럼 도시를 연결하고 있는 긴 하이 스트리트에 놀랐을 것이다. 월터 스콧 경은 하이 스트리트는 잉글랜드에서 유일하게 인도산 마호가니만큼 길다고 주장했으며 키르컬디는 많은 사람들에게 아직도 '긴 인도산 마호가니'를 의미하는 '랭툰'으로 알려져 있

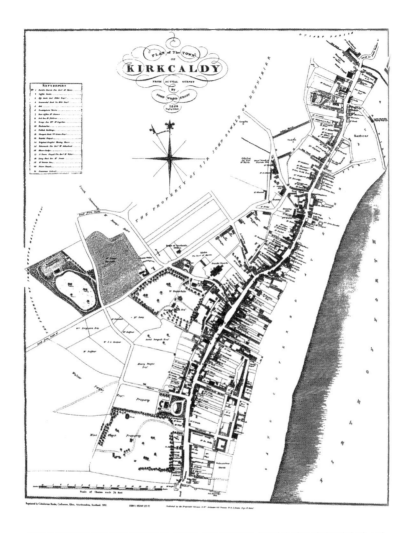

결투가 벌어지기 2년 전인 1824년 존 우드가 그린 키르컬디 '랭튼'의 지도 칼레도니아 맵 소장, www.caledorianmap.co.uk, 01599 566751

다. 시내 중심가 오른쪽에 있는 조지 여관의 방문객은 번잡한 풍경과 준 공업적인 거리, 그리고 항구의 소음을 대면하게 될 것이다. 또한 톨부스 스트리트의 우체국 바깥에 서 있는 우체국장이자 시 출납 공무원인 윌리엄 스키너가 오후 우편을 수령하기 위해 뛰어가는 우체국 직원을 바라보는 모습도 보게 될 것이다. 방문객은 몇몇 지역 시민들이 톨부스나 뒤쪽의 시청으로 서둘러 가고 있는 모습을 보게 될 것이다. 시청에선 사람들이 키르컬디의 사업을 결정하고 깡패들을 가둬두며 무기를 보관하고 시장 조합비나 시장세를 징수한다. 상쾌하지 않은 정육시장이나 비료 보관소를 뒤로한 채 방문객은 하이 스트리트를 산책하며 해안으로 내려가거나 언덕으로 올라가는 작은 지류처럼 갈라져 있는 작은 샛길과 골목길을 구경하고 나서 잠시 커피집에 멈추어 위스키를 넣은 뜨거운 음료로 기운을 회복하게 될 것이다. 거리를 더 올라가면 키르컬디의 쾌활한 서적상 제임스 커밍이 6년 전 사촌에게서 상속받은 가게 앞에 서 있는 걸 마주치게 된다. 그는 우표, 문방구와 신문만큼 많은 세상이야기를 주고받는다. 그리고 방문객은 커밍의 가게로부터 멀지 않은 220번가에 있는 작은 집을 향하게 될 것이다. 그곳은 50년 전 경제학자 애덤 스미스가 산업혁명을 위한 안내서인 『국부론』을 쓴 집으로 키르컬디 상인들은 자유무역과 노동 분업에 대한 그의 가르침을 훌륭하게 학습해왔다. 조수가 물러나면 방문객은 또한 해안을 따라 바위의 물웅덩이와 염전 사이에 발을 담글 기회를 갖게 된다. 염전에선 집이나 바다에서 고기를 보관할 소금을 만들기 위해 바닷물을 모아 끓인다. 그것은 카일라일을 매료시켰던 해안가였다. "황혼 무렵 여름의 키르컬디 해안엔 1마일의 부드러운 백사장이 펼쳐져 있고 긴 파도가 남쪽에서 북쪽으로, 웨스트 번에서 키르컬디 항구로 부드럽게 끊임없이 밀려와 분말을 일으키며 깨어지고 아름다운 소리가 울려 퍼진다. 아주 멀리 떨어져 있건만 아직도 내가 좋아하는 아름다운 장면이다."

마침내 하이 스트리트가 끝나는 지점에 이르러 언덕 꼭대기에 있는 방문객은 숨을 죽이고 그 광경을 즐길 수 있다. 어떤 방문객은 "높은 곳에서 본 장면은 장엄했고, 포스를 오르내리며 항해하는 끊임없는 선박 행렬이 활기를 불어넣고 있었다"고 기록하고 있다. 맑은 날엔 동쪽으로 노스 벌윅에 인접해 있는 바스 로크를 볼 수 있다. 남쪽으론 에딘버러에 '오랜 연기'라는 별칭을 붙이게 한 뿌연 석탄불 연기 속으로 바다를 가로질러 항해하고 있는 최신식 증기선 한 척을 볼 수 있다. 뒤쪽으로 북동쪽 해안을 따라 올라가면 크롬웰의 파괴적인 군대가 지나간 후 폐허로 남게 된 레번스크레이 성의 흔적을 볼 수 있다. 어떤 사람들은 웨일즈어 caer caled din이 '언덕에 있는 요새'를 의미하기 때문에, 이 옛날 요새에서 키르컬디라는 이름이 유래 되었다고 믿고 있다. 바로 아래에 자리 잡고 있는 항구의 긴 방파제들은 세 개의 손가락이 있는 발톱처럼 바다 속으로 뻗어 있다. 가장 긴 부두지대에 데이비드 랜달이 8년 전 승객들을 던디, 에딘버러, 글래스고우 그리고 런던까지 운송하기 위해 설립한 회사인 키르컬디 앤 레이스 선박 회사의 커다란 회계 사무소가 서 있다. 방문객은 지붕 꼭대기를 가로 지른 아래쪽에 카일라일이 "바람개비가 달린 기묘한 푸른색 수레 바퀴"라 부른 것들이 바닷바람을 이용해 아마 공장들을 가동시키 고 있는 것을 볼 수 있다. 길 오른쪽으로 탄갱부들의 흰 도료가 칠 해진 오두막들이 접해 있는 석탄 구멍과 유리 공장, 표백장, 방적 공장들이 남쪽으로 펼쳐져 있다. 교회와 교회의 첨탑이 그 광경을 지켜보고 있으며 교회 밑으로 200년 후 고던 브라운이라는 젊은 목사의 아들이 살게 되는 목사관이 자리 잡고 있다.

　교회 반대편엔 견고한 화강석 건물이 서 있다. 그것은 시 외 곽위치를 표시하며 도로의 그 쪽 편에 위치해 있는 유일하게 눈에 띄는 건물이다. 그것은 하이 스트리트 아래쪽의 상업적 혼잡함에 서 멀리 떨어져 외로이 홀로 서 있다. 이 건물은 스코틀랜드 은행 의 건물과 대지였으며 최근 제대한 조지 모건이 1817년 키르컬 디에 돌아와 일하게 된 곳이다.

　키르컬디 사람들은 오래전부터 조지 모건을 알고 있었다. 그 는 키르컬디 사람들 속에서 성장했다. 하지만 키르컬디 사람들은 오랫동안 모건을 보지 못했고 그가 어떤 사람이 되었는지 알고 싶 어 했다. 그들이 알게 된 것은 다음과 같은 사실이었다. 조지는 속 물이고 싫증나며 앙심을 품고 약한 자를 괴롭히는 사람이라는 것 이다. 역사가 앤소니 심프슨의 말에 따르면 조지 모건은 휴직으로 궁지에 몰린 전형적인 '임시적 신사'로 좋은 영향을 미칠 재정적 수단이나 사회적 배경의 도움 없이 귀족의 가치를 받아들인 퇴직 군인 계급의 일원이었다. 조지는 사회 계층 상승을 위해 의도적으로 자신의 군 신분을 이용했다. 그는 대화할 때면 주저 없이 자신이 국왕 조지에게 임무를 부여받았던 군인임을 강조하며 편지마다 이름 뒤에 향사라는 의미의 Esq.를 기재하곤 했다. 당시 사교계 명사록에 조지 모건은 '신사와 성직자' 항목에 확실히 기재되어 있다. 군은 그가 장교이자 신사라고 선언했으며 따라서 키르컬디는 그를 신사로 받아들였다. 하지만 그런 자부심 때문에 많은 친구를 사귈 수는 없었다. 어떤 지역 사가는 "조지 모건은 충동적이고 말 많은 허영심 강한 사람처럼 보인다"라고 회상하고 있다. "그는 은행 앞 포장도로에서 사람들이 보는 가운데 일광욕하기를 좋아했다. 그는 쾌활하고 성미가 급하며 멋을 내는 유럽풍에 물든 멋쟁이였다." 이러한 묘사는 적절해 보인다. 사전 편찬자인 에베네첼 브러워는 화려한 이탈리아식 유행과 당시의 행동을 받아들인 소위 유럽풍에 물든 영국 젊은이들 클럽을 "일찍이 남자의 이름을 불명예스럽게 한 가장 세련된 멋쟁이들로 사악하고, 무례하며, 노름을 좋아하고, 술을 마시고 결투를 하는 사람들"이라고 기술하고 있다. 조지는 또한 친구들을 남용하는 다소 싫증나는 사람처럼 보인다. 회계원으로 그의 몇 안 되는 친구들 중 한 명인 제임스 플레밍은 자신이 "조지와 함께 저녁 만찬과 술자리는 물론 아침식사도 자주 했다.……그가 집을 정했을 때는 다소 인색했지만 후에 더 대범해졌고 내가 원하는 것보다 더 자주 자기 집으로 초대했다"라고 회상하고 있다.

하지만 이러한 인격적 특성들은 조지가 약한 사람들을 괴롭히는 사람이 아니었다면 더 쉽게 용서될 수 있었을 것이다. 모건은 성급히 화를 내고 용서는 늦었으며 화를 내지 않고는 거의 대화할 수 없었다. 어떤 키르컬디 역사가에 따르면 조지 모건은 "성미가 까다롭고 호전적인 유형의 사람"이었다. 그는 날렵한 단장을 가지고 다니면서 화가 나면 그것을 휘두르며 때릴 듯이 위협했다. 키르컬디에서 경쟁 은행인 스코틀랜드 상업 은행 회사 대리인이자 담배상인 로버트 커크는 조지 모건의 호전적 기질을 누구보다 잘 알고 있었다. 1824년 가을 로버트 커크는 런던 로프사인 로벅 하우스의 사무엘 로프에게 자신의 인격에 대해 험담을 한 조지 모건의 형 데이비드 모건을 명예훼손으로 고소했다. 사건이 재판 중이던 어느 날 아침, 커크는 조지 모건과 함께 에딘버러 연락선을 타고 있었다. 그는 "나는 우연히 단장으로 몸을 의지하고 있었다"라고 회상했다. "그때 모건이 내 옆을 걷고 있었고 지나면서 내가 의지하고 있던 단장을 차버렸기 때문에 나는 갑판 지붕창 문으로 넘어졌다. 나는 아무 말도 하지 않았지만 모건은 다음과 같이 말했다. '단장으로 통행을 방해하면 되겠습니까?'" 커크는 당황했지만 아무 말도 하지 않았다. 그후 그와 모건이 길거리를 지날 때마다 커크는 '빌어먹을 놈, 두고 봐라' 같은 말을 중얼거리곤 했다. 결국 일년 쯤 뒤에 데이비드 모건의 변호사들은 법원으로부터 데이비드 모건에게 부담이 큰 합의를 강요받았다. 직후인

1825년 8월 말 어느 저녁 그의 동생 조지 모건은 자기 상점 밖을 산책하던 커크에게 다시 도발하려 했다. 커크는 "이곳의 포장도로는 키르컬디에서 가장 넓으며 4명이 나란히 걸을 수 있을 정도였다"고 회상하고 있다. "모건과 나는 마주 걷고 있었고 그때 모건이 나에게 부딪쳐 거의 넘어질 뻔했다. 나는 '무슨 짓입니까?'라고 소리쳤다. 모건은 '잡놈 같으니'라고 말하고 계속 걸어갔다." 하지만 모건은 되돌아와서 결국 커크가 대응할 때까지 거의 고의적으로 6번이나 더 부딪쳤다. 커크는 모건의 코트 깃을 움켜쥐고 "뭐 하자는 거야?"라고 물었다. 모건은 "네 놈이 나에게 결투 신청을 하게 하고 싶다. 결투 신청을 하시지 신사양반 기꺼이 받아 줄 테니"라고 대답했다. 커크는 "꺼져버려 이놈아. 나는 네 녀석과 별 볼일이 없어"라고 말했다. 모건이 떠나고 커크는 이제 끝났으려니 생각했다. 하지만 5일 후 모건은 다시 고의로 커크와 부딪치고는 "이 잡놈아. 해치스 골목으로 내려가는 게 어때?"라고 말했다. 어둡고 좁은 뒷골목은 해변가로 내려가는 길이었다. 커크에게 이것은 지나치게 여러 번 되풀이된 도발 중 하나였다. 그는 "좋아, 그렇게 하지"라고 대답하고 골목을 향해 걸어갔다. 하지만 이상하게도 조지 모건은 따라오는 대신 설명이니 힌마디 말도 없이 다른 방향으로 달아나 버렸다. 한 달 후 조지 모건은 분명 다시 용기를 얻어 어두움이 깔릴 무렵 커크가 집 바깥을 산책하고 있을 때 커크의 집으로 다시 찾아왔다. 이번엔 조지 모건이 주저하지 않고 단장으로 커크의 얼굴을 후려쳤다. 하지만 커크는 단장을 잡아채 움켜잡았다. "이 잡놈아, 단장을 놓아" 모건이 소리쳤다. 커크는 "누구 마음대로"라고 소리치며 모건의 손에서 단장을 휙 잡아챘다. 데이비드 맥크레이라는 젊은 채석공이 우연히 지나다 모든 광경을 보게 되었다. 그는 "모건은 분명 화가 나 있었다"라고 말했다. 커크는 맥크레이에게 "모건 씨가 내 얼굴을 단장으로 내리치는 것을 보았겠지?"라고 물었다. 맥크레이가 "예, 보았습니다"라고 대답했다. 커크는 모건의 뒤로 단장을 던지며 "이 놈아, 꺼져 버려"라고 말했다.

그렇게 여러 차례 되풀이된 모욕과 공격이 있은 후 커크는 당연히 모건에게 결투를 신청할 수 있는 권리가 있었다. 사실상 그는 이론적으론 신사로서 자신을 공격한 사람에게 도전할 의무가 있었으며 결투 신청을 하지 않는다면 겁쟁이라는 비난을 받고 사회적으로 매장될 위험이 있었다. 하지만 커크는 아무런 일도 하지 않기로 선택했다. 이는 몇 년 전만 해도 생각할 수 없는 일이었다. 하지만 1820년대의 관행은 빠르게 변화하고 있었다. 커크는 "친구들과 나의 토지 대리인인 쿠퍼 씨와 상의한 결과" 결투를 하지 않기로 선택했다. "그들은 커크에게 모건과 같은 인격을 가진 사람은 신사로 대우할 가치가 없으니 묵언의 경멸로 대하라고 권했다." 커크의 친구들과 교제 집단은 더 이상 커크가 결투에 휘말리는 걸 기대하지 않았다. 그들은 또한 신사에 대한 정의도 미묘하게 변화시키고 있었다. 1826년 남자는 그의 사회적 신분이나 결투에 대한 경향이 아니라 행동에 의해 신사로 생각되기 시작했다.

1824년 『영국의 결투 규칙』은 신사의 지위는 "시민 귀족 계급 중 가장 낮은 등급이지만 인격적으로는 가장 높은 등급과 일치하고 있다"라고 선언하고 있다. 군인으로서 조지 모건은 기술적으로는 신사였지만 행동이란 측면에서 결코 신사가 아니었다.

조지 모건이 앙심 품는 성격이라는 사실을 아는 또 다른 키르컬디 사람은 옷 상인으로서 하이 스트리트에서 모건의 이웃에 사는 사람들 중 한 명인 조지 그래험이었다. 1823년 9월 어느 날 모건은 조지 그래험의 상점으로 들어가 그래험의 아들이 지역 도서관에서 가져간 책 한 권을 부탁했다. 모건은 그래험의 아들이 책을 읽고 나서 자신이 그 책을 빌릴 수 있겠는지 물었다. 그래험은 아들이 책을 이미 반환하지 않았다면 책을 빌려주는 것은 별문제가 없을 것이라고 말했다. 모건은 그래험의 답변에 '만족한 듯이 보였고' 떠나면서 "동의하지 않으시는군요"라고 말했다. 30분 후 조지 그래험은 종이를 사러 커밍의 서점을 찾았다 예기치 않았던 소식을 접하게 된다. "커밍은 모건이 상점으로 들어와 그래험이 책 빌려주기를 거부한 데 대해 격렬하게 화를 내며 그래험에 대해 욕을 많이 했다고 말했다." 그래험은 놀라 커밍에게 그것은 사실이 아니라고 말했다. 하지만 이제 자신은 모건에게 책을 빌려주고 싶지 않다고 말했다. 이틀 후 모건은 그래험의 상점으로 들어와 그 책에 대한 '오해' 때문에 그 간의 거래를 계산하고 신용 거래를 그만두겠다고 말했다. 그래험은 그것은 거짓말을 한 모건의 잘못이라고 말했다. 모건은 갑자기 화를 내며 그래험에게 자신은 그에게 다시는 아무 것도 사지 않을 것이며 "그의 상점에 고객이 오지 못하도록 자기가 할 수 있는 일은 다 할 것"이라고 말했다. 비난받을 사람은 모건 자신이라고 그래험이 말하자 조지 모건은 "계산대에서 자를 들어 위협적인 태도로 그래험을 때려 눕혀 버리겠다고 말하며 다음과 같이 덧붙였다. '네 엉덩이를 차 버리겠어.' 이어 그는 저주와 상당한 욕설을 퍼부었다." 모건은 "대단히 화가 난 채" 가버렸고 며칠 후 보복을 가했다. 그는 무자비하게 그래험의 상점과 집에 대한 자유보유 부동산을 구입하고 20년 동안 살던 집에서 그래험을 쫓아냈다. 그래험은 모건의 아버지에게 모건의 마음을 바꾸든지 아니면 적어도 다른 집을 구할 때까지 기다리게 해달라고 부탁했다. 조지 모건의 늙은 아버지는 "아들의 행동에 대해 슬퍼했다." 하지만 그는 아무런 도움이 되지 못했다. 그래험은 조지 모건에게 부탁해야 했을 것이다. 그러나 그래험은 자신이 그렇게 할 수는 없는 노릇이어서 서적상인 제임스 커밍에게 가달라고 부탁했지만 역시 소용이 없었다. 며칠 후 모건이 커밍의 서점에서 그래험과 마주쳤을 때 그 사실이 확인되었다. "모건은 그래험에게 다가와 단장을 쳐들며 욕설을 퍼붓고 그를 때려눕히겠다고 위협하면서 격렬하게 매도했다." 그래험이 결국 화를 터뜨렸다. 그는 모건에게 "에라! 이 무례한 놈아"라고 받아쳤다. 모건은 그의 말을 잘 알아듣지 못했을 정도로 대단히 화가 나 있었다. "뭐라고? 나를 아일랜드 잡놈이라고?" 그래험이 대꾸했다. "네가 아일랜드 깡패는 아니지만 그렇게 될 거야." 모건은 앞으로 다가서며 때리려는 듯 단장을 치켜들고는 "빌어먹을 놈, 커밍 씨만 아니라면 네놈을 때려 눕혀 버렸을 게다"라고 말했다. 그래험의 코트를 움켜쥐며 모건은 "나와 백사장으로 가볼래?"라고 말했다. 그래험은 "손 놓지 못해. 내 코트를 원한다면 갖게 해주지. 하지만 내가 원하는 시간에, 원하는 사람과 백사장으로 가겠다"라고 말했다. 그러자 모건이 가버렸고 그때부터 그래험은 조지 모건에게서 "자신을 방어할 수 있도록" 하이 스트리트를 걸을 때는 반드시 단장을 가지고 다녔다.

로버트 커크 및 조지 그래험 대 조지 모건 사이의 충돌은 기록되어 있는 야비한 기질에 대한 많은 예들 중 두 가지 사례에 불과하다. 이러한 기록들은 조지 모건의 설명, 적절한 해명 그리고 변명이 결여되어 있는 일방적인 이야기들이다. 하지만 이 이야기들은 핵심적인 부분에서 진실되어 보인다. 조지는 언제 어디서건 어떤 사물이나 사람에 대해 거의 계속해서 화를 내고 있을 뿐 아니라 자신의 결투와 타인에게 결투 신청을 하는 문제에 대해 강박관념을 갖고 있었다. 조지 모건이 싸움에 말려들게 될 때마다 그는 자신의 명예에 의문이 제기되었다고 생각했다. 유사한 또 다른 말다툼을 할 때에도 그는 상대방에게 "나는 20파운드 넘게 주고 산 권총 한 벌을 가지고 있으며 그 권총이 이 문제들을 해결하는 길이다"라고 말했다. 그의 다툼은 나쁜 성격 탓이었지만 결투에 대한 그의 취향은 그가 살던 시대의 군사 문화의 유산 때문이었다.

근대 유럽의 군대들은 결투가 번성하던 유혈의 장이었다. 군대가 없었다면 결투는 짧은 역사를 가진 소수의 이탈리아와 프랑스 귀족들이 행했던 기이한 현상으로 한 세대 안에 사라진 시대착오적인 것으로 기억되었을 것이다. 하지만 결투는 대륙 전체에서 300년 이상 지속되었다. 유럽의 군 장교들이 결투라는 과거의 생활을 물려받아 그 가치를 공유하고 특히 그 관행을 확산시켰기 때문이었다. 군 장교의 선조라 할 수 있는 기사들은 전사들이 서로에 대해 자신을 시험해야 하는 전통인 1대1 대결이라는 유산을 군 장교들에게 물려주었다. 군 장교의 동료들이라 할 수 있는 유럽의 귀족들과 귀족 엘리트들은 15세기와 16세기에 암살과 피의 보복에 대한 대안으로 의식화된 결투를 받아들였다. 또한 17, 18, 19세기 초 전 유럽 대륙에 걸쳐 군인들이 돌아다니며 불러일으킨 결투 도발은 결투의 전통과 습관이 유럽 전체에 퍼져 있었다는 사실을 의미하고 있다. 고용된 기사들은 가장 열렬한 결투 복음주의자들이었다. 빅터 키에넌은 "결투가 만연하게 된 것은 주로 자유로운 모험가들 때문이었다"라고 기록하고 있다. "1618년에서 1648년에 이르는 30년 전쟁 때 결투는 절정에 달하며 전 유럽에서 인기를 끌었다. 30년 전쟁은 결투를 널리 확산시키는 데 기여했다." 일부 고위 장교들은 결투를 부추겼다. 기사도 제도 시대 군주들처럼 고위 장교들은 결투가 젊은 장교의 용기를 시험하고 호전적 정신을 고취하며 평화 시에 할 일을 제공해 준다고 믿었다. 장군들에겐 자기 장교들이 죽음보다 명예를 훨씬 더 두려워하는 것이 유용했다. 장교들의 유일한 걸림돌 —— 규율과 명령 계통을 보존하기 위해 —— 은 같은 지위가 아닌 다른 지위에 있는 사람들과의 결투를 금하는 엄격하고 변함없는 규칙이었다.

일부 군인들은 자신의 용기를 확인하기 위해 결투를 해야 한다고 주장했다. 1803년 4월 6일 고위급 장교 두 명이 런던 북부 프라임로스 힐에서 결투를 했다. 보병 9연대의 몽고메리 중령과 영국 해군의 맥나마라 대령은 그날 아침 개를 데리고 말을 탄 채 하이드 파크에서 마주치게 되었다. 개들이 흔히 그렇듯 싸움을 했다. 몽고메리는 두 마리의 하운드를 떼어내며 "저거 누구 개야?"라고 소리쳤다. "이 놈의 개를 때려 눕혀 버릴 테다." 말을 타고 말발굽을 따가닥거리며 구석을 돌던 맥나마라가 말했다. "건방지게 나의 개를 때려눕히겠다고 말하다니. 먼저 나를 때려 눕혀야 할 거야." 이렇게 해서 그들은 이날 늦게 다시 만났다. 몽고메리는 총에 맞아 죽었고 맥나마라는 부상을 입고 살인죄로 재판을 받았다. 재판에서 그는 사소한 분쟁이긴 하지만 명예를 지키는 게 옳다고 주장했다. 그는 "저는 영국 해군 대령입니다"라고 말했다. "명성은 타인의 입을 통해 듣게 됩니다. 하지만 명성을 유지하기 위해선 그런 상황에서 저는 존중받아야 합니다. 다른 사람들을 명예로운 위험으로 이끌 것을 요청받았을 때 관습이 다른 사람들에게 불명예로 생각하도록 가르친 것에 굴복함으로써 안전을 추구하는 사람으로 받아들여져서는 안 됩니다." 이처럼 유창한 변론에 영향을 받은 배심원들은 재판관의 지시를 무시하고 맥나마라에게 무죄 판결을 내렸다. 그들은 또한 맥나마라의 훌륭한 인품을 증언한 해군 제독 넬슨 경의 증언에 설득 당했을 것이다.

고위 장교들은 또한 수백 개의 새로운 연대가 만들어지던 당시 상황에서는 연대의 명예를 촉진하는 데 결투가 도움이 된다고 믿고 있었다. 다시 말해서 장교에 대한 모욕은 연대 전체에 대한 모욕이며 연대의 명예는 지켜져야 했다. 자신을 방어하지 못한 군인에겐 화가 미쳤다. 18세기 몰타에 있는 세인트 존 기사단의 어떤 기사는 결투를 거부했다. "이 치사한 자는 교회에 있는 회개의 걸상에 45일 동안 앉아 있어야 하며 빛이 들어오지 않는 지하 감옥에서 5년, 이후에는 무기징역에 처해진다." 조셉 콘래드[7]의 소설 『결투』에서 연대장은 젊은 중위 허버트의 결투를 인가하지 않지만 결투를 막기 위해 할 수 있는 일이 거의 아무 것도 없다는 사실을 알고 있었다. 연대장은 "옳든 그르든 결투의 용기, 1대1 대결의 용기는 특별한 유형의 용기로 받아들여졌다"고 인정하고 있다. "또한 자기 연대의 장교가 모든 유형의 용기를 지니고 그것을 증명해야 한다는 것은 분명 필수적이었다." 나폴레옹 시대까지 결투는 대부분의 유럽 군대에서 유행하고 있었으며 군 장교라는 배타적 계급은 일찍이 그랬던 것처럼 결투와 훨씬 더 많은 공통적인 것을 공유했다. 하지만 가장 강박 관념적인 결투자들은 프랑스

---

7) Joseph Conrad 1857~1924
영국 소설가. 폴란드 베르디체프 출생. 본명은 요제프 테오도르 콘래드 코르제니오프스키이다. 인간의 마음 속 깊이 다가오는 윤리적 작가로서 문명의 그늘에 가려진 죄악과 물욕이 가져오는 정신적 황폐, 사회적 책임과 배반 등 윤리적 주제에 날카로운 감각을 보여주었다.

인들이었다. 그리고 프랑스인들의 결투에 대한 소문은 수세기에 걸쳐 전해져 내려오고 있다.

1794년 캡틴 뒤퐁이라는 젊은 프랑스군 장교가 장군에게서 명령을 받았다. 그는 스트라스부르 거리에서 위사르의 캡틴 푸니에라는 사람을 찾아 그에게 그날 밤 무도회 초대가 철회되었다는 사실을 전달했다. 캡틴 푸니에는 결투로 지역 주민을 살해했고 장군은 시민들의 항의를 듣고 싶어 하지 않았다. 뒤퐁은 그의 명령을 따랐지만 푸니에는 불쾌하게 생각하고 그의 부하장교에게 결투 신청을 했다. 그들은 즉시 칼로 결투를 시작했으며 푸니에는 깊지만 치명적이지 않은 부상을 입고 쓰러졌다. 화가 난 푸니에는 한 달 후 부상에서 회복될 때까지 기다렸다가 뒤퐁에게 다시 결투 신청을 했다. 이번에 부상을 당한 사람은 뒤퐁이었다. 유혈극이긴 했지만 결코 치명적이지는 않았던 이런 식의 결투는 17차례에 걸쳐 벌여졌고 이후 19년 동안 지속되게 된다. 세월이 흐르면서 두 장교는 자신들의 결투를 조정할 수 있는 계약을 체결한다. 그들은 서로에게서 100마일 이내에 있을 때만 결투를 할 수 있었다. 군 복무 중에만 이 대결을 피할 수 있게 되었다. "이 계약은 모든 세부 사항에서 종교적으로 준수되어 곧 두 장교 사이의 전쟁 상태는 그들에겐 일반적인 조건이 되었다. 그들은 연인들처럼 오랫동안 헤어져 있으면 견딜 수 없이 만나고 싶어 했으며 칼을 마주치기 전 반드시 먼저 따뜻한 악수를 교환했다." 결국 오랜 세월 전쟁터에서 보내며 승진을 거듭한 1813년 뒤퐁 장군은 푸니에 장군과의 결투에 지쳐 있었다. 그는 결혼도 하고 싶었다. 결국 그는 특별한 결투를 약속하고 이 결투에서 그들은 두 정의 권총을 들고 숲에서 서로를 추적했다. 뒤퐁은 외투를 가지에 걸어 상대가 두 발을 쏘도록 유도했다. 뒤퐁은 푸니에의 생명을 빼앗진 않았지만 다시 결투를 하게 된다면 몇 야드 범위 밖에서 두 발을 먼저 쏠 수 있는 권리를 갖겠다고 말했다. 그들은 두 번 다시 결투를 하지 않았다. 이 이야기는 콘래드의 소설 뿐 아니라 리들리 스콧의 1977년 영화인 〈결투자들〉의 소재가 되었다.

영국군 장교들 사이에서 그렇게 악명 높고 오래 지속되었던 결투는 없었다. 특히 영국군 장교들은 유럽 대륙의 군 장교들보다 훨씬 더 일찍 칼 대신 권총으로 결투를 했기 때문이었다. 권총으로 결투하는 장교들은 총알이 빗나가지 않을 경우 사망하곤 했다. 칼로 대결했을 경우 치명적이지 않은 부상으로 무기를 거두게 될 가능성이 훨씬 더 많았다. 하지만 영국군 장교들도 대륙의 군 장교들 못지않은 결투자들이었다. 사실상 영국군은 자기 연대의 명예를 지키지 못한 장교는 위법행위를 한 것으로 분명하게 규정하고 있으며 이 규율은 결투를 금할 뿐 아니라 결투를 강조하는 것으로 폭넓게 해석되고 있다. 결투 신청을 거부한 장교들은 배척당해 연대에서 떠날 것을 강요받거나 최악의 경우 실제로 군율 위반으로 군사재판을 받게 된다. 19세기 초 군대가 급격히 늘어나면서 명예를 지켜야 할 필요성이 있는 많은 새로운 연대, 의용대 그리고 기마 의용병들이 존재했다. 또한 해외에서 영국 장교는 국왕의 임무를 맡고 있는 자로서 자신이 입고 있는 군복에 대한 모욕을 자신의 군주에 대한 모욕으로 받아들였다. 따라서 1815년 나폴레옹이 패배한 후 수년간 프랑스를 점령한 많은 영국군은 정복한 적들과 소위 많은 위털루 결투에 참여했다. 해산된 프랑스 군 장교들에게 결투는 보복의 기회였으며 영국군 장교들에겐 프랑스 놈을 쏘아 죽일 수 있는 또 다른 기회였다.

하지만 영국군 사이에서 결투를 고무하고 결투가 만연하게 된 것은 구태의연한 계급의식 때문이었을 것이다. 조지 모건과 같은 많은 중간 계급 남자들이 스페인에서 전사한 자신들의 귀족 선임자들을 대신해 군 장교 집단에 가담하면서 변화하기 시작했다. 역사가인 찰스 트레블린은 "많은 중간 계급 젊은이들이 군에 입대한 것은 사실이다. 하지만 그들은 곧 장교로서 상층계급의 일원이 되었다. 그들은 주로 우리의 산업 시스템에 의해 형성된 새로운 가족의 일원이었으며 그들의 목적은 공식적으로 신사로서의 지위를 갖는 것이었다." 장교이자 신사로 받아들여지기를 간절히 원했던 그들은 귀족 상급자들을 흉내 내기 시작했다. 위풍당당하게 거들먹거리는 태도와 별개로 자신들이 사회 상층 계급에 속하는 가장 좋은 방법은 결투라는 사실을 그들은 알게 되었다. 결투는 신사계급의 정의이자 더 크고 더 나은 것을 향한 관문으로서 위험하기는 하지만 계층 상승으로 이어지는 즉각적인 편도행 티켓이었다. 앤소니 심프슨은 "군 장교들은 신사 계급에 끼기를 열망했다"고 기록하고 있다. "결투는 이런 목적으로 가는 상대적으로 쉬운 길이다." 불가피하게 중간 계급 군 장교들은 국왕에 가장 충성스러운 자들이 되었고 자신의 신분을 확실히 하기 위해 더 많은 강박 관념을 갖고 결투를 했다. 이 같은 중간 계급 군 장교들의 왜곡된 가치관은 1803년 하이드 파크에서 피에 젖어 죽어가면서도 입회인에게 반지를 건네주며 자신의 "사랑하는 불쌍한 누이에게 전해 주고 그 아이에게 오늘이 내가 살면서 가장 행복한 날이었다"고 말해 달라고 부탁할 정도였다. 콘래드의 『결투』에서 아름답게 묘사되고 있는 유사한 사회적 힘이 나폴레옹의 군대에서도 작용하고 있었다. 살인적 결투자인 제화공 아들 페로 중위는 결투 규범에 따라 연이어 결투를 해야 하는 더 귀족적인 상대자 뒤베르 중위보다 명예를 확인하고 지킬 수 있기를 훨씬 더 간절히 원했다.

따라서 1812년 조지 모건이 보병 45연대의 젊은 기수로 스페인에 도착했을 때 그는 이미 결투가 일상적인 일이 된 세계에 내던져진 셈이었다. 이곳에서 장교들은 사소한 구실로 서로에게 결투를 신청했으며 남자는 전쟁에서 왕을 위해 죽고 결투에선 자신의 명예를 위해 죽을 것으로 기대되었다. 게다가 조지는 자신과 같은 다른 많은 중간 계급들이 자신들의 귀족 상급자들의 방식을 채택할 수 있기를 간절히 바라고 있는 공동체에 들어갔다. 조지는 동료 결투자들과의 유대인 사회적 단결, 결투 다시 말해서 군 생활을 사랑했다. 조지 모건은 군의 결투 문화에 심취하긴 했지만 동시에 자신의 권총을 빼는 문제에 대해서만큼은 분명 주저했다.

모건은 로버트 커크와 조지 그래험 모두에게 결투를 하게 하기 위해 할 수 있는 모든 짓을 다했지만 사실상 어느 경우에도 자신이 그들에게 결투 신청을 하지는 않았다. 결국 커크가 그와 함께 '백사장'으로 가자고 동의했을 때 조지 모건은 달아났다. 또 다른 많은 분쟁에서도 모건은 지역 행정장관인 토머스 로널드에게 "신사가 아니며 영국군 장교복을 입을 자격이 없는" 사람으로 비난받고 있다. 군인에게 이보다 더 모욕적인 말은 없었지만 모건은 또 다시 결투 신청을 하지 않는다.

그렇다고 조지 모건의 용기가 부족하다고 비난할 수만은 없다는 사실을 분명 지적해야 할 것이다. 스페인 평원에서 벌어진 유혈의 전쟁터에서 5년을 지내며 살아남은 사람은 누구든 상당히 강인한 사람이라고 할 수 있다. 그의 기질은 분명 두려움을 극복할 만큼 강했다. 그는 결투에 대한 훈련, 의지, 용기를 갖고 있었지만 행동으로 옮기지는 않았다. 그는 항상 자제하며 자신이 욱하는 성질이 있어 매번 결투로 위협하지만 돌이킬 수 없는 시점에선 물러서는 사람이라는 인상을 주었다. 조지 모건은 분명 상황이 변화하고 있으며 더 이상 결투가 수용될 수 없다는 사실을 알고 있었기 때문이다. 사회와 법정 모두는 도발이 극히 분명하지 않을 경우 어떤 결투에 대해서도 비우호적으로 보기 시작하고 있었다.

이것이 1826년 5월 어느 날 말을 타고 키르컬디 하이 스트리트를 따라 내려오던 사람의 인격이었으며 논쟁을 좋아하고 약자를 괴롭히는 사람으로 난폭한 퇴역군인이자 결투를 주저하는 결투자였다. 은행에서 예금 계좌를 철회한 데이비드의 결정으로 들끓고 있던 조지 모건은 지체 없이 반격을 가했다. 길을 반쯤 내려왔을 때 그는 또 다른 키르컬디의 대규모 린넨 상인과 마주쳤다. 로버트 스토크는 데이비드 랜달의 가장 오랜 친구들 중 한 명이었다. 스토크의 말에 따르면 그는 "랜달 씨뿐 아니라 그의 가족 모두와 친밀하게 지내며 우정을 나누고 있었다." 두 사람은 같은 나이로 같은 무역에 종사하며 함께 상공회의소에 참석했다. 스토크는 1805년 무일푼으로 사업을 시작해 일찌감치 성공하여 인근 앱던에 큰 지역 사유지 하나를 구매할 정도로 많은 돈을 벌었다. 그날 아침 그와 모건은 말을 엇갈려 지나치며 대화하게 되었고 모건은 치명적인 소문의 씨앗을 뿌렸다. 데이비드 랜달이 멀리서 지나치고 있을 때 모건은 그를 향해 고개를 끄덕이며 스토크에게 데이비드 랜달이 은행으로부터 5천 파운드의 당좌 대부를 얻었다고 말했다. 그는 이어 "그뿐 아니라 랜달 씨가 표백장을 담보로 1000파운드를 얻었거나 얻고 있다고 알고 있다"고 말했다. 이것은 사실이 아니었다. 데이비드 랜달은 자신의 표백장을 재저당 잡힌 적이 없었다. 하지만 이는 마지막까지 가장 위험한 말을 아끼고 있던 모건에겐 전혀 문제가 되지 않았다. 그는 "랜달 씨의 모든 일이 순조롭게 풀렸으면 좋겠군요"라고 짧게 말했지만 분명한 실체가 결여된 의문투성이 말이었다. 하지만 모건은 그것이면 충분하다는 사실을 알고 있었다. 조지 모건은 키르컬디 같은 작은 도시에서 데이비드 랜달의 은행담당자가 그에 대한 신뢰를 잃고 있다는 소식은 금세 퍼지게 될 것이라는 사실을 알고 있었다.

조지 모건은 거기에서 멈추지 않았다. 그는 또한 데이비드 랜달의 대부금에 대하여 자신의 회계사 친구인 제임스 플레밍과 잡담을 하면서 "나는 우리 사무실에서 대규모 사업에 대한 랜달 씨의 설명을 들었는데 그가 걱정이네"라고 폭로했다. "궁극적으로 위험성이 없다고 믿긴 하지만 어쨌든 랜달 씨와의 신용 거래를 제한하는 것이 현명하며 우리는 랜달 씨와의 신용 거래에 대해 조심할 필요가 있다고 생각하네." 위스키를 넣은 뜨거운 음료를 마시며 플레밍은 그 소식을 키르컬디 북쪽으로 몇 마일 떨어져 있는 소도시 매킨치에 살고 있는 제조업자인 친구 로버트 잉그리스에게 전했다. 잉그리스는 데이비드 랜달의 신용을 의심할 이유가 없다고 이의를 제기했을 뿐만 아니라 그가 늘 "가장 올바른 조건"으로 사업했다고 주장했다. 하지만 플레밍은 완강했다. 모건에게 들은 애기로 미루어 볼 때 "랜달은 충실한 사람이 아니며……그는 자신의 소유재산을 담보로 스코틀랜드 은행에서 신용을 얻었다." 이 같은 소문은 사업가에게는 파산을 초래할 수도 있는 치명적인 것이었다. 몇몇 사람이 자기 환어음 모두를 지급할 어띤 상인의 능력에 대해 의심할 수는 있지만 그 상인의 주거래은행가가 그 같은 의견에 동의한다면 그것은 전혀 다른 문제였다. 그럴 경우 상인에게 돈을 빌려준 사람은 누구든 자신의 빚을 즉시 회수하려 하게 된다. 그리고 바로 그러한 일이 일어난 것이다. 하룻밤 새

데이비드 랜달은 신용을 잃게 되었다.

로버트 스토크는 조지 모건의 주장에 대해 처음에는 회의적이었다. 스토크는 은행가 조지 모건이 "일반적으로 사람들의 일에 대해서 부정확하게 말하는 버릇이 있다"는 사실과 그가 "매우 부적절한 행동을 하고 있다"는 사실을 알고 있었다. 하지만 모건은 데이비드 랜달이 빚을 지지 않기 위해 많은 액수를 은밀히 빌렸다고 주장했을 뿐 아니라 그것이 충분하지 않다는 암시를 했다. 이러한 주장은 너무 심각해 스토크는 결국 가장 오랜 친구에게 큰 대가를 치르게 하더라도 자기의 이익을 보호하려는 생각을 막을 수 없었다. 몇 년 전 스토크의 형 존은 데이비드 랜달에게 1000파운드를 빌려주었지만 그 직후 사망했다. 형 아이들의 후견인 중 한 명인 로버트는 이 채권에 부분적인 책임을 지고 있었다. "스토크는 랜달 씨의 신용을 결코 의심하지는 않았지만 모건에게서 들은 소식을 다른 후견인들에게 얘기해 주는 것이 자신의 의무라고 생각했다." 데이비드 랜달의 신용을 신뢰하는 것에 대한 토론 끝에 그들은 지체 없이 1000파운드의 채권을 회수했다. 그 같은 금융위기 시기에 데이비드가 그렇게 많은 현금을 확보할 가망이 없었기 때문에 그들은 즉시 11월 11일까지 지불된 차액으로 500파운드를 받는 데 동의했다.

데이비드 랜달의 친구들 중 하나인 아마 방적업자이자 목재상인인 알렉산더 발푸어도 곧 그의 재정적 취약성에 대한 소문을 듣게 되었다. 발푸어는 스코틀랜드 은행에서 데이비드에게 허용

된 또 다른 대부금 1500파운드의 보증인이었다. 6월 5일 발푸어
는 마지못해 친구인 데이비드 랜달에게 그 빚에 대한 보증을 반감
할 수 있는 다른 보증인을 찾아 줄 것을 요청하는 괴로운 편지를
보냈다.

발푸어는 "자네와 직접 만나 그 문제에 대해 상의해야 할지
아니면 편지로 말해야 할지 고민하면서 거의 30분 동안 펜을 잡
고 있었네"라는 말로 시작하고 있다. "특히 내가 가장 두려워하는
모욕을 주는 주제이기 때문에 말보다는 쓰는 것이 더 마음 편하여
후자를 선택했네. 본론으로 들어가야겠군. 나는 몇몇 친구에게
보증을 선 데 대해 불안감을 느끼고 있네. 물론 나는 우정과 다른
관계들을 고려해 아주 기꺼이 자네의 보증인이 되었네.…… 자네
사업과 관련된 최근의 상황으로 볼 때 모든 것이 불안하고 두려운
지금 자네의 양식이라면 이런 문제에 대해 언급하는 것을 양해하
리라 믿네. 자네의 채무 보증인 명단에서 나를 아주 빼달라는 것
은 아니지만 절반 정도 부담을 감해 주거나 아니면 200파운드 금
액에 대한 차용 증서에 서명함으로써 나의 개인적 위험을 제한할
수 있었으면 좋겠군. 마지막으로 이 어렵고 힘든 시기가 오래지
않아 끝나게 되기를 희망하며 행운을 비네. 자네의 변함없는 친구
알렉스 발푸어."

이 편지의 곳곳에서 발푸어가 매우 당혹스러워하고 있다는
사실을 느낄 수 있을 것이다. 하지만 그래도 그는 자신의 투자를
위험에 빠뜨리기보다는 친구를 당황하게 하는 편을 선택했다.

1826년 키르컬디 경제 위기의 규모와 평판의 취약성은 근거 없는 소문으로 사업가의 운명을 좌우할 수 있을 정도였다. 단지 믿을 수 없는 한 사람의 말 때문에 데이비드 랜달의 가장 오래되고 좋은 친구들 중 두 명이 상황을 훨씬 더 위험하게 하고 있다는 사실을 알면서도 그들은 자신의 채권을 회수하기 위해 준비하고 있었다. 자금 흐름이 형편없이 위축된 시기에 데이비드는 자신의 마지막 신용 준비금을 포기하지 않을 수 없었다. 게다가 상인으로서의 그의 명예도 도전받고 있었다.

데이비드 랜달은 분노했다. 전에 상황이 나빴던 적은 있었지만 지금은 파산 직전이었다. 그는 곧 이 같은 소문의 진원지를 찾기 시작했다. 데이비드 랜달은 맨처음 알렉산더 발푸어를 찾아갔고 거기서 다른 제조업자인 윌리엄 러셀로부터 들었다는 사실을 알게 되었다. 러셀은 자신의 회계 사무소에서 그의 동업자인 미첼 베이커에게 소문을 들은 것 같다고 말했다. 베이커를 대면한 데이비드 랜달은 그 같은 정보를 어디서 입수하게 되었는지 물었다. 몹시 당황한 베이커는 지역 은행 금전 출납원인 알렉산더 비버리지에게서 들었다고 말했다. 지역은행 이름은? 스코틀랜드 은행이었다. 데이비드는 믿을 수 없었다. 자신이 거래하는 은행이 자신을 중상하는 소문의 진원지였던 것이다. 단지 그들은 더 이상 자신과 거래하는 은행가들이 아닐 뿐이었다. 데이비드 랜달의 은행 계좌를 잃은 데 감정이 상한 스코틀랜드 은행의 모건 형제가 그의 신용에 대해 터무니없는 소문을 퍼트림으로써 복수를 하고 있었던 것이다.

데이비드는 언덕을 뛰어올라 곧바로 은행으로 찾아가 조지
와 대면했다. 그는 어떻게 "새로운 은행 계좌의 세부사항들이 그
렇게 우연하고 정확한 방식으로 모두가 알 수 있게 되었느냐?"고
물었다. 조지 모건은 자신은 모르는 일이라고 항변하며 로버트 스
토크가 알렉산더 발푸어에게 말했을 것으로 추정했다. 데이비드
는 스토크에게 되돌아갔다. 누구에게서 그런 정보를 들었는가?
"그는 아주 엄숙하게 그 사람은 조지 모건 씨라고 대답했다."

데이비드 랜달에게 이 일은 지나친 것이었다. 모건의 행동은
도를 넘어선 것이었다. 랜달은 즉시 에딘버러 스코틀랜드 은행 관
리자에게 보낼 항의 서한 초안을 작성했다. 랜달이 이런 식으로
대응할 필요는 없었다. 랜달은 조지 모건의 평판을 알고 있었고
그가 다른 사람의 신용을 위협한 것이 처음도 아니었다. 예전에도
조지는 어떤 키르컬디 상인과 행정장관인 토머스 로널드가 곧 파
산할 또 다른 상인들과 긴밀히 제휴하고 있다는 소문을 퍼트린 적
이 있었다. 로널드는 그 소문이 "그의 신용을 손상시키는 경향"이
있다고 생각해 조지까지 소문의 진원지를 추적했었다. 하지만 그
는 아무런 행동도 취하지 않았다. "그의 친구들은 로널드에게 더
이상 그 문제로 속 섞일 필요가 없으며, 모건이라는 사람은 그 문
제를 더 이상 추궁해 봤자 좋은 결과를 얻을 수 없는 부류라고 충
고"했기 때문이었다. 데이비드의 친구들은 다른 충고를 해 주었
다. 데이비드 랜달이 편지 초안을 친구인 공장주 제임스 에이턴에

게 보여주었을 때 그는 조지의 행동이 그리 놀랄 일도 아니라고 지적하며 편지는 타당해 보인다고 말했다. "무례한 짓을 할 이유가 없는 거래에서 모건은 나의 신용에 대해 제멋대로 떠벌렸기 때문이었다." 데이비드는 친구이자 상공회의소 대리인인 윌리엄 밀리에게 편지가 약간 강하지 않은지 물었다. 밀리는 "나는 편지에 대해 전적으로 찬성했으며 지나친 말은 없다고 생각했다"고 회상하고 있다.

1826년 6월 23일 데이비드 랜달은 에딘버러에 있는 스코틀랜드 은행 본사에 2500개 단어의 격렬한 논쟁적 불평을 담은 편지를 발송한다. 편지는 연초 당좌 대부를 개설해 준 은행가의 호의와 관대함에 대한 감사의 말로 정중하게 시작했다. 이제 자신이 은행에서 돈을 인출한 이유를 설명해야 할 때였다. 그는 곧바로 본론으로 들어갔다. 데이비드 랜달은 그들의 대리인인 모건 형제가 "너무 어리석은 무지를 보여주었고 또한 이어 아주 비열하고 인색한 성품으로 내가 그 모든 것을 그대로 사람들에게 전할 때까지 당신의 관대함을 간절히 필요로 해야 했다"고 쓰고 있다. 또한 은행 관리자는 그 모든 소식을 듣게 되었다. 데이비드는 거래 하나하나 일어난 모든 사건을 샅샅이 예로 들며 모건형제가 어떻게 그에게 신용거래를 거부했는지, 그들이 어떻게 현금을 요구했는지, 그들이 어떻게 지시받은 어음 지급을 하지 않았는지를 은행 관리자들에게 설명했다.

저도 은행가가 스스로를 지켜야 한다는 점은 이해합니다. 하지만 10년이나 귀하의 은행을 통해 모든 어음을 할인해왔던 저 같은 고객은, 분명 자신의 고객과 거래를 통해 되돌아온 어음의 현저하게 적은 액수와 별도로 신중한 상인이라 인정받을 수 있는 상당한 권리를 갖고 있습니다. 또한 그 같은 사람은 은행 대리인에게 신중한 상인이라는 특성에서 가장 분명하지 않은 측면을 골라낸 데 대해 이의를 제기할 수 있을 것입니다. 물론 그런 은행 고객은 더 많은 존중과 신뢰로 대우받아야 하며 게다가 저는 적어도 8천 파운드의 가치가 있는 제 재산의 일부를 당신들에게 맡기고 거래 재고 이외에 그것들을 지급보증으로 하여 5천 파운드 이상의 표백장을 확대했고 그것을 담보로 해서는 한 푼도 빌리지 않았습니다.

데이비드 랜탈은 조지 모건에 대한 개인적 공격에 초점을 맞추었다. 데이비드 랜달은 조지 모건이 흔히 그의 채무자들에 대해 "이 사람들은 나의 어음이 지급(그런데 이것은 공적 그리고 사적으로 신사들에게 아주 일반적인 관행이다)되기 전에 파산하게 될 것이라는 경고를 암시함으로써" 음험한 수단으로 명성을 훼손시켰다고 말했다. 데이비드 랜달은 1000파운드 어음 지급에 대한 은행의 거부로 인해 자신의 명성에 끼친 손실에 대해 항의할 때 "조지 모건은 누가 곤란에 처하든 자신은 개의치 않으며 그들은 스스로 알아서 해야 한다고 대답했으며 데이비드 모건은 어음 할인의 책임을 지고 있겠지만 그는 그 일과 아무 관련이 없을 것입니다"라고 덧붙였다. 하지만 데이비드 랜달은 소문을 퍼트린 사람이 조지이며, 그가 자신의 신용에 대해 중상을 하며 자신의 거래를 폭로했다는 사실에 대한 가장 강한 비판은 아껴두고 있었다.

이 일이 있기 전 당신의 대리인이 제 일의 처리를 거부했기 때문에 당신 은행과의 사업 관계를 완전히 청산했다는 사실을 기억해야 할 것입니다. 다른 은행들이 기꺼이 저의 편의를 보아 주었다는 사실을 알게 된 그들은 저의 신용에 불리한 소문을 퍼트리고 직무상 자신들만 알고 있어야 할 거래들을 폭로하는 비열하고 심술궂은 성격을 갖고 있습니다. 그 같은 출처와 그 같은 시기에 유포된 소문이 모르는 사람들에게 저의 신용을 얼마나 손상시켰는지 모르겠지만 저의 이웃 시민들의 의견을 참작한다면 큰 불안감을 느끼지는 않습니다. 이웃 시민들의 인품은 모건 형제와 크게 대조될 수 있습니다. 또한 경영진은 존경할 만하지만 많은 권리를 침해당한 개인에 대해 본사에서 신뢰할 수 있는 인물을 고용해 제가 방금 말씀드린 상황을 조사하도록 하는 것이 당연할 것입니다. 그들은 분명 당신의 대리인들의 인품에 대해 거의 모든 상인들에게서 정보를 얻을 수 있을 것이며 그렇게 되면 거래가 가장 확대되어야 하고 확대되었을 지사가 거의 남은 것이 없을 정도로 축소되게 된 이유를 밝혀주게 될 것입니다. 저는 이 편지를 경영진에게 전달해주기를 요청하며 깊은 존경을 보내드립니다.

데이비드 랜달

이것은 진심어린 강력한 편지였다. 게다가 데이비드 랜달처럼 신중한 사람에게서 온 편지라는 사실을 고려하면 거의 폭언에 가까운 내용이었다. 그것은 데이비드의 가장 강한 카드로 끝을 맺었다. 모건 형제의 행동은 자신에게 해를 주었지만 그것은 또한 키르컬디에서의 사업이 "거의 남은 것이 없을 정도로 축소되게 된" 스코틀랜드 은행에 해를 주고 있는 것이다. 데이비드 랜달은 모건 형제의 정당성에 대해 항의함과 동시에 스코틀랜드 은행의 주머니에 대해서도 호소하고 있는 것이다. 그는 키르컬디 은행에 심각한 문제가 존재하며 경영진이 조사할 의무가 있다고 주장하고 있다. 데이비드는 그것이 얼마나 극적인 충격을 미치게 될지 전혀 예상하지 못한 채 편지에 서명하고 우체국으로 향했다.

3

분쟁에서 결투로

...

당신은 당신보다 수염이 더 적거나 더 많다는 이유로 다른 사람과 싸우게 될 것이다. 당신은 단지 당신이 담갈색 눈이라는 이유로 허를 차기 때문에 싸우게 될 것이다. 당신은 길거리에서 기침을 한다는 이유로 어떤 사람과 싸워왔다.

윌리엄 셰익스피어, 『로미오와 줄리엣』, 3막 1장

...

어떻게 저렇게 벌레 같은 것들이 우리가 명예를 손상시킨다고 생각하는 모든 모욕이 죽을 만하다고 생각할 정도로 우리처럼 그렇게 큰 자부심을 품을 수 있을까?

벤자민 프랭클린, 『결투의 기술』에서 인용, 1836

1826년 6월 27일 목요일 이른 아침, 우체부가 데이비드 랜달 집 쪽으로 언덕을 걸어 올라가고 있었다. 세인트 마리는 키르컬디의 높은 거리와 항구로부터 경사진 곳 위로 떨어져 있는 몇 에이커의 나무가 우거진 곳에 조용히 자리 잡고 있었다. 그것은 2층 높이로 저택이라기보다는 적당한 규모의 연립 주택이었다. 하지만 세금을 부과할 목적으로 등록된 19개의 창문이 있는 이 집은 아직도 키르컬디에서 가장 큰 집들 중 하나로 인정받은, 지역 명문가이자 저명한 사업가에게 어울리는 집이었다.

　데이비드 랜달이 에딘버러 스코틀랜드 은행 경영진에게 편지를 보낸 지 4일 지난 후였다. 그는 자신이 옳고 정당하다고 확신하긴 했지만 그래도 파장이 있게 될 것이라는 사실을 알고 있었다. 데이비드 랜달은 어떤 소동이 일어날 것으로 예상하고 있었다. 그가 예상치 못했던 것은 그날 아침 우체부가 배달해 준 편지에 담겨있는 화해 제의였다.

친애하는 데이비드 랜달 씨에게

내일 5시에 함께 저녁 식사를 할 수 있었으면 좋겠습니다. 은행에서 오신 캠벨 씨가 저와 함께 저녁식사를 하실 예정입니다.

데이비드 모건, *Esq.*

데이비드 랜달은 놀랐다. 그는 막 데이비드 모건과 그의 동생이 자행한 추악한 직업적 부당성에 대해 비난했는데 그들은 인버니스에서 에딘버러로 돌아가는 길에 우연히 키르컬디를 지나던 은행 대표 검사관들 중 한 명인 찰스 캠벨과의 저녁식사에 자신을 초대한 것이다. 데이비드 모건과 조지 모건은 아직 데이비드 랜달의 편지에 대한 이야기를 듣지 못했고 화해를 원하고 있다. 데이비드 랜달은 "모건 형제가 단연 최고의 고객을 잃었다는 사실을 알고 자신들이 그의 감정이나 신용을 손상시킬 어떤 말이나 행동을 했다는 사실을 후회하기 시작했다"고 믿었다. 이 초대는 "분명 화해할 목적"을 갖고 있었다. "하지만 이제 와서 데이비드가 모건 형제와 함께 저녁식사를 할 순 없었다. 그것은 온당치 못한 일이었다." 그의 변호사는 후에 "모건 형제의 처사를 생각해본 데이비드 랜달 씨는 아마도 데이비드 모건 형제의 초대를 받아들일 수 없었을 것이다"라고 말했다. 따라서 데이비드는 다음과 같이 답장을 보냈다.

모건 씨에게

　　최근 스코틀랜드 은행 지점장인 당신들의 행동으로 제가 처한 상황을 고려할 때 당신들의 친절한 초대에 응해 그곳에서 그 은행의 친분이 있는 분과 만나기까지 한다는 것은 저의 긍지가 용납하지 않을 것 같습니다. 제가 초대를 거절하는 것은 당연하다고 생각하며 지인이자 동향인으로서 당신에 대한 저의 감정은 어쨌든 변치 않았다는 점을 확언할 수 있습니다.

데이비드 랜달

데이비드 모건에게는 당혹스러운 편지였다. 그는 데이비드 랜달이 자신이 받은 대우에 당황하고 있다는 사실은 알고 있었지만 중재 환대 제안에 대해 직설적으로 거부하리라고는 예상치 못하고 있었다. 변함없는 존경에 대한 언급도 이상했다. 랜달은 왜 그런 말을 했을까? 분명한 것은 그가 저녁 식사 초대를 거부했다는 사실이었다. 그것은 사소하지만 조심스러운 것이었다. 데이비드 랜달이 은행에 보낸 편지에 대해 알고 나서야 데이비드 모건은 이해할 수 있었다. 그렇게 되기까지는 또다시 열흘이 흘렀다. 데이비드 랜달의 편지를 받고 에딘버러의 경영진이 당황했기 때문이었다. 그들은 에딘버러 성 아래쪽 마운드에 있는 자신들의 위압적인 4층짜리 본부 회의실에서 몇 차례 회의를 했다. 데이비드 랜달의 편지에 어떻게 대처해야 할까? 귀한 고객이 키르컬디 지점장에 대해 심한 비방을 하며 은행과의 거래를 철회했다. 경영진은 더 많은 정보가 필요했으며 7월 11일 공동 간사인 아키볼드 베넷이 모건 형제에게 해명 요구 편지를 보냈다.

데이비드 모건에게

데이비드 랜달 씨가 키르컬디 지점장으로서 당신과 조지 모건 씨의 행동에 대해 항의하는 은행 재무처에 보낸 1826년 6월 23일자 편지를 받았습니다. 이 편지를 정독하고 경영진이 검토할 수 있는 특별 보고서와 함께 가급적 빨리 이곳으로 다시 반송해주십시오. 임원들께서는 특히 은행 업무나 은행 고객의 업무에 대해 랜달 씨가 의심하고 있는 것과 같은 어떤 정보 누출이 이루어졌는지 여부를 알고 싶어 합니다.

아키볼드 베넷 Esq.

편지는 노골적이고 직설적이었으며 데이비드 모건은 그 의미를 분명히 파악하고 있었다. 즉 일자리를 잃게 될 수도 있었던 것이다. 다행히 조지는 전날 아일랜드로 출장을 가 있었기 때문에 데이비드는 격렬하게 화를 내는 동생의 방해를 받지 않고 어떻게 대처할지에 대해 생각할 수 있었다. 데이비드 모건은 동생보다는 훨씬 더 은행가다웠다. 전직 행정장관, 시의원, 시 재무 담당자로서의 유산이긴 했지만 그는 세심하고 방법론적이었다. 오랫동안 빈

틈없이 곰곰이 생각해 거의 2주만에 답장을 보냈다. 그의 편지는 실질적이고 상세했으며 부당한 비난을 받아 낙담한 사람의 도전적인 어조로 데이비드 랜달의 항의에 대해 조목조목 반박했다. 그는 데이비드 랜달의 비판에 대해 "어느 정도 준비되어" 있었다고 말했다. "솔직하게 비판했다면 반박하지 않겠지만 저는 분명 데이비드 랜달 씨에게 그 같은 욕을 먹게 되리라고는 예상하지 못했으며 뻔뻔스럽게도 스코틀랜드 은행 임원들 앞으로 그런 편지를 보낼 것이라고는 생각도 하지 못했습니다." 그는 자신을 고객의 부채 규모와 경제 위기 시에 수입이 없다는 점에 대해 걱정한 정직한 은행가의 모습으로 비처지도록 했다. 그는 데이비드 랜달이 자신의 고객들에게 너무 친절해 그들에게 빚을 상환할 시간을 너무 많이 줌으로써 자금 운용 위기에 빠져들고 있었다는 식으로 넌지시 암시했다.

저는 조용히 적당한 방식으로 한도 내에서 랜달 씨의 할인을 낮추려 했으며 이 어려운 시기에 그렇게 함으로써 랜달 씨와 저 자신 모두에게 옳은 일을 하고 있다고 생각했습니다. 투기를 하려는 그의 바람을 약간 저지하고 제가 그럴만한 가치가 없는 사람들에게 그의 신용이 떨어진 것으로 보이도록 유도했습니다.

따라서 저는 적절한 기회가 오면 랜달 씨에게 그의 할인율이 높으며 할인율을 낮출 수 있도록 노력해야 한다고 말할 결심이었습니다.⋯⋯진정으로 그분이 잘되기를 원했기 때문에 제가 그분이 아주 잘 해나가실 수 있을 그분의 고객들 중 두세 분을 지적해드렸습니다. 랜달 씨는 제가 원하던 암시를 받아들이지 못하셨습니다. 그분은 자신이 누구를 믿어야 할지는 자신이 알고 있다고 답하셨고 어음에 대해 판단하는 것이 제 일이기 때문에 제가 판단해 거부한다고 해서 그분에게 모욕을 준 것은 아닙니다. 랜달 씨는 우리도 모르게 고객의 어음들을 대부분 갱신하고 계셨고 예상치 못한 일이 일어날 경우 이 어음들 중 상당수가 지불될 수 없다는 사실을 잘 알고 계십니다.

데이비드 모건의 메시지는 단순했다. 즉 데이비드 랜달의 어음 지불에 대해 주저한 것은 어려운 시기에 의도적으로 귀한 고객에게 피해를 입히고자 한 것이 아니라 진심으로 잠재적으로 회복할 수 없는 손실로부터 은행을 보호하려 했기 때문이었다는 것이다. 그는 은행 임원들의 천성적인 보수주의에 호소하는 방법을 알고 있었고 필요한 모든 경우에 그 점을 활용했다. 데이비드 랜달이 분별 있는 사람이긴 하지만 "자신이 신중한 상인이라는 점을 확신시키기 위해 다소 지나치게 대범했다." 데이비드 모건은 랜달이 애초에 "아마에 투자하기 위해" 현금을 원했다고 주장하며 5천 파운드의 은행 부채를 처리하지 않고 내버려둔 데 대해 그를 비난했다. 그는 이것은 단순히 자신이 악성 채무에 대비하기 위해 현금을 필요로 했다는 사실을 감추기 위한 '속임수'에 불과하다고 말했다. 데이비드 모건은 데이비드 랜달에 대해 은행이 런던에서 1000파운드 어음을 지불하려 하지 않는 날 저녁 저녁만찬을 위해 정장을 하고 있으면서도 미안해하지 않았다고 말했다.

> 랜달 씨는 4월 25일 쪽지를 보내 우리가 그날 저녁 은행에 우편으로 어음지불 지시를 보내도록 원했지만 그에 상응하는 자금을 우리에게 보내지는 않았으며 어떤 대금으로 그 어음을 받게 되었는지에 대해서 한마디도 하지 않았습니다. 이는 이런 어려운 시기에 아주 이례적이고 부주의한 행동이라고 생각했습니다. 이후 그분이 그날 찾아 오셨을 때 저는 당연히 그분께 어음이 어떻게 지불될 것인지 물었고 그분은 다음 달 할인될 어음으로 지불하겠다고 말씀하셨습니다. 무척 당황스러운 답변이었습니다. 계좌엔 예금이 없고 어음을 보여주지도 않았으며 시간도 없고……랜달 씨께서 시간에 쫓기셨다면 그것은 그분의 잘못이지 저희 잘못은 아닙니다. 그분은 좀 더 일찍 그 문제를 연구해 보셨어야 했습니다.

결국 아주 완곡하게 표현한 후 데이비드 모건은 동생인 조지 모건이 고객 신뢰 규정을 어기고 데이비드 랜달의 신용을 손상시키는 소문을 유포시켰는지 여부에 대한 중요한 책임문제를 언급했다. 데이비드 모건은 자신과 동생은 모르는 일이라고 항변하며 이의를 제기했다. "우리는 랜달 씨에게 불리한 말을 한마디도 유포시 킨 적이 없습니다. 은행 업무나 은행 고객의 업무에 대한 어떤 누 설도 일어난 적이 없습니다. 저는 은행에서의 비밀이 바로 은행 업무의 생명이라고 생각하고 있습니다. 저는 늘 아무리 사소한 일 일지라도 정보가 누출되지 않도록 조심하고 있습니다." 어떤 정 보의 누출이 있었다면 그것은 은행에서 누출된 것은 아니다. "은 행 협상이 일정 단계에 있을 때, 그리고 당연히 이 업무와 무관하 게 몇몇 사람에게 알려질 필요성이 있을 때 그 같은 문제가 누출 되는 것을 막기는 이런 작은 도시에선 거의 불가능합니다." 데이 비드 모건은 은행 대리인으로서 자신과 자기 동생의 경력을 열정 적으로 변호하는 것으로 끝을 맺고 있다. "저는 늘 최선을 다해 이 곳에서의 은행 업무를 처리하기 위해 노력하고 있으며 저의 간절 한 바람은 은행 고객들에게 공정하고 합리적인 편의를 제공하면 서도 은행, 우리의 보증인이나 우리 자신에 대한 손실이나 문제가 되는 것을 막을 수 있도록 경솔하게 처신하지 않는 것입니다. 은 행 대리인으로서 저는 친구도 적도 아니며 진실로 제가 편견 때문 에 어음 할인을 거부하지는 않았다고 보장할 수 있습니다."

데이비드 모건의 편지는 편지를 읽는 사람에게 정화히 맞춘 가능한 최선의 주장들을 효과적으로 전달하고 있었다. 데이비드 모건은 단지 그것이 일자리를 잃지 않을 만큼 충분한 것이기를 기 도할 뿐이었다. 며칠 후 조지 모건이 아일랜드에서 돌아왔다. 그 는 당연히 "일찍이 유례가 없었던 아주 주제넘고 무의미한 항의"

인 데이비드 랜달의 편지에 대해 화를 내긴 했지만 에딘버러로 그의 형이 합리적으로 평가될 수 있는 답장을 쓸 때까지 가까스로 스스로를 진정시켰다. 8월 3일 편지에서 조지는 사실상 자신이 하이 스트리트에서 데이비드 랜달에 대해 로버트 스토크와 대화를 했다는 사실을 인정했다. 하지만 그는 데이비드 랜달의 부채에 대해 얘기를 꺼낸 사람은 자신이 아니라 스토크라고 주장했다.

> 랜달 씨가 말을 타고 지나가고 있었고 이때 스토크 씨가 저에게 랜달 씨가 재산을 담보로 은행에서 거액의 부채를 얻은 것으로 들었거나 혹은 알고 있다고 말했습니다. 저는 랜달 씨가 대부를 받았다고 대답했습니다. 이때까지 그 사실은 도시에 잘 알려져 있었고 널리 알려진 것은 랜달 씨 자신에게서 비롯된 일입니다. 저도 오래 전 랜달 씨가 자신이 저희와 상관없이 대부를 받았다고 말했다는 사실을 전해 들었습니다. 대부금의 조건이나 약정에 대한 세부사항은 전혀 언급되지 않았습니다.

조지는 사건들에 대한 자신의 설명을 보강하기 위해 너무 고심해 자신의 변호사에게 사실들을 입증하도록 하기까지 했다.

> 저는 저의 법률 대리인에게 스토크 씨를 방문하도록 했고 상기 사항 중 그가 제시한 유일한 차이는 스토크 씨가 그 애

기를 먼저 꺼낸 사람이 자신인지 아니면 저인지 분명하지 않다는 사실이었습니다. 하지만 스토크 씨는 어쨌든 그 소식은 자신에게 새로운 사실도 아니었으며 그날 랜달 씨에 대해 자신에게 어떤 나쁜 인상을 주는 말은 한마디도 하지 않았다고 덧붙였습니다.

이후 6일간 모건 형제는 불안하게 자신의 운명을 기다렸다. 기다리는 동안 줄곧 베넷과 그의 동료 은행 간사 조지 샌디는 더 많은 정보를 요구했다. 7월 31일 그들은 데이비드 랜달이 5천 파운드의 초과 인출 계정에서 얼마나 많은 돈을 인출했는지와 얼마나 많은 미결제 어음들을 지불해야 하는지 알아보라는 편지를 보냈다. 이틀 후 그들은 데이비드 랜달이 보험증서에 할증 가격을 지불했는지 여부를 물었다. 그리고 이어 8월 8일 그들은 데이비드 개인과 데이비드 랜달 사가 은행에 갚아야 할 모든 채무 명세서를 요구했다. 우리는 모건 형제가 에딘버러 우체국 도장이 찍힌 편지를 열 때마다 어떻게 느꼈을지 상상할 수 있을 뿐이다. 결국 8월 9일 샌디 씨가 보낸 편지에서 그들은 은행 임원들의 판단을 알게 되었다. 모건 형제는 경고를 받긴 했지만 벌을 받지는 않았다. 그들은 공개적으로 은행 업무를 논의해서는 안 되었지만 은행의 권리를 지킨 것은 정당했다는 것이다.

본질적으로 은행이 위임한 신용 활동을 하는 은행 대리인에 대해 그렇게 긴 항의 서한을 받는다는 것은 전례 없는 고통스러운 일입니다. 하지만 은행이 위임한 신뢰는 특히 할인할 어음을 선택하는 것도 포함되어 있으며 은행, 당신들의 보증인, 당신 자신들에 대해 지켜야 할 당신들의 의무는 규칙적이고 안전하게 은행 업무를 수행하는 것입니다. 이러한 의무는 개인적 언쟁이나 모욕을 삼가거나 자제하는 것과 결코 불일치하지 않습니다. 일반적으로 은행 대리인은 적절한 경우나 공적인 의무의 관점에서가 아니라면 은행 일이나 은행 관계자의 일에 대해 말하는 것을 될 수 있는 한 삼가야 합니다. 이러한 일반적인 주의로 임원들은 은행이 당신에게 위임한 공식적 신용을 수행하는 열정은 물론 당신의 신중함에 지속적으로 전적인 신뢰를 표합니다.

데이비드 모건은 이 같은 통지에 크게 안심할 수 있었다. 그의 동생 조지 모건에게 그것은 청신호였다. 조지는 데이비드 랜달의 비판적인 편지를 처음 읽은 순간부터 견딜 수 없는 자제력을 유지하며 생활하고 있었다. 아주 분별 있게 그의 형은 조지 모건에게 은행이 어떻게 할지 결정할 때까지 자중하라고 말했다. 이제 그가 보기에 자신은 자기의 고용인들에 의해 면제부를 받았으며 자유롭게 원하는 대로 분쟁을 속행할 수 있다고 느꼈다. 따라서 다음 토요일인 8월 12일 데이비드 랜달에게 보낸 편지에 자신이 원하는 것을 아주 분명하게 밝혔다.

때로 사람들은 보복, 열정이나 분노로 살인을 한다. 사람들이 표면적으로 하찮은 이유 때문에 왜 살인을 하는지 이해하기는 더 어렵다. 또한 아직도 많은 결투가 비합리적인 사소한 일에 대한 싸움이나 분쟁으로 야기되고 있다. 남자들은 무례한 말, 수다스런 귓엣말, 선술집에서의 우연한 충돌, 종교나 정치에 대한 불손한 말 때문에 서로에게 결투를 신청한다. 역사가인 존 앳킨슨은 "선거에서의 싸움, 극장에서의 사소한 말다툼, 노름빚과 군 직업, 약탈과 선동, 의회에서의 냉소적인 말, 해군 장교에 대한 고함, 누이, 딸, 고집 센 사람과 런던 목사의 순결, 간음, 강간에 대한 싸구려 시사 논평" 따위가 결투의 원인이라고 말하고 있다. 19세기 역사가인 앤드류 스타인메츠는 "오해된 농담, 불리한 비판, 춤을 추다 부딪치게 되면 신사이자 기독교인이라고 자칭하는 남자들이 마치 야만적인 인디언처럼 서로를 난도질하게 된다"고 말했다. 이러한 사소한 시비들의 항목은 끝이 없으며 건방지게 쳐다보았기 때문에, 식당에서 어떤 사람이 또 다른 사람과 같은 음식을 시켰기 때문에, 반말을 했기 때문에, 별명을 불렀기 때문에, 단테가 아리스토텔레스보다 더 위대한 시인이라고 믿고 있기 때문에, 어떤 사람이 멸치가 나무에서 자란다는 또 다른 사람의 주장에 동의하지 않았기 때문에, 다른 사람이 말하고 있는 도중에 방에서 나갔기 때문에 남자들은 싸운다. 1816년 어떤 프랑스 군 장군은 무도회에서 "왈츠를 추다 자신을 밀었다"는 이유로 독일 남자에게 결투 신청을 했다. 1882년 8월 하이델베르크를 방문한 젊은 영국 남자는 테이블 매너가 없는 독일 학생과 결투를 했다. 학생이 호텔 저녁 만찬 식탁에서 그의 나이프로 고기국물 소스와 사과 소스를 바르자 영국 남자가 그에게 말했다. "네 나이프로 고기국물 소스 먹는 짓을 그만두지 않는다면 입을 찢어 버리겠다." 학생은 뛰쳐나갔고 그의 입회인이 도전장을 가지고 되돌아왔다. 이어 분쟁을 평화적으로 해결하려는 갖은 노력에도 불구하고 다음날 영국 남자는 마지못해 총을 들고 독일인 학생의 반대편에 서게 되었다. 그는 "나이프와 포크의 바른 사용법을 모르기 때문에 이 젊은 이를 죽여야 한다는 것은 몹시 부끄러운 일이다"라고 그의 입회인들에게 말했다. "그렇지만 그가 나를 죽이도록 내버려 두는 것도 마찬가지로 불공평할 것이다." 결국 그는 독일 젊은이를 쏘아 죽였다. 대서양 반대편에선 그보다 몇 년 일찍 저녁만찬을 하던 어떤 미국인이 테이블 매너에 대한 똑같은 도덕관념 때문에 거의 죽을 뻔하게 된다. 무시무시한 켄터키 결투자인 알렉산더 맥클렁이 식당 버터 그릇에 사냥칼을 사용하자 만찬 손님이 말했다. "웨이터, 그 버터를 치워주세요. 저 사람이 자기 칼로 버터를 떼었습니다." 맥클렁은 버터 그릇을 그 남자의 얼굴에 처박고 말했다. "웨이터, 이 버터를 치워주게. 이 사람이 버터에 코를 처박았어." 화가 난 만찬 손님은 맥클렁과 결투 통지를 주고 받았지만 훨씬 더 무서운 상대의 정체를 알게 된 순간 이내 결투 신청을 철회했다.

분명 모욕에도 정도의 차이가 존재했다. 악의라고 판단되는 말은 결투를 불러일으킬 수 있지만 마찬가지로 받아들이는 사람에 따라선 더 바람직하다고 판단된 사과로 평화롭게 해결될 수 있다. 하지만 어떤 사람을 거짓말쟁이, 겁쟁이, 깡패나 불량배라고 부르는 것과 같은 의도적인 욕설은 그 사람을 진실을 말할 용기가 없는 사람으로 가정하고 있기 때문에 아주 심각한 주장으로 받아들여진다. 이런 상황에서 결투를 거부하는 것은 그 남자가 사실상 거짓말쟁이이거나 아니면 결투를 두려워하는 겁쟁이라는 것을 의미한다. 도전을 불러일으키는 유일하고 확실한 방법은 상대편을 말채찍으로 힘껏 내려치거나 장갑으로 가볍게 뺨을 때리는 식으로 육체적 공격을 가하는 것이다. 어느 쪽이든 결투로 이어진다. 현대인에게 이러한 결투는 불합리해 보이고 그 원인은 우스우며 대응 반응이 어울리지 않아 보인다. 하지만 18세기와 19세기 신사들은 자신의 명예가 걸렸을 때 그 원인이 사소한가 여부는 문제 되지 않았다. 이것은 역설이다. 지금은 거의 없는 흔들리지 않는 개인적 명예에 대한 개념을 남자들은 갖고 있었으며 그것을 지키기 위해 목숨을 바칠 준비가 되어 있었다. 하지만 동시에 이러한 명예는 쉽게 손상될 수 있는 깨지기 쉬운 시대의 산물이었다. 그리고 명예는 무엇보다 단순한 도전 행위에 의해 손상되었다. 그 원인이 아무리 불합리하다 하더라도 결투의 규칙은 그의 선조들이 비난받았을 때 결투로 재판을 하지 않을 수 없었던 것처럼 신사가 도전을 받았다면 결투를 해야 한다고 선언하고 있다. 물론 신사의 규칙에도 예외는 있었다. 어떤 비난은 분명 결투로 해결될 수 없을 정도로 아주 심하다. 그 비난이 사실이라면 비난을 받은 사람은 신사일 수 없으며 따라서 결투를 할 자격이 없다. 하지만 그 비난이 거짓이고 따라서 비난을 한 사람이 거짓말쟁이라면 결투할 권리를 잃는 사람은 비난을 한 사람이다. 몇몇 사람들은 결투를 하지 않고 벗어날 수 있을 만큼 도량이 넓은 인품이었다. 월터 레일레이 경은 자신의 얼굴에 침을 뱉은 건방진 젊은이에게 이렇게 말했다. "젊은이, 내가 침을 얼굴에서 씻어내는 것처럼 자네를 죽인 오점을 나의 양심에서 쉽게 씻어낼 수 있다면 자네는 이 자리에서 죽음을 면치 못했을 것이네." 하지만 대부분의 사람들에게 규칙은 규칙이었다. 『영국의 결투 규칙』은 "신사가 정당한 결투를 피한다면 그는 스스로 명예를 잃게 되는 것이다"라고 선언하고 있다.

남자의 명예에 대한 가장 큰 위협들 중 하나는 이성과의 관계였다. 남자들은 여자를 차지하고, 여자들에게 강한 인상을 주고, 여자를 보호하기 위해 강박 관념에 사로잡혀 결투를 했다. 무예 수업을 하는 기사가 곤경에 처한 여인을 지켜주었듯 결투자들은 아내든, 딸이든 혹은 연인이든 명예가 더럽혀진 여인에 대해 복수하기 위해 싸운다. 미국인 역사학자 캐빈 맥알리어는 "명예를 중시하는 남자는 이러한 결투를 여성의 명예를 회복할 수 있는 가장 효과적인 방책으로 인식하고 있다"고 말하고 있다. "큐피트 화살의 탄식 소리는 씽하고 날아가는 총알의 전조가 될 수 있다." 일부 여성들은 자신들의 명예가 자기들의 행동보다는 자기 남자들의 행위에 좌우된다는 생각에 분개했다. 하지만 대개의 여성들이 이러한 조정에 그다지 불행해 하지는 않았다. 트로이 전쟁의 원인이 되었던 헬레네처럼 많은 여성들은 자신들의 매력에 대해 결투가 이루어져야 한다고 생각하게 되었고 결투를 하는 사람들은 훨씬 더 그런 확신을 갖고 있었다. 19세기 결투 전문가인 제임스 펌버 턴-그런드는 "여성의 특이하게 이상한 모순들 중 하나는 피가 흐르는 장면을 보고는 실신을 하지만 피를 흘리는 결투자에게는 준 비된 미소로 환영한다는 사실이다"라고 기록하고 있다. 일부 여성들은 자신들이 실제로 결투를 부추긴다는 생각에 너무 도취되어 부끄러움도 모른 채 감수성이 예민한 젊은이들을 여성의 명예를 지키기 위해 생명을 잃을 수도 있는 상황으로 유혹한다. 이 같은 여성의 명예는 남자의 명예보다 훨씬 덜 건전해 보인다. 많은 젊은이들이 가장 그럴듯한 사소한 것으로 고통 받는 소녀의 평판을 보호하기 위해 죽음으로 내몰린다. 많은 아버지들이 흔들리는 딸의 평판을 회복하려고 죽는다. 어떤 여성은 심지어 남편의 복수를 하기 위해 결투를 유발시킨다. 시몬 부인은 카드를 속였다는 이유로 남편을 구타한 베스트 선장이라는 사람에게 격노했다. 결국 그녀는 이전 연인이었던 베스트의 절친한 친구 캐멀포드 경에게 편지를 보내 선장이 "당신이 귀족이란 사실에 대해 혐오스럽고 경멸적인 말을 했으며 특히 당시 그는 와인에 취해 있었다"라고 주장했다. 성급한 결투자인 캐멀포드는 거짓 주장에 대한 설명이나 확인도 요구하지 않은 채 즉시 친구에게 결투 신청을 했다. 시몬 부인이 거짓말을 했다는 사실을 알았지만 모든 화해 시도를 거부한 캐멀포드는 1804년 3월 10일 베스트와의 대결로 치명적인 부상을 당한다. 어떤 역사가는 "그는 단지 자신이 총을 더 잘 쏜다는 사실을 과시하고 싶어 했으며 자신이 경멸하는 파렴치한 여인을 위해 자신이 존중하는 친구를 희생시키려했기 때문에 그가 살았던 것처럼 피에 굶주린 괴물로 사망했"고 기록하고 있다. 19세기의 결투 역사가들은 여자가 연루되는 경우를 가장 비난했다. 『명예로운 젊은이의 핸드북』으로 알려진 결투 지침의 저자 아브라함 스케트는 다음과 같이 통렬한 비판을 가하고 있다. "교활하고 위험하며 사악한 여성들의 암시가 분명 결투의 가장 강력한 원인들 중 하나다. 또한 결투의 대상이라는 데 자부심을 갖는 선동적인 여인들은 흔히 자신들의 위장된 정숙성에 대한 생각을 드높이려는 목적으로 가장 가까운 지인이나 친한 친구들이 자신들에게 불명예스러운 제안을 하도록 넌지시 자극한다." 더 진지한 『영국의 결투 규칙』도 마찬가지로 강하게 비판하고 있다. "의도적으로 혹은 생각 없이 신사들 사이에 싸움을 불러일으키는 자극의 원인이 될 수 있는 여자는 숙녀로 불릴 자격이 없다." 즉 두 책의 저자들은 여전히 남자들이 할 수 있는 가장 심한 모욕은 여자를 모욕하는 것이라 믿고 있다. 『결투 규칙』은 "명예로운 가문의 여성에 대한 실제적인 유혹"에 대해 사과는 있을 수 없으며 결투를 피할 수 없다고 선언하고 있다.

여자 때문에 벌어진 가장 유명한 결투는 러시아 시인 알렉산드르 푸쉬킨의 죽음으로 끝이 났다. 결투를 소재로 한 소설인 『예브게니 오네긴』의 저자 푸쉬킨은 비난 받는 그의 용기로 잘 알려진 상습적인 결투자로 자신의 아름다운 아내 나탈리야가 불륜을 저지르고 있다는 의심이 들자 주저하지 않았다. 그는 아내의 연인인 프랑스 출신 외교관 조르주 당테스 남작을 찾아내 그에게 일부러 모욕적인 편지를 보냈다. 당테스는 결투 신청을 하는 답장을 보냈다. 상트페테르부르크 인근 결투 약속장소로 가던 길에 푸쉬킨의 썰매는 임박한 결투를 모르던 아내의 썰매 옆을 지나치게 되었고 시인은 아내가 자신을 알아보고 결투를 막을까봐 얼굴을 가린다. 이윽고 무릎까지 쌓인 눈 속에서 당테스가 먼저 총을 쏘았고 그의 총알이 푸쉬킨의 넓적다리뼈를 관통해 더 아래쪽 배를 빗겨나갔다. 푸쉬킨은 얼굴을 눈 속에 처박으며 쓰러졌고 몇 분 동안 움직이지 않다가 일어나 자신은 총을 쏠 수 있을 만큼 멀쩡하다고 선언하고 당테스를 향해 총을 쏘아 팔과 가슴에 경미한 부상을 입혔다. 하지만 푸쉬킨은 더 심한 부상을 입고 있었다. 그는 집으로 옮겨져 한때 자살을 생각할 정도의 고통 속에서 하루를 보냈다. 푸쉬킨의 집 바깥에는 임박한 그의 죽음을 애도하는 군중들이 모여 있었다. 결투 다음날인 1837년 1월 29일 오후 푸쉬킨은 겨우 37살의 나이로 사망한다. 그만이 문학적 예술의 형대뿐 아니라 실제로 결투를 했던 작가는 아니었다. 하지만 조셉 콘래드는 푸쉬킨보다는 운이 좋았다. 1878년 마르세이유에 사는 동안 콘래드는 폴라 드 소머지라는 폴란드 미녀의 사랑을 얻기 위해 JK 블런트라는 미국인과 결투했다. 그들은 권총으로 결투를 했으며 콘래드는 가슴에 경미한 부상을 입고 분명 남은 삶 동안 상처를 자랑스럽게 간직했다. 그는 상대를 죽이는 것이 아니라 블런트라는 미국인 결투자를 등장시킨 『황금 화살』이라는 자신의 소설에서 그를 노골적으로 묘사함으로써 복수했다. 하지만 모두가 여자 때문에 기꺼이 결투했던 것은 아니다. 1823년 캐디건 경은 자신의 좋은 친구인 프레드릭 존스톤의 아내를 훔쳐 결혼했다. 그는 당시 이혼한 존스톤에게 다음과 같은 메시지를 보냈다. "친구, 사람이 다른 사람에게 줄 수 있는 가장 큰 상처를 자네에게 주었기 때문에 신사라면 이 같은 상황에서 상대에게 지불해야 할 만족을 주어야 할 의무가 있다고 생각하네." 존스톤은 메시지 전달자에게 이렇게 말했다. "캐디건 경에게 그가 이미 나에게 큰 만족을 주었다고 말하게. 이 나라에서 가장 빌어먹을 나쁜 기질을 가진 낭비벽이 있는 계집을 치워버린 데 대해 만족한다고."

일부 여성들은 소수이긴 하지만 직접 결투를 하기도 했다. 처음에 그들은 문학에서 나오는 부당한 대우에 보복하기 위해 남장을 한 여주인공의 고귀한 전통을 따랐다. 1390년대 초 아그네스 호토라는 젊은 처녀가 결투 당일 통풍으로 몸져누운 아버지를 대신해 노스앰프턴쉐어의 결투에 참여한다. 그녀의 아버지는 작은 땅조각에 대한 소유권 문제로 링스데일이라는 남자와 다투고 있었다. 아그네스는 남장을 하고 모자로 머리를 감춘 채 아버지의 말을 타고 들판에서 링스데일을 만났다. "불굴의 결투 끝에 그녀는 상대를 말에서 떨어뜨렸고 말에서 내려 목 띠를 풀고 헬멧을 들어올려 머리칼이 어깨로 풀어져 내리게 했다." 아그네스는 후에 더들리 가문으로 시집을 갔으며 더들리 가문은 그녀의 용기에 경의를 표하여 헬멧과 머리를 푼 여자의 머리 문장을 채택했다. 후에 여자들은 배신한 연인들과 결투할 수 있도록 변장을 한다. 18세기 초 생 벨몽 부인이라는 여자는 프랑스 기병 장교에게 모욕을 받았지만 남편이 루이 14세에 대한 반란에 참여했다 감옥에 들어가 있었기 때문에 그녀가 직접 해결하지 않을 수 없었다. 생 벨몽 부인은 자신의 적에게 '생 벨몽 기사'로 서명된 도전장을 보냈고 그는 도전을 받아들였다. 들판에서 남자 옷을 입은 그녀는 그의 무장을 해제시킨 뒤 자신의 정체를 밝혔다. 생 벨몽 부인은 "경은 자신이 생 벨몽 기사와 싸우고 있다고 생각했지만 잘못 알고 있었던 것이오. 나는 경의 칼을 되돌려주고 앞으로 경이 적절한 예를 갖추어 귀부인의 요청에 적절한 존경을 보일 것을 공손히 청하는 바이오"라고 말했다. 분명 굴복한 장교의 부끄러움은 컸을 것이다. 다른 경우에 여자들은 성가시게 남장을 하지도 않았다. 1777년 8월 21일 처녀인 레브리에는 또 다른 소녀 때문에 자신을 차 버린 해군장교 뒤프레즈라는 옛 애인을 찾아 파리의 거리로 나섰다. "할 수 있을 때 그 남자를 총으로 쏴버리는 대신 그녀는 관대하게 그에게 권총을 건네주며 스스로를 방어하라고 말했다. 하지만 뒤프레즈에 대한 레브리에의 배려는 그것으로 끝이었다. 왜냐하면 그가 기사도적인 정신을 발휘해 허공에 총을 발사한 반면 그녀는 뒤프레즈의 얼굴에 총을 쏘았기 때문이었다."

물론 몇몇 경우에 여자들은 자기들끼리 결투를 했다. 1721년 폴리냑 백작부인과 네슬레 후작부인은 리슐리외 공작의 침실에 대한 권리를 놓고 결투를 벌였다. 그것은 베르사이유 궁 파티에서 온통 손톱자국이 나고 옷이 찢기고 보석들이 흩어지는 품위 없는 드잡이로 시작되었다. 그리고 그것은 다음날 아침 6시 결투로 끝을 맺는다. 첫 번째 총격의 교환은 무사하게 끝났지만 두 번째 총격에서 백작부인은 귀에 총을 맞았으며 후작부인은 왼쪽 어깨에 약간 더 심한 부상을 당했다. 하지만 여자들이 언제나 남자들 문제로 결투를 벌인 것은 아니었다. 1792년 엘핀스톤 부인은 아멜리아 브래덕이라는 귀부인을 방문해 여주인에게 무례를 범했다. 엘핀스톤 부인은 다소 노골적인 과거시제로 "당신은 정말 아름다운 여성이었죠, 지금도 아주 좋은 중년의 얼굴을 하고 있지만 미모는 다소 사라졌다는 사실을 인정해야 할 겁니다. 40년 전 저는 어떤 젊은이로부터 눈이 부셔 당신을 쳐다볼 수 없다는 이야기를 들었죠"라고 말했다. 아멜리아 귀부인은 당연히 화를 내며 런던 중심가에 있는 하이드 파크에서의 결투를 요구했다. 그들은 10야드 떨어져 권총으로 시작했고 엘핀스톤 부인은 총알로 아멜리아 귀부인의 모자를 꿰뚫었다. 이어 그들은 칼로 싸우기 시작했고 엘핀스톤 부인이 경미한 부상을 당했다. 아멜리아 귀부인은 그만하자고 선언했고 엘핀스톤 부인이 동의했으며 들판을 떠나기 전 서로에게 인사를 했다.

하지만 소위 이런저런 '페티코트 결투'는 예외적인 경우들이었다. 페티코트 결투는 대개 댄서와 정부처럼 평판이 낮은 여성들 간의 결투로 남자 문제를 벗어나는 경우가 거의 없었다. 그 시대를 기록한 역사가들은 여자들이 결투를 받아들일 수 없는 다양한 이유를 제시하고 있다. 즉 여자들은 '천성적으로 소심'하며 날카로운 칼날보다는 날카로운 혀를 더 선호한다는 따위의 이유들이다. 역사가인 로버트 밸딕은 "더 친절하지만 현실성은 더 떨어지는 설명은 분명 그들이 남성보다 더 분별력이 있다는 점일 것이다"라고 말하고 있다. 현실적인 이유는 전 역사를 통해 여자들이 남자들과 다른 명예의 개념을 갖고 있었다는 사실일 것이다. 결투 전문가인 폴 키르흐너는 "여자의 명예는 육체적 용기보다는 정숙, 정절, 온화함과 같은 용어로 정의될 것이다"라고 기록하고 있다. 다시 여기에 결투에 명예가 얼마나 큰 중요성을 차지하는가 하는 지적이 있다. 만약 결투가 단순히 두 사람 간의 분쟁을 해결하기 위한 1대1 대결이라면 여자들도 분명 더 많은 결투에 관련되었을 것이다. 여성도 남자들처럼 쉽게 권총을 소지할 수 있다. 하지만 결투는 본질적으로 아주 특이하고 남성적인 명예 개념을 지키기 위한 것이기 때문에 여성은 관련되지 않게 되었다.

사소한 많은 이유들로 결투가 벌어졌다는 점을 고려하면 은행가 조지 모건에 대한 데이비드 랜달의 공격은 결투를 정당화할 수 있는 이상으로 지독한 비방이었다. 데이비드 랜달은 조지 모건을 쩨려보거나 선술집에서 우연히 부딪친 것이 아니었다. 그는 몰래 모건의 고용주에게 모건의 어리석은 무지와 비열하고 인색한 행동을 아주 노골적으로 비난하며 공개적으로 매도했다. 데이비드 랜달은 조지가 가장 신성한 계약인 은행가의 신뢰 약속을 저버렸다고 비난했다. 이는 조지 모건이 데이비드 랜달에게 결투 신청을 해도 아무도 이의를 제기할 수 없는 사항이었다. 하지만 퇴역 군인이자 끊임없이 결투를 도발했던 조지 모건은 결투 신청을 하지 않기로 선택했다. 대신 고용주에게 면죄부를 받고 며칠이 지난 1826년 8월 12일 일요일 데이비드 랜달에게 사과를 요구했을 뿐이었다.

선생님께

저는 경영진이 판단할 때까지 지난 6월 23일 선생이 은행으로 보낸 편지에 대해 일부러 무시했습니다. 이제 경영진의 결정이 내려졌기 때문에 더 이상 침묵할 이유가 없습니다. 선생의 편지엔 거짓된 중상모략을 담고 있기 때문에 명예를 중시하신다면 그 점에 대해 사과하고 취소하는 것이 당연히 취해야 할 도리라고 선생께서도 알고 계시리라 믿습니다. 따라서 저에 대해 근거 없는 중상모략과 비신사적인 표현을 하신 선생의 행동에 대한 사과 편지를 즉시 보내 줄 것을 요청하지 않을 수 없습니다.

조지 모건 · 77보병 연대 휴직 중위

이러한 반응은 기이하다. 불과 얼마 전만 해도 어떤 장교나 신사도 다른 방식으로 행동했을 것이다. 장교와 신사는 고용주나 고위 장교가 유죄냐 무죄냐를 판결할 때까지 기다리지 않았을 것이며 사과도 요구하지 않을 것이다. 즉시 결투 신청을 하는 것이 당연한 수순이었다. 하지만 조지 모건은 이전의 모든 분쟁에서처럼 결투를 주저하고 있었다. 인정하지 않으려 하겠지만 분명 단기적 관점에서 그는 자신의 명예보다는 일자리가 더 중요하다고 판단했다. 조지 모건은 성급히 결투를 함으로써 더 이상 자신의 고용주들을 당황하게 하고 싶지 않았다. 또한 에딘버러의 본사로부터 면죄부를 받기는 했지만 형인 데이비드 모건도 그에게 직접 결투 신청을 하지 말라고 설득했다. 데이비드 모건은 "조지는 은행 경영진에게 보낸 편지 내용에 대해 사과하지 않는다면 랜달 씨에게 결투 신청을 하겠다고 결심했지만 나는 그렇게 하지 말라고 충고했고……조지는 나의 충고를 따랐다"라고 쓰고 있다.

조지는 또한 결투에 적용되는 법률을 잘못 알고 있었기 때문에 결투 신청에 신중했다. 그는 친구인 제임스 플레밍에게 자신은 "랜달이 은행에 보낸 편지 내용에 대해 알게 된 직후 결투 신청을 하려 했지만 결투 신청을 한 사람은 유배되어 국외로 추방되기 때문에 포기했으며 랜달이 자신을 은행에서 쫓아내려 했을 때 자신을 국외로 추방하려 결심한 것으로 생각했다"고 말했다. 사실상 조지는 잘못 알고 있었다. 실제로 예전 결투자들은 법률에 따라 '추방'될 수도 있었다. 하지만 이 법령은 결투 신청자와 결투를

Kirkaldy, 12th Augt 1826

Sir

I purposely refrained from taking any notice of your letter to the Bank dated 23d June last till the Directors should come to a determination thereon, that being now done the cause of silence no longer exists. You must be perfectly aware that your letter contains falsehood & calumny, which it is your duty if possessed of honor to apologize for, and retract I have therefore to request you will immediately send me a written apology for your conduct in using such false unfounded & ungentlemanlike expressions with regard to me

I am
Sir
Your Hbl Servt
Geo Morgan
Lieutenant
Half Pay 77th Regt
of Foot

To
David Landale
Kirkaldy

데이비드 랜달에게 자신에 대해 비판적 언급을 한 데 대해 사과할 것을 요구한 조지 모건의 1826년 8월 12일자 편지 자신이 복무했던 연대의 계급으로 서명한 것은 의도적 도발로 볼 수 있다.

스코틀랜드 국립문서보관소 소장

받아들인 자가 모두 범법행위를 한 것으로 보고 있을 뿐 아니라 이 법령은 1819년 폐지되었다. 실제로 조지는 데이비드 랜달이 직접 결투 신청을 하도록 부추길 수 있는지 여부를 알고 싶었을 뿐이었다는 사실이다. 이는 편지에 군 계급으로 서명한 그의 결정에서 유추할 수 있다. 어떤 사람들은 조지가 당연히 은행가가 아니라 개인 자격으로 편지를 쓴다는 신호를 보낸 것이라고 주장했다. 데이비드 랜달의 변호사들처럼 다른 사람들은 조지의 서명은 "조지 모건 씨가 랜달 씨가 사과하지 않을 경우 그에게 결투를 신청할 것이라는 결심을 입증하고 있다"고 주장했다. 어떤 설명도 옳아 보이지는 않는다. 군 계급으로 서명했다는 사실은 데이비드가 결투 신청을 할 각오가 되어 있다면 조지도 그와의 결투를 원한다는 것을 입증하고 있다. 키르컬디 상인이자 데이비드 랜달의 절친한 친구들 중 한 명인 제임스 에이턴은 군 계급을 기재한 것은 "분명 조지 모건이 이 문제를 은행가가 아니라 군인으로서 받아들였다는 사실을 의미하고 있다."

데이비드는 조지의 반응에 놀란 것처럼 보이지는 않는다. 그는 즉시 어떤 표현도 철회를 거부한다고 답장을 보냈다. 하지만 에이턴의 충고를 받아들여 데이비드는 조지에게 그의 힐의를 더 분명하게 해 줄 것을 요구했다.

오늘 날짜로 보낸 당신의 편지에 답하자면 당신에 관해 은행 경영진에게 보낸 편지엔 가장 존중할 만한 증거로 구체화할 수 있는 것 이외의 사실을 말했다고는 생각지 않습니다. 하지만 당신이 잘못되고 중상모략이라고 언급한 내용을 지적해 준다면 그때는 다시 고려해 보겠습니다.

이는 조지가 기대한 답변이 아니었다. 그는 사과나 결투 신청을 원했지 서신 교환을 원한 것이 아니었다. 조지 모건은 즉시 답장을 써 보냈다.

지금 막 오늘 날짜로 보낸 당신의 회피적인 답장을 받았습니다. 당신이 은행에 보낸 편지가 대부분의 세부 사항이 부정확하며 게다가 나에 대해 모욕적인 중상모략이라는 사실은 제게 묻지 않아도 분명하게 알고 있으면서도 모른 척한다면 한두 가지 아주 모욕적인 내용을 지적해드리지요. 당신은 저에 대해 언급하면서 그 신사는 아무렇지 않게 공적 그리고 사적으로 사람들이 파산할 것이라고 넌지시 말하곤 하며 우리가 아주 어리석은 무지와 이어 아주 비열한 사람임을 입증했다고 쓰고 있습니다. 다시 대리인들에 대해 말하면서 당신은 발푸어 씨에게서 받은 편지로 그들의 비열한 행동을 깨닫게 되었으며 다시 은행 경영진에게 어떤 조사를 하도록 압박한 후 거래가 가장 활발했어야 할 지점이 점점 줄어 사라지게 된 이유를 알 수 있게 될 대리인들의 인품에 대한 정보를 얻게 될 것으로 확신한다고 말했습니다. 선생, 이것은 신사라면 사과 없이는 묵과할 수 없는 표현과 내용입니다. 저는 선생과의 어떤 서신 교환도 거절하지 않을 수 없습니다. 선생이 아주 모욕적이고 부당하며 신사답지 못한 방식으로 은행에 보낸 편지에 저에 대해 쓴 부분을 전적으로 사과하지 않는다면 어느 것에도 만족할 수 없기 때문입니다.

일요일인 이튿날 아침 데이비드는 교회에 가기 전 다시 제임스 에이턴과 상의했다. "우리는 랜달 씨가 회피하고 싶지 않다는 사실을 지적해야 한다는 점에 동의했다. 랜달 씨는 자신이 명예가 손상된 측으로 생각하고 있으며 모건 씨가 편지에 담긴 내용과 기록의 진실에 대해 책임을 져야 하는 당사자이기 때문에 사과를 할 수는 없었다." 하지만 데이비드에게 문제가 있었다. 그는 앞으로 사과를 거부하게 되면 결국 조지 모건에게서 결투 신청을 받게 될 것이라는 사실을 알고 있었다. 하지만 이어 며칠 동안 데이비드는 키르컬디에서 장기간 떠나 있어야 했다. 그는 자신이 키르컬디에 없다는 사실이 결투를 피하려는 불명예스러운 시도로 보여질 수도 있다는 사실을 걱정했다. 제임스 에이턴은 데이비드가 해야 할 일을 분명히 했다.

랜달 씨는 자신이 오는 수요일인 8월 15일 앵거스쉐어에 있는 친구 아이의 세례식에 후원자로 참석할 예정이며 이런 상황에서 그가 가야 할지 여부에 대해 나의 의견을 물었다.

나는 랜달 씨가 자리를 비우는 것이 양측의 흥분을 가라앉힐 것(이것을 이유로 들지는 않았지만)으로 생각했기 때문에 그에게 가라고 충고했다. 하지만 이런 중대 국면에 데이비드 랜달의 부재를 부적절하게 처리하지 않도록 부재 이유를 조지 모건 씨에게 말해야 할 필요성이 있다는 점에 동의했다. 따라서 데이비드 랜달 씨는 조지 모건 씨에게 19일 토요일까지 그가 기꺼이 받아들일 수 있는 회신을 부득이 받을 수 없다고 알리고 이전에 한 약속을 이행한 후 가급적 빠른 시일 안에 돌아오겠다고 전해야 했다.

이는 현명한 충고였으며 데이비드는 이 충고를 기꺼이 받아들여 월요일 아침 일찍 조지 모건에게 답장을 보냈다.

조지 모건 씨께

일요일 아침 12일자 당신의 편지를 받았습니다. 지난 번 보낸 저의 편지가 회피적이라거나 지난 6월 22일 스코틀랜드 은행 재무부에 보낸 편지에서 한 줄이라도 제가 철회할 것이라고 생각하는 이유를 모르겠습니다. 저는 그 편지에서 저에 대한 당신과 당신 형의 행동에 대해 말한 것이 정당화될 수 있는지 자문해 보았습니다. 전례 없이 어려운 시기에 스토크 씨의 증언처럼 '나의 일이 잘 되지 않을 것'이라고 말하며 당신이 공식적 업무로 알게 된 나의 거래들을 일상적 대화의 화제로 삼음으로써 저의 신용을 손상하기보다는 저의 신용을 뒷받침 해주는 것이 당신의 의무라고 생각하고 있습니다. 아직도 명예가 손상된 쪽은 저라고 생각하고 있으며 따라서 당신에 대한 사과는 있을 수 없습니다. 내일 앵거스쉐어에 있는 친구 자식의 대부를 해주기로 한 약속과 북부 지역에서의 다른 약속들 때문에 토요일까지 키르컬디를 떠나 있을 것이며 돌아온 후에나 당신이 나에게 당연히 해야 할 것이라고 생각할 수도 있는 어떤 의사 전달에 답변할 수 있을 것이라는 사실을 알리는 것이 저의 의무라고 생각합니다.

몇 시간 후인 오전 11시 당황스럽게도 우체부는 답장 없는 편지를 데이비드 랜달에게 다시 가져왔다. 데이비드 랜달의 변호사들은 후에 "놀랍게도 그의 편지는 조지 모건 씨의 흰색 덮개에 싸인 채 되돌아왔을 뿐 이었다"라고 회상하고 있다. 데이비드 랜달은 놀라기는 했지만 조지 모건이 결투 신청으로 위협을 강화하지 않은 것을 더욱 이상하게 생각했다. 모건 씨가 결투를 할 생각이 없었다면 분명 그는 두 통의 편지를 쓰지 말아야 했던 것은 아닐까?

데이비드 랜달의 법률 팀은 다시 조지 모건의 동기를 오해했다. 조지 모건의 편지들은 자신의 결투 신청 신호를 보내기 위한 것이 아니라 데이비드 랜달의 결투 신청을 유발시키기 위한 것이었다. 하지만 이러한 의도는 실패로 돌아갔다. 이제 데이비드 랜달이 사과를 하거나 결투 신청을 하려 하지 않는다는 사실이 분명히 드러났다. 이는 바로 조지 모건을 화나게 하는 행동이었다. 키르컬디 역사가인 제시 핀들레이는 "랜달의 정당하고 고결한 대응은 '성급하고, 화를 잘 내며 절망적으로 잘못한' 사람에게 심한 노여움을 줄 수 있다는 사실을 충분히 이해할 수 있다"고 결론짓고 있다. 조지는 분쟁을 단계적으로 강화하는 이외에 대안이 없다고 판단했다. 틀림없이 결투 신청을 불러일으킬 수 있는 방법이 있었다. 그는 거리에서 데이비드 랜달을 채찍질하게 된다. 게다가 그는 자신이 하고자 하는 일을 모두에게 말한다. 월요일 오후 조지는 친구 제임스 플레밍에게 데이비드에게서 즉각적인 사과를 받지 못한다면 "그의 어깨를 단장으로 후려칠 것"이라고 말했다. 조지의 의도는 분명했다. 즉 "그가 나에게 결투 신청을 하지 않을 수 없게 공개적으로 공격하겠다"는 것이다. 플레밍은 "그런 짓을 하지 말라고 강력히 충고"하고 대신 변호사의 조언을 들어야 한다고 말했다. "조지 모건은 군인으로서 자신이 말한 것을 하지 못하고 부름을 받는다면 이 나라에서 살 수도 연대에 합류할 수도 없다고 대답했다." 사실상 조지는 잘못 알고 있었다. 그의 친구로 조지도 근무했던 피프쉐어 국민군 대위이자 부관인 헨리 우드는 그 같은 상황에서 군인은 자신이 결투 신청을 해야 한다고 믿고 있었다. 그는 후에 데이비드의 편지에 대한 답장에서 "신사로서 조지 모건은 당시 채찍질을 하는 대신 랜달 씨에게 결투 신청을 했어야 한다"고 말했다. 그의 견해에 따르면 "모건 씨가 채찍질 대신 결투 신청을 하지 않은 것은 잘못이었다."

그날 늦게 목재상이자 데이비드 랜달의 친구인 알렉산더 발푸어는 항구에서 목재를 선적한 자기 배들 중 하나가 미국에서 막 도착한 것을 보고 걸어 올라오고 있었다. 그때 그는 조지 모건과 마주치게 되었다. 발푸어는 "랜달 씨가 자신과 자신의 형을 중상모략했으며 자신은 랜달 씨를 채찍질하러 가는 길이라고 언급했다"고 말했다. 플레밍처럼 발푸어는 조지 모건에게 그런 짓을 하지 말라고 충고했지만 "그는 단호해 보이는 모습으로 가버렸다." 30분 후 발푸어는 당시 다소 실망한 표정의 조지 모건과 다시 마주치게 되었다. 모건은 그에게 "랜달을 보지 못했으며 그가 밖으로 나오지 않는다"고 말했다. 조지는 발푸어가 지난 6월 랜달 씨에게 보냈던, 신용이 의심스럽기 때문에 대부금에 대해 더 많은 담보를 요청한 내용의 편지를 보여 달라고 청했다. 조지 모건은 이 편지를 통해 데이비드 랜달이 그에 대한 자신의 주장에 대해 처음으로 알게 되었다고 잘못 알고 있었다. 발푸어는 모건에게 자신은 "랜달 씨에게 보낸 어떤 편지에서도 그나 그의 형 이름을 언급하지 않았다"고 확언했다. 하지만 자신이 그나 그의 형 이름을 언급했다 하더라도 그 편지를 모건에게 보여주지는 않을 것이라고 말했다. 조지는 가던 길을 계속 갔으며 발푸어는 조심스럽게 "분명 다소 불만스런 모습이었다"고 말했다.

월요일 저녁 오전 9시 30분 윌리엄 토드가 잠자리에 들 준비를 하고 있을 때 문밖에서 부르는 소리가 들려왔다. 조지 모건의 하인인 그는 자기 주인이 늦었지만 윌리엄 토드를 보고 싶어 한다고 말했다. 대장장이인 토드는 키르컬디 철물상 5명 중 한 명인 알렉산더 러셀의 현장주임이었다. 때문에 그는 "오랜 세월 동안 조지 모건을 알아왔고 사장 때문에 그를 위해 사소한 일을 해 주었다." 그러나 이처럼 한밤중에 불려지는 경우는 거의 없는 일이었다. 하지만 토드는 조지 모건이 어떤 사람인지 알고 있었기 때문에 한숨을 쉬고는 아내에게 양해를 구한 뒤 막 벗으려 했던 바지를 다시 입으며 어둠 속에서 서둘렀다. 그는 2층 거실에서 당당하게 가운을 입고 있는 조지 모건을 발견했다. 토드는 "조지 모건은 손에 권총을 들고 테이블에 서 있었다. 그는 권총을 내밀며 '토드, 탄약을 재는 쇠꼬챙이를 빼어내게'라고 말했다. 조지 모건이 그것을 직접 할 수 없었기 때문이었다. 나는 권총을 받아들고 아주 쉽게 쇠꼬챙이를 빼어냈다"고 기록하고 있다. 모건은 그에게 두 번째 권총을 건네주며 다시 분명하게 끼워져 있는 쇠꼬챙이를 제거해달라고 부탁했다. 그는 모건의 부탁대로 해 주었다. "이어 조지 모건은 내가 그 권총들에 대해 어떻게 생각하는지를 물었고 나는 그 권총들이 아주 훌륭하다고 생각한다고 대답했다." 모건은 그에게 이 권총들을 장만하는 데 20기니나 들었다고 자랑스럽게 말했다. "이어 그는 내게 총알을 주며 그것이 맞는지 살펴보기를 원했다. 나는 총알을 권총에 장전했으며 총알이 약간 흔들렸기 때문에 총알이 너무 작은 것 같다고 대답했다. 조지 모건은 총알이 맞지 않는다면 24개나 36개의 총알을 주조해 달라며 총알을 만들 수 있는 주형을 건네 주었다." 모건은 총알을 만드는 데 얼마나 걸리냐고 물었고 토드는 하루나 이틀 뒤엔 총알을 준비할 수 있을 것이라고 대답했다. 대장장이는 약간 이상한 일이라고 생각했지만 말을 하지는 않았다. 하지만 그날 밤 집에 돌아왔을 때 그는 아내에게 "모건 씨가 조금 이상해 보이며 심각한 표정으로 평소와 달라 보인다"라고 말했다.

1838년 8월 22일 윔블던 커먼에서 두 남자 사이에서 결투가 벌어졌다. 찰스 머핀과 프랜시스 엘리어트는 마차가 충돌했을 때 엡섬 경주를 마치고 집으로 향하던 중이었다. 이어진 격렬한 말다툼 끝에 간과할 수 없는 주먹질이 이어졌다. 입회인이 참석한 가운데 그들은 새벽에 만나 12발자국 떨어져 총을 쏘았으며 머핀이 쓰러졌다. 부상은 치명적이었다. 판결에 따르면 "이 사건은 일반적으로 그 같은 경우에 따라야 할 관습에 대한 엄격한 관점에서 처리되어야 할 것처럼 보였다." 결투 규칙에 따르면 법은 관용을 베푸는 경향이 있으며 배심원들은 피고를 방면하거나 살인을 범한 그들을 많지 않은 벌금형에 처할 수 있는 범죄로 유죄판결을 내렸다. 프랜시스와 두 명의 입회인은 고의 살인으로 고발되었다. 엘리어트는 해외로 달아났지만 두 명의 입회인은 체포되어 유죄를 선고받고 뉴게이트 감옥에서 교수형에 처해졌으나 마지막 순간에 12개월의 독방 감금으로 판결이 바뀌었다. 이 같은 처벌은 예외적이었지만 사회적인 시각에선 전적으로 정당화되었다. 이 남자들은 결투보다 훨씬 더 큰 범죄를 저질렀기 때문이었다. 그들은 평민이라는 측면에서 유죄이며 법원 기록처럼 의심스러운 상류 계급이라는 측면에서 유죄였다. 머핀은 던캐스터 출신 상인의 아들로 토튼햄 코트 로드 출신의 린넨 직물상이었다. 엘리어트는 타운턴 출신 여관주인의 조카였으며 입회인들은 어이없게도 벽돌공들이었다. 그들은 모두 결투의 꺾이지 않는 기본 원칙을 깬 것이다. 소위 결투는 신사의 특권이자 신사만이 할 수 있었다.

결투의 원형이라 할 수 있는 결투에 의한 재판은 계급을 가리지 않고 지위고하를 막론하고 개방되어 있었다. 하지만 그것을 잇고 있는 기사계급의 마상시합 결투인 마상 창 시합과 명예의 길 pas d'armes 은 기사만을 위한 것이었다. 당대의 규칙에 따르면 "4대에 걸쳐 자신이 귀족 계급임을 증명할 수 없는 사람은 누구든 마상시합에 참여할 수 있는 명예를 갖지 못한다." 이는 조지 모건이 데이비드 랜달과 결투하기 2년 전 쓰여진 『영국의 결투 규칙』이 분명히 하고 있는 것처럼 500년간 지속된 제약 관행이었다. "한 신사가 다른 신사 때문에 명예가 떨어졌다면 결투가 허용되어야 한다. 하지만 왕족일 경우엔 법률적인 구제 결정을 받아들여야 한다. 왕족은 신분상 불평등하기 때문에 신사에게 결투 신청을 하지 않을 것이다." 결투 전문가 존 앳킨슨에 따르면 "모욕을 당한 측이 아무리 화가 날지라도 모욕을 가한 자가 자신과 같은 사회 계급일 때만 결투 신청을 할 수 있다. 낮은 계층의 사람들에게 받은 모욕은 즉석에서 그 불한당을 채찍질함으로써 벌할 수 있지만 결코 결투 신청을 해서는 안 된다." 이 규칙의 재미있는 측면은 한 신사가 다른 신사의 결투 신청을 받으면 그에게 결투 이외의 대안은 없으며 결투를 하지 않으면 대중의 웃음거리가 되거나 사회적으로 배척당할 위험을 감수해야 했다. 결투를 거부한 사람은 결투 신청자에 의해 게시될 위험을 감수해야 하며 그것은 게시자가 그의 결투 거부를 시 전체에 게시하여 공개적으로 알리는 사회적으로 당황스러운 절차였다. 하지만 결투를 신사들에게만 국한하는 규칙은 단순한 규칙 이상으로 그것은 사실상 결투라는 제도의 본질이었다. 결투는 지위의 표시였다. '화약 냄새를 맞는' 사람은 분명 신사 계급의 일부였다. 신사들만이 결투로 지켜질 수 있는 유형의 명예를 갖고 있었다. 역사가인 도나 앤드류는 다음과 같이 쓰고 있다. "결투의 의지는 '결투 신청을 할 수 있는' 사람이라는 인정은 물론 상당 부분 신사가 의미하는 것을 정의하고 있다." 그런데 정확히 신사란 무엇인가? 1689년 일기 작가인 존 셀던은 "우리가 신사의 정의를 내리기는 어렵다"라고 기록하고 있다. 신사 계급은 광범위하고 투과성이 있기 때문에 신사 계급엔 부유한 귀족, 가난한 지주, 지주 신사와 군인들을 포함하고 있다. 따라서 제인 오스틴의 『오만과 편견』에서 가난한 지주의 딸 엘리자베스 베넷은 부유한 귀족인 달키와 자신을 비교하고 있다. "그는 신사고 나는 신사의 딸이다. 지금까지 우리는 평등하다." 이런 방식에서 결투는 사회 상류 계층을 결속하게 하는 어떤 것으로 평등하게 하는 것이며 어떤 역사가가 다소 과장되게 "모든 잡다한 계급을 통합하는 형제애적 연대로 더 높고 더 낮은 것 간의 신비로운 평등성에 대한 상징이자 보증의 표적"이라 부른 것이다. 또 다른 역사가인 앤소니 심프슨은 더 산문적이다. "결투는 부유한 귀족이 지주 신사의 가난한 자손을 사회적으로 평등하게 대우하게 강요하며 마찬가지로 사회 관습은 영주 저택에서 제기된 결투가 성에서도 진지하게 받아들여질 것을 요구하고 있다." 실제론 그렇게 단순하지 않았다. 몇 가지 경우에 누가 신사의 자격이 있고 누구에겐 신사의 자격이 없는지가 분명하지 않았다. 아일랜드에서 하층 계급의 결투가 유행하는 데 경악한 「데일리 텔레그라프」는 1862년 10월 그곳에서 신사는 "일주일에 한 번 깨끗한 셔츠를 입는" 사람으로 정의된다고 밝히고 있다. 『영국의 결투 규칙』은 다소 비현실적으로 결투자의 상대편이 이방인이고 그의 사회적 배경이 불확실할 때 "그에게 정당하게 문장(紋章)을 제시할 것을 요구할 수 있다"고 주장하고 있다.

1826년 데이비드 랜달에게 문제는 산업 혁명을 배경으로 성공하여 점증하고 있는 더 강력한 신 중간 계급의 등장으로 결투에 대한 봉건적 정의가 무너지고 있다는 사실이었다. 신사 계급엔 사업가, 생산업자, 상인, 감독자, 엔지니어, 법률가, 의사, 저널리스트 등이 포함되기 시작했다. 이 같은 상황에서 혼란이 시작되었고 그에 따라 태도도 변화했다. 신사는 사회적 지위보다는 그 사람의 행동으로 정의되기 시작했다. 데이비드 랜달은 자신의 지위에 대해선 의문을 갖지 않았다. 실제로 토지를 소유하지 않았기 때문에 기술적으론 신사가 아니었지만 그는 수 세대를 거슬러 올라가는 존경할만한 가문에서 태어나 상인으로 선박을 소유하고 있었고 어느 정도의 재산이 있었다. 이는 그를 신사로 만들었다. 데이비드 랜달은 또한 키르컬디 사업가들의 대표로 구성된 공동체의 저명 인사였으며 훌륭한 인품을 지닌 사람으로서 하느님을 두려워하고 법을 준수하는 고용인이었다. 이 또한 그를 신사로 만들었다. 문제는 조지 모건이었다. 이 은행가는 기술상으로 신사였다. 그것은 그가 조지 3세 군대에서 복무한 장교라는 사실에서 입증된다. 하지만 조지 모건은 신뢰를 깨고 폭력으로 위협을 하며 신사로서 행동하지 않았다. 데이비드에게 문제는 조지가 결투 규칙 내에서 신사로 대우받을 자신의 권리를 포기했을까? 하는 것이었다.

윌리엄 토드가 월요일 저녁 이례적으로 조지 모건의 집으로 불려 간 이후 잠시 소강상태를 보였다. 데이비드 랜달은 대자의 세례식에 참석하기 위해 앵거스쉐어로 떠났고 조지는 토드의 도제가 자기 권총에 맞는 새로운 총알을 주조하기를 기다리고 있었다. 하지만 주말에 데이비드는 키르컬디로 돌아왔고 즉시 친구들로부터 사태의 추이를 전해 듣기 시작했다. 그는 아직도 조지의 결투 신청을 기대하고 있었고 결투 신청을 받았을 때 자신이 어떻게 해야 할지에 대한 충고를 원했다. 조지 모건을 신사로 대우해 결투를 해야 할까? 아니면 입이 가벼운 불한당으로 무시해야 하는 것일까?

데이비드 랜달은 먼저 친구이자 동료 린넨 상인 로버트 스토크를 찾았다. 그는 조지 모건의 악의적인 험담을 처음 들은 사람이었다. 스토크는 데이비드가 결투할 의무가 없다고 말했다. "내가 보기에 조지 모건에게 결투 신청을 받았다 하더라도 그와 결투해서는 안 된다고 랜달 씨에게 말했다. 우선 명예가 손상된 측은 랜달 씨라고 생각하며 둘째로 모건 씨는 그와 결투를 거부해도 사람들에게 평판을 잃을 것이 없는 유형의 인격을 가진 사람이라고 생각했기 때문이었다. 모건 씨의 인격에 대한 나의 견해는 그가 연루된 키르컬디의 존경할 만한 많은 주민들과 이전에 그렇게 많은 심술궂은 싸움과 다툼에 근거한 것이었다." 로버트 스토크는 분명 조지 모건이 자신의 야비한 행동으로 신사로 대우받을 수 있는 권리를 포기했다고 믿고 있었으며, 따라서 그의 결투 신청은 무시될 수 있었다. 또 다른 친구로 데이비드의 상공 회의소 대리자인 윌리엄 밀리도 같은 의견이었다. "모건이 결투 신청을 하더라도 랜달이 조지 모건과 같은 사람의 결투 신청을 받아들여야 한다고 생각하지는 않는다"고 말했다.

분명 키르컬디 사회는 조지 모건과 논쟁한 사람이 그와 결투할 것이라고는 기대하지 않는다는 증거가 있었다. 1882년 모건과 상인인 토머스 로닐드는 증기선을 조정하는 옳은 방법에 대해 뉴헤이븐으로 돌아오는 배 안에서 격렬한 논쟁을 벌였다. "둘 모두 흥분해 고성이 오갔다." 하지만 지켜보던 사람들이 그 둘을 뜯어 말렸다. 로닐드는 모건에게 "그가 선택하는 어떤 방식으로든 결투하겠다"고 말했지만 지켜보던 친구들의 만류로 중단되었다.

"그들은 거의 한결같이 모건은 로널드가 더 이상 상종해선 안 될 유형의 사람이라고 말했다." 하지만 데이비드 랜달은 이런 충고를 받아들이지 않았다. 그는 모건의 인격을 변명거리로 삼아서는 안 된다고 믿었다. 모건은 불한당일지는 모르지만 그래도 신사였다. 데이비드 랜달은 밀리에게 "조지 모건은 국왕에게서 임무를 받은 사람으로 신사의 일원으로 받아들여졌다. 또한 결투 신청을 받는다면 그는 자신이 결투 신청을 받아들일 것이라고 생각하고 있다"고 말했다. 데이비드 랜달은 스토크에게 "조지 모건이 나와 같은 사회적 지위에 있다고 생각한다. 모건은 장교이고 은행의 공동 경영자이며 같은 사회에서 받아들여져 흔히 자리를 함께 했다"고 말했다.

이어 데이비드는 또 다른 친구인 상인 제임스 에이턴과 상의했다. 그는 다른 관점에서 신중하라고 권했다. 제임스 에이턴은 남자들은 사업상의 분쟁이 아니라 명예의 문제와 관련해서만 결투해야 한다고 주장했다. 그는 또한 데이비드가 법원을 통해 호소하는 것이 더 나을 것이라고 주장했다. 에이턴은 "당시 아마도 모건 씨가 결투를 생각하고 이러한 예상이 대화의 주제가 되었기 때문에 랜달 씨는 결투 의사를 전달받았을 경우에 자신이 어떻게 해야 한다고 생각하는지에 대해 물었다"라고 기록하고 있다. "나는 그에게 사업상의 문제에서 비롯된 싸움이기 때문에 랜달 씨가 결투할 의무는 없다고 생각하며, 그가 잘못했다면 배심원 법정을 통하는 것이 1대1 대결보다 더 합리적인 수순일 것이라고 말했다."

1820년대까지 민사 법원의 권한이 확대되어 당시 개인의 명예훼손에 대한 보상이 제기될 수 있었다. "당시 데이비드는 결투 신청을 받을 경우 내가 어떤 충고를 할지 물었다." 에이턴은 계속해서 "나는 그가 즉시 모건 씨의 편지를 친구들에게 제시하고 친구들이 하는 충고에 전적으로 따르라고 제안했다. 랜달 씨는 이러한 생각에 동의하고 이어 부탁할 친구에 대해 물었다. 이어 부탁할 친구에 대해 어느 정도 논의한 후 세 명이 정해졌다"고 기록하고 있다.

이것은 아주 그럴듯하기는 했지만 데이비드는 또한 분명 키르컬디 사람이면 누구나 예상하고 있듯이 조지가 결투 신청을 하는 대신 거리에서 자신을 공격하기로 결심했다면 자신이 어떻게 해야 할지 알고 싶어했다. 에이턴은 데이비드에게 "모건 씨가 랜달 씨를 찾고 있으며 그를 보자마자 채찍질을 할 것이라고 다른 사람들에게 말하고 다닌다고 도시 전체가 숙덕거린다"고 말했다. 에이턴은 그렇게 되면 모든 것이 변하게 될 것이라고 데이비드에게 충고했다.

나는 누구보다도 결투 특히 사업상의 문제로 야기된 결투를 지지하지 않는 사람이다. 하지만 결투에 대한 나의 견해는 만약 모건 씨가 어떤 식으로든 사람들이 보는 앞에서 그를 공격하게 된다면 결투의 성격 자체도 바뀌게 되며 그 같은 경우에 조지 모건 씨에게 즉시 결투를 신청하는 것 이외에 대안은 없다고 생각한다. 사망자가 공식적인 관점에서 지위가 높지 않을 수도 있지만 그는 국왕의 임무를 받았으며 자신을 신사라고 생각하는 사람들의 사회에 받아들여졌다. 따라서 데이비드 랜달 씨는 모건과의 결투를 거부하거나 설명을 요구하지 않고 그에게서 그 같은 모욕을 받을 수는 없다.

로버트 스토크는 아직 확신하지 못하고 있었다. 둘 다 데이비드에게 충고했다는 사실을 알고 있는 그와 제임스 에이턴은 어느날 저녁 만나서 "사건의 전말에 대해 긴 대화"를 했다. 하지만 결국 스토크도 동의했다. 그는 데이비드에게 "모건이 그를 때리는 일에 착수한다면 그에게 결투 신청을 하는 것은 정당하다"고 말했다. 친구들의 한결같은 충고로 데이비드 랜달은 결심을 굳히게 되었다. 그는 에이턴에게 "이제야 분명하게 기독교인이자 그에 걸맞는 사람으로서 결심을 굳히게 되었네. 매질을 당하게 된다면 모건에게 결투 신청을 하지 않을 수 없을 거네"라고 말했다. 데이비드는 심지어 모건에게 공격을 받는 순간 자신이 어떻게 행동해야 할지에 대해 묻기까지 했다. 에이턴은 "그와 어떤 말도 하지 않도록 조심하고 단지 주변을 돌아보고 당시 지나던 어떤 사람에게든 일어난 일을 보았는지 물어보기만 하면 된다"고 대답했다. 이제 데이비드가 해야 할 일은 자신의 입회인이 되어 줄 사람을 결정하는 일이었다. 그는 오랜 친구인 윌리엄 밀리에게 요청했다. "랜달은 모건이 자신의 위협을 실행에 옮길 경우 그에게 결투 신청을 하지 않을 수 없다고 말하고 그럴 경우 내가 그의 입회인이 되어 주었으면 좋겠다고 말했다." 밀리는 분명 이런 성가신 의무를 예상치 못하고 있었으며 분명 당황했다. 그는 "내가 하겠다든가 하지 않겠다고 말하지 않았으며 곧 랜달에게서 떠났다."

이제 모든 예측 가능한 상황들에 대해 고려한 후 그 상황이 현실적으로 받아들여지기 시작하자 데이비드 랜달의 친구들은 그의 안전에 대해 걱정하기 시작했다. 데이비드 랜달의 주치의인 알렉산더 스미스는 그에게 편지를 써 "위험에 노출될 수 있는 상황을 감수하지 말고 자중하라"고 말했다. 특히 제임스 에이턴은 초조해 하기 시작했고 일요일 아침 데이비드 랜달을 보러 갔다.

당시 일이 극단으로 치닫고 있었기 때문에 토요일 오전부터 아주 걱정이 되었고 피할 수 없는 불행한 결과를 막을 수 있는 방법이 없는지 곰곰이 생각했다. 일반적으로 사람들은 자신이 하려고 하는 일을 떠벌이며 소문을 퍼트리지 않는다는 생각이 떠올랐고 모건의 공격에 대응할 적당한 채찍이나 다른 방어 무기를 랜달 씨가 준비하고 있다는 사실을 모건이 안다면 일이 일어나지 않을지도 모른다고 생각했다. 예배 중간인 다음날 오전 나는 랜달 씨를 기다려 그에게 전날 그를 만난 이후 어떤 일이 있었는지 그에게 말해주었지만, 그 적절성에 대해 판단할 수 없었기 때문에 그렇게 충고하지는 않고 단지 그에게 그 점을 고려해보라고 제안했다. 랜달 씨는 그것이 문제를 끝내지 않고 우리 둘 다 반대하는 공공 거리에서의 난투를 일으킬 수도 있다며 채찍 같은 방어무기를 지참해야 한다는 의견에 대해 반대했다.

어떤 자료에 따르면 데이비드가 고민할 때 조지 모건은 연습을 하고 있었다. 경험 많은 군인인 그는 스페인에서 많은 전투를 보았고 오래 전 분노로 총을 쏘았었다. 윌리엄 토드는 약속대로 전주 금요일 그의 집으로 새로 주형된 총알 30개를 전달했으며 조지는 새벽에 일어나 사격의 거리감을 익혔다. 후에 법원에 제출된 증거에 따르면 "그 시기에 이틀이나 삼일 정도 아침 일찍 조지 모건 씨의 집에서 멀지 않은 곳에서 총성이 들렸으며 이로부터 그가 사격 연습을 했다고 추론할 수 있다. 조지 모건은 분명 사격 연습을 하고자 했으며 그렇지 않다면 그가 그렇게 많은 총알을 주문하지는 않았을 것이다." 후에 「키르컬디 애드버타이저」지의 기자는 "조지 모건 씨는 그의 집 뒤에 총알 자국을 통해 분명하게 알 수 있듯이 한동안 결투를 준비하고 있었다"라고 보도하고 있다.

4
결투 전날

...

사악하고 불공정한 유형의 결투는 훌륭하게 질서 잡힌 공화국의 규율과 가장 상반되는 것이다. 결투는 너무 어리석어 전 시민 사회를 뒤흔들어 파괴한다. 결투는 하느님과 그의 십계명, 종교, 법률, 헌법, 시민 정부, 군주, 시장 그리고 마지막엔 국가, 부모, 친구들과 친척들의 경멸을 불러일으킨다.

로드위크 브리스케트, 『시민의 생명에 대한 담론』, 1606

...

억압받는 민족이 민족의 자유와 행복을 지키기 위해 무장할 권리가 있다면 똑같은 힘이 개인들에게 적용되지 못한다고 주장할 논거는 존재하지 않을 것이다. 무수히 많은 사건들에서……억압받고 아주 부당한 대우를 받은 개인들에게 정의를 행할 수 있는 법정이 존재하지 않는다.

존 라이드 윌슨, 『명예의 규칙』, 1838

1826년 8월 22일 수요일 키르컬디 시민들이 서둘러 직장으로 향할 무렵, 축축하고 차가운 비가 내리는 가운데 아침이 밝아오고 있었다. 제임스 에이턴은 후에 그날은 "비가 아주 많이 내린 날"이었다고 회상하고 있다. 조지 모건이 조간을 사러 10시경 하이 스트리트를 따라 걸어 내려오고 있을 때 그는 평소의 단장 대신 우산을 가지고 있었다. 그는 제임스 커밍의 가게에 들어가 신문을 고르고 동전을 찾아 주머니를 뒤적이며 '사소한 잡담'을 나누고 있었다. 하지만 조지 모건이 돌아서서 나가려할 때 밖에는 데이비드 랜달이 지나가는 모습이 보였다. 그는 주저하지 않고 문 밖으로 달려 나가 우산으로 데이비드의 어깨를 격하게 내리쳤다.

"맛 좀 보시지, 선생!" 그가 외쳤다.

데이비드는 놀라 주춤거리며 물러섰다. 그는 조지가 다가와 온 힘을 다해 어깨를 내리치는 것을 보지 못했다. 하지만 정신을

139

차린 데이비드는 조지 모건이 또다시 우산으로 내려치기 전에 신속히 상점 안으로 들어갔다.

"커밍 씨, 지금 일어난 일을 보셨죠?" 데이비드 랜달이 서적상에게 물었다. 커밍은 실제로 모든 일을 목격했다고 말했다. 하지만 조지 모건은 성에 차지 않는 듯 보였다. 그는 데이비드를 따라 안으로 들어왔다. "선생, 아직 끝나지 않았어"라고 소리치며 다시 데이비드를 때리기 위해 그의 쪽으로 다가섰다.

이 같은 비열한 싸움으로 인한 모욕감에 분노한 데이비드가 외쳤다. "평생 이런 경우를 당한 적이 없었다!" 이어 조지가 다시 공격하기 전에 상점 밖으로 뛰어 나왔다. 조지 모건은 뒤쫓았지만 몇 분 후 상점으로 되돌아왔다. 커밍은 그가 "몹시 흥분해 있었다"고 말했다. 조지 모건은 숨을 몰아쉬며 서적상에게 "제임스, 필시 형이나 내가 랜달에게서 받은 충격적인 대우에 대해 당신에게 한마디도 한 적이 없었죠"라고 말했다. 그는 주머니에서 데이비드가 스코틀랜드 은행에 보낸 편지를 꺼내어 몇 줄 읽기 시작했다. 하지만 커밍은 전혀 듣지 않았다. 상점 주인은 조지 모건을 잘 알고 있었고 모건 가족의 신용 기금 중 하나의 수탁자이기도 했지만 그는 조지 모건의 편 들기를 거부했다. 커밍은 "조지, 그 편지의 내용이 무엇이든 상관없습니다. 또한 랜달 씨가 당신과 당신의 형을 어떤 식으로 대우했는지에 대해서도 개의치 않습니다"라고 말했다. "랜달 씨를 때린 당신의 행동은 아주 잘못한 일입니다." 커밍에 따르면 조지는 편지를 더 읽으려 했지만 "그는 당시 흥분

상태에 있었기 때문에 그렇게 할 수 없었다."

그때 예기치 않게 데이비드가 서점 안으로 다시 들어왔다. 그는 지금쯤 조지 모건이 떠났을 것으로 생각하고 커밍에게 무슨 일이 일어났는지 확실히 증언해 주기를 원했다. 데이비드 랜달을 다시 보자 조지의 심장이 다시 두근거리기 시작했고 편지를 접고는 그가 소리쳤다. "당신은 더 맛을 봐야 해." 하지만 데이비드는 더 이상 모욕을 당하고 싶지 않았다. 그는 아주 당당하게 조지 모건에게 말했다. "가련하고 어리석은 인간. 너는 비겁한 놈이야. 가련하고 어리석은 비겁한 놈." 이어 데이비드 랜달은 빗속으로 걸어 나갔고 잠시 후 조지가 그를 따라 나갔다.

이제 결투는 피할 수 없었다. 신사가 또 다른 신사를 구타했으며 두 사람 모두 누구도 벗어날 수 없는 일련의 사건에 갇힌 것이다. 데이비드와 조지의 행동은 몇 시간 후 수백 년에 걸쳐 규정된 명예의 규칙에 따르게 된다. 물론 이 규칙들은 시대에 따라 국가에 따라 세부사항이 변화했다. 전 유럽의 결투자들은 서로에게 충격을 가하는 서로 다른 많은 방법과 수단들을 발견했다. 중요한 것은 자기 규제의 실체가 존재한다는 사실이었다. 그리고 이것이 없다면 결투는 보통의 살인과 구별될 수 없을 것이다. 검술가들은 펜싱의 풍습과 관례에 대해 많은 문헌을 남기고 있다. 가장 초기 문헌 중 하나인 『결투의 꽃 Flos duellatorum』은 1420년 이탈리아에서 출판되었다. 결국 결투 무기로 권총이 사브르를 대신하게 되자 총잡이들이 자신들의 규범을 입안했다. 특히 이탈리아에서 많은 문헌이 출판되었으며 상당수가 혼란스럽고 불일치하며 모순되어 있다. 프랑스에서 가장 널리 알려진 것은 1836년 출판된 샤토빌라르 백작의『결투에 관한 에세이』이다. 2년 후 미국의 결투자들은 존 라이드 윌슨의『명예의 규칙 ; 혹은 결투 당사자와 입회인에 대한 규제 규칙』을 참조할 수 있었다. 하지만 1826년 가장 널리 받아들여진 영어서적『결투 규칙 code duello』은 원본이 이탈리아어인 것으로 알려졌지만 실은 1777년 아일랜드에서 작성된 소위 '36가지 계명'이었다. 티퍼러리, 켈위에, 메이요, 슬리고와 로스커먼 카운티 출신의 결투자 집단이 크롬멜 여름 순회재판지에서 만나 점차 호전적이 되었지만 혼란스러워하는 아일랜드 신사의 과도함을 제어하기 위한 규칙에 합의했다. 저자들은 기존 규칙들을 강화하고 덤으로 자신들의 규칙 몇 가지를 추가하였으며 이어지는 50년간 적용될 수 있는 결투 관습에 대한 품격을 정했다. 그들은 결투가 진행되는 방식, 결투의 당사자, 결투에 관련된 사람이 해야 할 일, 결투를 시작하고 끝내는 방법을 분명하게 밝히고 있다.

하지만 다른 많은 규칙들처럼 이 규칙들도 결함을 갖고 있었다. 두 사람이 서로에게 총격을 가하는 방법을 상세히 밝히고 있지만 애초에 그들이 그렇게 해야 하는 이유에 대해선 모호한 경향이 있었다. 정확히 어떤 행동이 신사의 명예를 손상시키는 것으로 생각해야 할지에 대한 정의가 거의 없었다. 일부 규칙들은 상이한

유형의 모욕적 행동들에 대해 등급을 정하려 하였으며 결투로 귀
결될 수 있도록 상응한 규칙들에 그러한 행동들을 맞추려 하였다.
따라서 어떤 규칙에 따르면 어떤 사람을 속였다고 비난하는 것보
다 거짓말을 했다고 비난하는 것이 더 나쁘며, 이유가 없는 것은
아니지만 결투 신청은 비방과 같은 어원을 갖고 있었다. 다른 규
칙들에 따르면 최악의 비난은 그가 숙녀를 모욕했다고 말하는 것
이다. 이러한 등급은 거의 의미가 없다. 남자가 자신의 명예에 도
전을 받았다고 생각되면 터무니없이 사소한 이유로도 결투를 하
거나 더 큰 모욕을 당해도 체면을 잃을까 두려워하지 않고 무시할
수 있는 선택의 여지가 많았기 때문이다. 하지만 조지 모건은 어
떤 규칙도 무시될 수 없다는 데 동의하고 있는 소수의 몇 안 되는
모욕들 중 하나를 선택했다. 아일랜드 규칙은 "신사들 간에 구타
는 어떤 상황에서도 엄격히 금지되고 있기 때문에 그 같은 모욕에
구두 사과는 수용될 수 없다"고 선언하고 있다. 아일랜드 규칙에
는 조지 모건 같은 사람은 세 가지 선택만을 갖는다고 정하고 있
다. "위반자는 용서를 구하는 동시에 명예가 손상된 측에 자신의
등을 때리도록 단장을 건네준다. 어느 한쪽이나 양측 모두 할 수
없을 때까지 계속해서 서로에게 총격을 가한다. 혹은 세 차례 총
격을 교환하고 나서 단장을 제시하지 않고 용서를 청한다." 그 어
느 것도 매력적인 해결책은 아니었다.

　아일랜드 남자들은 결투 신청이 이루어지는 방법에 대해 꼼
꼼했다. "결투 신청을 받는 측이 날이 밝기 전 모욕 장소를 떠나려

하지 않는다면 결투 신청이 밤에 전달되어서는 안 된다. 흥분한 상태에서 행동하지 않는 것이 바람직하기 때문이다." 이 조항은 중요했다. 냉정한 상태에서 벌어지도록 보장하기 위해 결투 신청과 결투 사이에 유예기간이 있어야 한다. 하지만 아일랜드 규칙과 다른 규칙들은 결투 신청서 작성 방법에 대해선 놀랄 만큼 부정확하다. 결과적으로 많은 규칙들이 명예가 손상된 측에 또 다른 모욕을 가하며 우호적으로 해결할 수 없게 만들고 있다. 토비 벨치의 다음과 같은 충고를 따르는 결투자는 거의 없을 것이다. "간결하게 욕설을 담아 호전적으로 쓰라. 얼마나 재치가 있는지는 중요하지 않으며 따라서 결투 신청서는 하고 싶은 만큼 많은 거짓말들로 유창하게 완전히 날조되어야 한다." 어떤 이탈리아 귀족이 다음과 같이 쓸 때 입증하고 있듯이 간결하다는 것이 늘 예절 바른 것은 아니다. "선생, 당신이 당신의 뻔뻔스러움만큼이나 용감하다면 오늘 밤 숲에서 만나 뵐 수 있겠습니까?" 변호사에게 부당하게 반대심문을 받았다고 생각한 기개 있는 젊은 목격자는 그 변호사에게 다음과 같은 결투 신청서를 보낸다. "선생, 당신은 바로 오늘 분명하게 드러난 당신의 놀라운 화술로 유명세를 얻고 있습니다. 저는 마찬가지로 다른 사람을 괴롭히는 파괴적인 또 다른 무기를 사용하는 것으로 유명합니다. 해서 당신이 시간과 장소를 약속함으로써 저에게 은혜를 베풀어주신다면 가장 만족스럽게 당신께 제가 숙달하고 있는 기술의 실례를 보여드리겠습니다."

1836년이 되어서야 정확한 결투 신청서 작성 방법이 분명하게 정해진다. 필명이 여행자인 사람이 익명으로 저술한 『결투의 기술』은 조롱하듯 결투 신청서를 작성하는 것을 '비신사적인' 행위로 규정하고 있다. 그는 "결투 전과정을 통해 최대한 정중하게 행동해야 한다(아무리 심한 모욕을 받았다 해도)"고 말하고 있다. 따라서 결투 신청서는 '조심스럽고 분명하게' 써야 하며 '강한 어조를 피하고 첫 번째 모욕의 원인, 두 번째 그 문제를 알리는 것이 자신의 의무라고 생각하는 이유, 세 번째 자기 친구의 이름, 마지막으로 시간과 장소 약속 요구를 단순하게 이야기하는 것'이다. 데이비드 랜달은 바로 이런 식으로 결투 신청서를 쓰고 있다.

이제 데이비드 랜달이 조지 모건에게 결투 신청을 해야 한다는 사실엔 의문의 여지가 없었다. 적어도 결투 규칙에 따르면 그는 아주 정당하게 그렇게 할 수 있었으며 또한 그렇게 할 의무가 있었다. 그는 더 이상 자신이 사업상의 분쟁으로 결투를 해야 할지 혹은 자신이 모건에 대해 사용한 강한 어조 때문에 자신이 부분적으로 잘못한 것은 아닌지에 대해 걱정할 필요가 없었다. 이제 모든 것이 훨씬 더 단순해져 있었다. 신사가 또 다른 신사에게 공개적으로 거리에서 공격을 받았다면 자신의 명예를 지킬 의무가 있었다. 따라서 데이비드 랜달은 조지 모건에게 즉시 결투 신청서를 써 보냈다.

키르컬디 1826년 8월 22일
수요일 (1시)

　　귀하께

　　오늘 아침 커밍 씨 상점을 지날 때 당신이 제게 가한 비신
사적인 모욕으로 인해 저는 당신에게 내일 아침 7시 권총을
가지고 토베인에서 가든 밀로 가는 길에 오른쪽으로 보이는
첫 번째 교차로에서 만나 신사로서 나에게 부여된 권리를 행
사할 수 있게 해달라고 요청하지 않을 수 없습니다.

데이비드 랜달

데이비드 랜달의 편지는 겨우 읽을 수 있을 정도로 휘갈겨 쓰고
잉크 얼룩으로 뒤덮여 있었지만 결투 신청서로서는 정확하고 상
세한 것이었다. 그것은 복수를 결심한 성난 사람이 아니라 이의가
제기된 자신의 명예를 회복하고자 하는 신사의 편지였다. 다시 아
주 정확하게 데이비드 랜달은 자신이 직접 결투 신청서를 전달하
지 않고 친구인 윌리엄 밀리에게 자신을 위해 결투 신청서를 전달
해 줄 것을 요청했다.

수요일 아침 1시

　　경애하는 친구에게

　　방금 전 조지 모건이 커밍의 상점을 지나던 중 자신의 우산
으로 나를 내리쳤네. 즉시 그를 비겁한 불한당 놈이라고 부르

1826년 8월 22일 데이비드 랜달이 친구인 윌리엄 밀리에게 보낸 편지로 겨우 읽을 수 있을 정도다 그는 밀리에게 조지 모건이 공격했다는 사실을 알리고 자신의 결투 입회인이 되어줄 것을 부탁하고 있다.

며 자리를 떠났지. 오랫동안 마음먹었던 대로 조지 모건에게 결투 신청을 하지 않을 수 없게 되었네. 동봉한 편지는 나의 명예를 위해 아무도 모르게 즉시 전달해 주었으면 좋겠네. 거북하다면 토머스 스피어스에게 편지를 주도록 하게.

자네의 친구
데이비드 랜달

추신 ; 공이치기 권총 한 벌을 구입하기 위해 2시 마차로 에딘버러로 가네. 비밀을 지켜주고 나의 입회인이 되어 주겠다면 내일 아침 6시 15분 퍼거슨 씨 집 앞에서 만나기로 하세. 자네가 할 수 없다면 오늘 저녁 10시에 만나도록 하지.

데이비드 랜달

추신 ; 어떤 의문이 있더라도 토머스 스피어스나 자네의 동생 존에겐 비밀로 해주게. 오늘 밤 9시와 10시 사이에 자네들 중 몇 명을 보아야 할 걸세.

윌리엄 밀리는 파스헤드의 길 위에 있는 자신의 제작소에서 한 시간 후에 편지를 받아 무거운 마음으로 편지를 개봉했다. 그는 편지 내용에 그다지 놀라지 않았다. 하지만 윌리엄 밀리는 자신의 처지를 저주했다. 그는 어떤 결투에도 관련되고 싶지 않았다. 밀리는 입회인이 하는 일에 대해 피상적으로만 알고 있었으며 어떤 스캔들에도 휘말리고 싶지 않았다. 윌리엄 밀리는 주말에 데이비드가 적어도 이론적으로 자신의 입회인이 되어줄 수 있겠는지를 물었을 때 내키지 않는다는 의사 표시를 했었다. 하지만 데이비드 랜달은 밀리가 내켜하지 않는다는 것을 알고 있었지만 그래도 때가 왔기 때문에 그에게 부탁을 했다. 데이비드 랜달은 밀리가 결국 입회인을 해주지 않겠다면 토머스 스피어스나 그의 동생인 존 밀리를 가능한 대안으로 재차 다른 입회인을 찾아 줄 것을 요청했다. 밀리가 입회인이 되어주지 않는다면 입회인의 일을 다른 사람에게 맡기겠다고 넌지시 말하는 것은 적절한 언급이었다. 하지만 밀리는 당연히 조심스러웠다. 결투에서 입회인의 역할은 성가실 뿐 아니라 죽을 수도 있었기 때문이었다.

중세 말 기사 계급의 규칙들은 사회변화에 직면해 소멸되고 있었다. 예전에 유럽의 귀족들이 1대1 대결이나 마상 창 시합으로 분쟁을 해결했다면, 이제 그들은 살인적 난투로 알려지게 된 것에서 서로를 암살했다. 15세기와 16세기에 걸쳐 신사들은 일단의 종자들의 지원을 받아 매복해 있다가 서로를 습격했으며 사적인 전쟁에 참여했다. 사적인 전쟁은 늘 위험하고 거의 언제나 죽음이 수반되었다. 이 통제할 수 없는 난투가 더 형식화된 결투로 대체되면서 종자들은 서서히 전투에서 역할이 줄어들었고 결투를 체계화하는 데 더 큰 역할을 하기 시작했다. 이들이 입회인으로 알려지게 되었다.

적어도 초기 입회인들은 계속해서 전투에 참여했다. 프랑스 역사가인 프랑수아 빌라수아는 "그들은 수동적인 목격자가 아니라 서로 싸웠다"고 말하고 있다. "게다가 일단 입회인이 상대를 죽이거나 부상을 입혀 움직이지 못하게 하면 그는 자신이 입회인이 된 결투 당사자를 도우러 가곤 했다." 많은 결투 당사자들은 이러한 관행을 환영했으며 많은 이들이 전문 싸움꾼과 함께라면 승산이 더 높아진다는 사실을 알고 있었다. 우리는 막 사로잡히려 할 때 "입회인도 없이 나 홀로인가?"라는 셰익스피어 4대 비극에 나오는 리어 왕의 낙담한 대사를 들을 수 있다. 어떤 초기 프랑스 결투 역사가는 많은 입회인들이 순전히 결투의 즐거움 때문에 결투에 직접 참여하지 않을 수 없었다라고 말하고 있다. 하지만 1712년 사회는 폭력적인 주정뱅이 모훈 경과 해밀턴 공작 간에 벌어진 하이드 파크에서의 끔찍한 유혈 결투에 대해 매우 분노했다. 두 남자는 제멋대로 서로를 야만적으로 난도질했다. "해밀턴 공작은 오른쪽 다리에 7인치 길이의 부상을 입었고 오른쪽 팔에 또 다른 부상을 입었으며 오른쪽 가슴 윗부분에서 아래쪽으로 이어지는 세 번째 부상과 왼쪽 다리 바깥쪽에 네 번째 부상을 당했다. 모훈 경은 샅에 큰 부상을 입고 칼자루 위쪽으로 몸 오른쪽과 팔에 각각 부상을 당했다." 당연히 이 두 남자는 사망했다. 입회인인 보병 수비대 대령 해밀턴과 육군 중장 맥카트니는 물론 "오랜 관습에 따라" 서로 결투를 하였고 두 사람은 결국 살인에 대한 유죄판결을 받았다. 하지만 대중적 비난을 고조시킨 것은 공작이 사실상 모훈의 입회인과 결투 당사자들이 쓰러진 후 참여했던 어떤 하인에 의해 살해됐다는 주장이었다. 해밀턴 대령과 외과 의사들 중 한 명은 결투가 끝나고 모훈이 결국 공작을 살해한 치명적 타격을 가하지 않았다고 주장했다.

18세기 말까지는 입회인들이 참여하는 경우가 드물었다. 아일랜드 규칙은 여전히 입회인들도 서로에게 총을 쏠 수 있다는 원칙을 받아들였다. "입회인들이 다투다 자신들이 총격을 교환하기로 결심했을 때 그것은 동시에 직각을 이루고 있어야 한다." 하지만 그렇게까지 하는 사람은 거의 없었다. 때로 패배한 결투 당사자의 입회인이 승리한 결투 당사자에게 결투 신청을 하곤 했지만 이 점에는 찬성하지 않았다. 1824년 『영국의 결투 규칙』은 이 점에 대해 아주 분명히 하고 있다. "본질적으로 아주 단순한 합의에 관한 어떤 분쟁 때문에, 혹은 의견을 달리하는 결투 당사자의 행동 때문에 입회인들은 서로에게 결투 당사자가 되는 일이 일어날 수 있다. 분명 이보다 더 잘못된 일은 있을 수 없을 것이다."

하지만 윌리엄 밀리가 입회인이 되기를 꺼린 것은 위험 때문만은 아니었다. 그는 또한 입회인의 역할이 얼마나 막중한 일인지 알고 있었다. 『영국의 결투 규칙』에 다르면 입회인이 되는 것은 "아마도 신사에게 부과될 수 있는 가장 끔찍한 책임"이었다. 입회인의 역할은 부분적으론 결투 당사자의 들러리였고 부분적으론 중재자였다. 주된 임무는 결투 당사자를 대표하는 것이었다. 우호적인 해결을 협상하고자 하는 사람은 입회인이었다. 사실상 우호적 해결에 대한 협상은 거의 모든 규칙이 동의하고 있는 가장 엄숙한 의무였다. 때로 어떤 분쟁은 너무 중대해서 결투를 피할 수 없었다. 하지만 많은 분쟁이 비합리적이고 술로 인한 오해였기 때문에 두 명의 유능한 입회인들은 결투에 이르지 않고 쉽게 해결할 수 있었다.『영국의 결투 규칙』은 "입회인들은 분쟁이 된 문제를 철저히 조사해 그것이 결투를 할 문제인지, 결투 신청자가 결투 신청을 받은 자에게 결투를 신청할 자격이 있는지, 결투 신청을 받은 자가 결정적으로 잘못하지는 않았는지,……혹은 최후 수단에 의지하지 않고도 어떤 명예로운 형태의 합의가 존재하는지 여부를 확인해야 한다"고 선언하고 있다. 하지만 입회인이 평화로운 해결을 확보하는 데 실패했다면 차후에 일어날 결투를 준비하는 사람은 입회인이다. 입회인은 친구를 대신해 자신의 결정과 판단으로 친구의 명예를 자신의 손으로 지켜야 한다. 그것은 바로 믿을 만한 시종의 시중을 받아야 하는 기사의 필요에서 계승된 임무였다. "입회인은 세심하게 친구의 시중을 들어야 하며 친구가 용기를 잃게 되면 그의 기운을 북돋아 주어야 한다."

하지만 입회인에겐 또 다른 책임이 있었다. 그것은 규칙이 준수되고 명예가 충족되도록 보장하는 것이었다. 사실상 입회인은 결투 당사자와 명예 규칙이라는 두 개의 주인을 모시고 있는 셈이었다. 입회인은 그의 증언과 규칙이 준수되었는지 여부를 결정하게 될 두 명의 중요한 목격자들 중 한 명이었다. 한편으로 입회인들은 결투를 살인과 구별하기 위해 결투가 벌어지는 곳에 있어야 했으며 다른 한편으로 두 남자가 명예롭게 행동했다는 사실을 세상에 알리기 위해 그곳에 있어야 했다. 역사가인 빅터 키에넌은 "상대편이긴 하지만 입회인들은 실제적인 의미에서 동료였다"고 기록하고 있다. "입회인들은 결투를 돕고 있지만 그들은 또한 관련 당사자 모두가 속한 계급의 대표자들로 그들 모두가 자신이 속한 계급의 행동 기준이 정당하다는 것을 입증하기 위해 출전한 것이다. 입회인들이 편협한 파당성보다는 신사다운 타당성의 의식에 따라야 한다는 것이 그 제도의 일부였다." 이따금 입회인들이 결투 당사자들에게 분쟁의 의미를 깨닫게 해 우호적으로 해결할 수 있도록 설득할 수 없다면 입회인들은 부상을 방지하기 위해 은밀히 공모할 수도 있다. 입회인들이 의도적으로 장전된 총구를 가로막았기 때문에 많은 결투가 피를 흘리지 않고 해결되었다. 어떤 입회인들은 더 극적인 행동을 취했다. "1830년대 스페인 칼리스트 전쟁에 참여한 두 명의 외국인 장교가 결투를 결심하자 입회인들은 너무 푸석푸석해 정확한 사격을 할 수 없는 성 세바스찬의 모래사장 해안가에서 결투를 하게 했다." 또한 그 모든 문제를 처리했다 해도 입회인들은 법률과 싸워야 한다. 이것은 아주 분명하다. 많은 법관의 눈에 결투로 누군가 살해되었다면 입회인들은 방아쇠를 당긴 사람과 마찬가지로 유죄였다. 그들은 기술적으로는 살인 방조자로 처벌될 수 있었다.

결투 전문가들은 누가 좋은 입회인이 될 수 있는가 하는 문제에 대해 많은 충고를 하고 있다. 아일랜드 규칙은 입회인들이 언제나 "자신들이 시중을 드는 결투 당사자들과 같은 사회 계급"에 속한 사람이어야 한다고 아주 분명하게 명문화하고 있다. 입회인들은 또한 인격을 갖춘 사람이어야 했다. 역사가인 로버트 발딕은 "모든 전거에 따르면 입회인은 경험이 있고 도덕적 용기, 정의감, 품위를 갖춘 사람이어야 한다는 점에 일치하고 있다"고 결론짓고 있다. 능숙한 결투자인 아브라함 보스케트는 1817년, 입회인에 대해 "명예를 가진 현명한 사람으로 당신이 명예롭게 처신할 수 있도록 침착하지만 단호한 사람이어야 한다. 그 외에 입회인이 경험이 있고 화해시킬 수 있는 설득적인 일처리 솜씨를 가진 사람이라면 더더욱 바람직하다"고 쓰고 있다. 다른 사람들은 결혼하지 않고, 공적 지위를 갖지 않고, "총성이 교환되는 것을 본 적"이 있는 사람을 입회인으로 추천하고 있다. 결투를 막기 위해 최선을 다할 사람을 입회인으로 선택하는 것이 중요하다는 점에는 모두가 동의하고 있다. 많은 입회인들은 실제로 결투 당사자들보다 더 공격적이어서 분쟁을 진정시키기보다는 악화시켰다. 『니콜라스 니클레비』에서 두 명의 입회인에 대한 묘사로 추정할 때 찰스 디킨스는 입회인의 유형을 잘 알고 있었다. "둘 다 극히 냉정했으며 도회지에 살았고 철저하게 최악의 악행으로 시작했고 빚이 많았으며 어느 정도 더 높은 지위에서 몰락했다. 둘 모두 사람들이 그럴 듯한 명칭을 찾아 변명처럼 사회의 가장 타락한 인습이라고 주장하는 모든 악행에 탐닉했다. 그들은 당연히 스스로 흠 없는 명예를 가지고 있으며 다른 사람의 명예와 관련해 매우 결벽한 신사들이었다.”

　일부 결투자들은 입회인으로 선택할 수 있는 사람에 대해 다른 더 세부적인 충고를 얻을 수 있다. 17세기 영국 작가 피에르드 부데이으 브랑톰므는 이슬람 교도와 ‘무신론자’들은 입회인이 될 수 없다고 주장하고 있다. “기독교인이 피 흘리는 것을 무신론자가 목격하게 하는 것은 적절하지 않다. 그것은 그를 기쁘게 할 것이다.” 또한 『결투의 기술』에서 저자인 여행자는 결투자가 아일랜드인 입회인을 피하는 것이 좋다고 믿었다. “어떤 경우에도 아일랜드인을 선택하지 말도록 권고한다. 국내나 해외에서 내가 알고 지내는 아일랜드인들 중 열에 아홉은 천성적으로 결투를 좋아하며 그들은 문제를 우호적으로 조정할 수 없다.” 하지만 입회인의 선택은 중요하다. 97보병 연대의 스텐턴 중위는 『결투의 원칙』에서 “입회인은 당신의 안전이 그에게 달려 있는, 배 안의 도선사와 같다. 중요한 것은 자신의 명예, 성실, 우정, 판단이 좌우될 수 있는 입회인을 획득하는 것이다.”

　윌리엄 밀리는 친구인 데이비드 랜달의 신뢰를 얻은 것이 명예로웠을 수는 있다. 하지만 윌리엄 밀리는 결투에 대해 아는 것이 거의 없었다. 그는 결투 신청이 중요하다는 사실을 알고 있었기 때문에 불안해했다. 또한 여행자는 “친구의 입회인 임무를 받아들인 사람은 가장 중요한 책임을 맡은 것이다”라고 기록하고 있다. “불행하게도 자신에게 맡겨진 중요한 책임을 깨닫는 사람은 거의 없으며 무지, 경험 미숙과 의지 부족으로 때로 심각한 실수를 저지른다." 게다가 밀리에게 생각할 틈을 주는 것 또한 아주 위험할 수도 있다. 역사가인 앤드류 스타인메츠는 피에로와 아를 르캥이라는 두 남자 간의 '유명한 결투'를 묘사하고 있다. "그들은 동시에 총을 발사했고 그들은 각각 자기 상대자의 입회인을 살해했다."

결국 윌리엄 밀리는 입회인이 되는 것에 대한 중압감보다는 친구에 대해 충실한 것이 더 중요하다고 판단했다. 따라서 도덕적 후원자로서 동생 존과 함께 그는 비합리적인 일련의 사건들이 아주 심각한 문제로 이어진 키르컬디로 출발했다. 밀리는 데이비드의 편지에서 간략히 묘사한 것 이외에 우산 공격에 대해선 상세히 알지 못하고 있었기 때문에 우선 무슨 일이 있었는지 알기 위해 제임스 커밍의 상점으로 향했다. 커밍은 상점에 없었다. 때문에 밀리는 일어난 일에 대한 전모를 알지 못한 채 결투 신청서를 전달해야 했다. 그는 조지 모건의 집이라고 생각한 곳에 찾아 갔지만 그가 더 이상 그곳에 살지 않는다는 말을 하녀에게 들었을 뿐이다. 약간 바보가 된 기분으로 밀리는 하녀에게 지금 모건이 어디 살고 있느냐고 물어 하이 스트리트에 인접한 커크 윈드의 그의 집으로 향했다. 종을 울리자 하인이 나와 모건이 살고 있는 것은 맞지만 지금은 집에 없다는 답변을 듣게 된다. 모건 씨는 집에 없었고 저녁 시간에나 돌아온다는 것이었다. 따라서 밀리와 그의 동생은 은행으로 향했고 그때 우연히 회계원인 제임스 머독과 함께 길을 따라 내려오던 조지 모건과 마주친다. 밀리는 당시 사회적 결투의 섬세함으로 규정된 딜레마에 빠졌다. 그는 자신이 찾던 사람을 찾기는 했지만 공적인 거리에서 결투 신청서를 전달하는 것은 아주 부적절했다. 따라서 밀리는 모건과 인사를 주고받고는 그를 지나쳐 모건이 자신의 집으로 들어가기를 간절히 바라며 10야드 정도를 걸어갔다. 하지만 조지 모건은 집으로 들어가지 않고 자기 집을 지나 걸어갔다. 순간 밀리는 인내심을 잃고 동생 존에게 모건을 뒤쫓아 가라고 말했다. 밀리는 조지 모건에게 데이비드 랜달의 전갈을 가져왔다고 말했다. 조지 모건은 태연하게 밀리를 자신의 집으로 안내했다.

집안에 들어선 그들은 조지의 사무실이 있는 2층으로 올라갔다. 밀리는 말없이 그에게 데이비드 랜달의 결투 신청서를 건네주었다. 조지 모건은 서둘러 그것을 읽곤 "물론, 좋고 말고요"라고 말했다. 하지만 밀리에 따르면 그는 만반의 준비를 했던 현실이 갑자기 다가왔다는 듯 "약간 당황한 듯이 보였다." 조지 모건은 밀리에게 장소를 분명히 해달라고 요청했다. 데이비드 랜달의 필체가 형편없어 '토베인'이라는 단어는 거의 알아볼 수 없었다. 밀리는 지명을 확인해주고 모건에게 어떤 예기치 못한 사정으로 결투를 지연해야 할지 여부에 대해 물었다. 모건은 권총은 준비했기 때문에 연기하지 않아도 된다고 답했다. 밀리는 후에 "그는 곧 권총이 담겨있다고 말한 상자를 가지고 와 다소 허세를 부리듯 탁자에 쾅 소리가 나게 내려놓았다"고 회상하고 있다. 조지 모건은 이제 남은 일은 입회인이 되어줄 친구를 찾는 것이라고 말했다.

입회인을 찾는 일은 당혹스러운 문제였다. 조지 모건은 이번 결투를 간절히 원하긴 했지만 입회인을 정함으로써 진짜 결투를 준비하지는 않았다. 어떤 측면에서 조지는 여전히 결투의 가능성에 대해 부정하고 있었을 수도 있다. 기존에 그의 충돌이 입증하듯이 과장되게 허세를 부리기는 했지만 조지는 결투가 성사되려 할 때마다 도망치는 경향이 있었다. 조지는 아직도 데이비드가 끝까지 결투를 고집하지는 않을 것이라고 믿고 있었을 수도 있다. 하지만 그가 입회인이 되어 줄 사람을 찾기 위해 애썼다는 몇 가지 증거들도 있다. 조지는 분명 쉽게 친구를 사귈 수 있는 사람이 아니었으며 친구인 사람들은 입회인이 되기엔 적합하지 않았을 것이다. 그들도 또한 조지가 공격자이기 때문에, 혹은 당연히 자신들이 시대착오적인 유혈극으로 생각하는 사건에 개입하고 싶어 하지 않았기 때문에 거부했을 것이다. 서적상인 제임스 커밍에 따르면 조지는 결투 신청을 받은 직후 휴 애트킨과 헨리 맥밀란 대위라는 두 명의 지역 남자들을 만났다. 조지가 두 사람에게 자신의 입회인이 되어줄 것을 요청했다는 믿을 수 있는 증거는 없지만 그가 ㄱ 같은 요청을 했다고 보는 것이 합리적일 것이다. 어느 쪽이든 그들이 조지의 요청을 받았다 하더라도 그의 입회인이 된 사람은 없었다. 결국 조지는 오랜 친구도 아닌 '약간의 안면이 있는 사람'을 속여 도움을 받지 않을 수 없었다. 영국 해군 중위 윌리엄 밀너는 1820년대 배나 적 없이 휴직 상태에 있던 많은 해군 장교들 중 한 명으로 키르컬디에서 남쪽으로 몇 마일 떨어진 번티스랜드라는 작은 마을에 살고 있었다. 4시 경 조지 모건은 마차를 해안으로 몰고 가 일부러 자신이 데이비드 랜달을 공격했다는 사실은 언급하지 않은 채 밀너에게 그 상황을 설명했다. 그는 당연히 입회인을 필요로 했고 밀너에게 부정직하게 이 문제가 평화적으로 조정될 수 있도록 도와달라고 말했다. 밀너는 일어난 일에 대해 더 많은 이야기를 듣고 싶었지만 조지가 거부했다. 그는 밀너에게 돌아가는 길에 그 일에 대해 모두 이야기해 주겠다고 서두르며 말했다. 결국 밀너는 "모건이 자신에게 그가 랜달을 구타했다는 말은 하지 않았기 때문에 싸움이 그렇게 심각한 상황인지는 상상도 하지 못한 채" 동의했다. 따라서 밀너는 사건의 전말을 분명히 알지 못한 채 모건과 함께 키르컬디로 돌아와 상대편인 윌리엄 밀리를 만나 결투 조건에 동의했다.

1824년 10월 30일 두 명의 오랜 친구들이 에딘버러 라이드 스트리트에 있는 블랙 불 여관에서 우연히 만났다. 굴레이 대위와 웨스톨 씨는 "서로 사이좋게 인사를 나눈 것"으로 전해진다. 그들은 한 달 전 던캐스터 경마에서 마지막으로 보았고 그곳에서 웨스톨 씨는 대위에게 70기니의 내기 돈을 잃었다. 몇 잔을 들이키고 사소한 잡담을 나눈 후 굴레이 대위는 점잖게 친구에게 그때 진 빚을 상기시켰다. 이 빚에 대해 웨스톨은 그가 거래를 할 수 있는지 물었다. 굴레이 대위는 웨스톨의 친구 중 한 명에게 비슷한 노름빛이 있었다. 그 빛을 서로 상쇄할 수 있을까? 웨스톨은 자신의 친구는 이미 이 합의를 받아들이겠다고 동의했다고 말했다.

하지만 굴레이 대위는 받아들일 수 없었다. 그는 화를 내며 웨스톨을 사기꾼이라고 비난하는 와중에 '언쟁이 이어졌다.' 이 번에는 웨스톨이 굴레이를 거짓말쟁이라고 불렀다. "그 순간, 대 위가 부지깽이를 움켜잡고 웨스톨 씨의 머리를 내리쳤다. 부지깽 이는 빗나가 어깨를 내리쳤으며 그 충격으로 두 동강이 났다. 충격으로 몇 분 동안 그는 의식을 잃었다." 웨스톨이 의식을 회복 하자 그는 다방으로 가 '격한 언성'이 오간 후 결투를 약속했다. 다음날 아침 입회인과 의사를 동반한 두 명의 남자는 현재 포스 브리지가 하구를 가로질러 위치해 있는 에딘버러 서쪽의 사우스 퀸스페리에서 만났다. 그들은 배를 타고 북쪽 제방으로 건너가 그 곳에서 적정한 절차를 거친 후 "웨스톨 씨의 총알을 맞은 굴레이 대위는 그 자리에서 사망했다." 웨스톨은 에딘버러로 돌아왔고 얼마 후 권총을 프린스 스트리트에 상점을 가지고 있는 대장장이 존 톰슨에게 팔았다. 그리고 2년 후인 1826년 8월 수요일 오후, 이곳에서 데이비드 랜달은 당황스러울 정도로 다양하게 진열되 어 있는 무기를 응시하고 있었다.

조지 모건은 입회인을 찾으려 애쓴 반면 데이비드 랜달은 결 투에서 입회인 못지않게 중요한 권총 한 벌을 찾아 몇 시간 동안 헤매고 있었다. 그에게는 총이 없었는데 단지 총이 있어야 하겠다 는 생각을 해본 적이 없었기 때문이었다. 이는 그가 화기에 익숙하지 않으며 결투 이전에 평화적으로 화해할 수 있기를 희망했다는 사실을 보여 주는 것이다. 이 결투에 대한 어떤 설명에 따르면 "랜달은 이전에는 한 번도 총을 쏴본 적이 없었다." 따라서 윌리엄 밀리에게 보낸 편지에 그가 말한 것처럼 그는 총을 구입하기 위해 2시 마차를 타고 에딘버러로 갔다. 그는 자신이 무엇을 원하는지 모르고 있었으며 프린스 스트리트를 따라 걸어 내려오면서 결국 존 톰슨의 상점에서 이것저것 구경하고 있었다. 그의 변호사인 헨리 콕번은 후에 "그는 단지 우연하게 상점에 들러 권총 한 벌을 요청했다"고 회상하고 있다. 무기 같은 것에 대해선 아는 것이 없었기 때문에 그는 이 총들이 쓸 만하냐고 물었다. "태 권총은 믿을 만합니다" 젊은이가 대답했다. "작년 나루터에서 그 남자를 쏘았던 태의 권총들입니다." 이렇게 해서 데이비드 랜달은 그날 저녁 고인이 된 굴레이 대위를 성공적으로 쏘아 죽임으로써 정확하고 치명적이라는 사실을 입증한 두 정의 결투 권총을 가지고 키르컬디로 돌아왔다.

1826년 데이비드 랜달은 결투를 앞두고 권총 이외의 것은 생각할 수 없었을 것이다. 1770년대까지 결투자들은 칼을 결투용으로 선택하는 경향이 있었다. 하지만 18세기 말, 마침내 신기술 덕분에 정확하고 믿을 만한 권총을 생산할 수 있었으며 권총은 결투용으로 사용되게 되었다. 대륙 쪽에서 검객들은 특히 용감한 후위 수비 측을 후보자로 지명했다. 그들은 검술 습득을 위해 수

년간의 훈련이 필요하며, 이 같은 훈련은 학창시절 이후 적절히 교육받은 태생이 좋은 귀족들만이 실행할 수 있도록 보장한다고 주장했다. 그들은 멀리서 가슴을 겨누고 비인간적으로 총알을 쏘는 것보다는 인간의 배에 차가운 칼날을 찔러 넣는 데 더 많은 용기를 필요로 한다고 말하고 있다. 무엇보다 전통주의자들은 권총을 지지하는 자들의 주장보다 실제로 권총 결투가 덜 정확하고 믿을 만하지 않기 때문에 위험 부담이 적다고 주장한다. 권총 결투는 어느 쪽 총알도 '효과 없이' 끝나는 것이 아주 일반적이었다. 하지만 검으로 하는 결투는 피를 보고서야 끝이 날 수 있었다.

하지만 시간이 지나면서 특히 영국과 아일랜드에선 권총을 선호했다. 권총은 칼만큼 소중하게 간직되었고 용도가 한정된 결투 무기들은 가보로서 아버지에서 아들로 그것들을 사용하는 기술과 함께 전해졌다. 위대한 아일랜드 결투 심판관인 존 배링턴 경은 아버지에게서 '달콤한 입술'과 '나의 사랑'으로 불리는 두 정의 권총을 물려받았다. 하지만 권총은 결투를 대중화해 상층 계급 이외의 더 많은 사람들에게 영향을 주었다. 데이비드 랜달이 화기를 소유했다거나 그가 화기를 사용한 경험이 있다는 증거는 없지만, 그는 어느 날 에딘버러에서 한 벌의 권총을 구입할 수 있었고 다음날 결투에서 그것들을 사용했다. 권총 사용자들은 자신들의 무기 덕분에 명예의 결투 전통에 더 쉽게 참여할 수 있게 되었으며 결투의 결과는 기술보다는 운이나 능력에 의해 결정된다고 믿었다. 『영국의 결투 규칙』은 다음과 같이 선언하고 있다. "발사 무기들은 힘이나 민첩함에 대한 잘못된 자부심을 조심해야하는 것과 관련해 결투의 원칙에 부응하고 있다. 명예에 대한 가장 미묘한 의미와 지극히 강인한 정신은 흔히 이러한 자질이 수반되지 않을 수도 있기 때문이다." 결투자들은 자기의 목숨을 운명에 맡기거나 더 살풍경하게도 그들은 조잡한 권총을 익숙하지 않은 손에 쥐고 최선을 희망한다. 정확하게 조준하기를 기대할 수도 없었다. 그것은 나쁜 방식으로 받아들여졌다(정반대의 것이 진실이었던 독일을 제외하면). 대신 결투자들은 총을 드는 즉시 조준해 발사할 것으로 기대하였다. 결투 당사자들이 서로 걸어가 지시에 따라 몸을 돌려 총을 쏘는 것처럼, 흔히 알려져 있는 등을 맞대고 이루어지는 결투는 의도적으로 조준해 발사하기보다는 반응을 불러일으키기 위해 고안된 것이다. 이는 다시 기회를 균등하게 할 것으로 기대되었다. "이러한 형태의 총격에서 가장 숙련되고 치명적인 총격은 특히 신호가 빨리 주어질 때 빗나가기가 쉽다." 상대적으로 권총 사용자들은 검을 사용한 결투가 기술과 힘의 노골적인 경쟁으로 결투라기보다는 1대1 대결이라고 생각했다. 검 결투에서는 몸집이 대단히 중요했지만 권총 결투에서는 결투 당사자들 중 한 명이 너무 뚱뚱해 엄청나게 더 큰 목표물이 될 때만 의미가 있다. 그리고 무엇보다 권총 결투자들은 권총 결투가 더 위험한 결투라고 주장한다. 권총 결투는 종종 한 사람이 쓰러질 때 끝나는 반면 검으로 하는 결투는 흔히 팔에 상처를 입은 후 중단된다.

결투의 황금시대에 권총은 1770년대에서 1850년대까지 계속되었으며 당시 결투가 너무 유행해 총제작자들은 특히 그 일을 위해 수작업으로 무기를 만들었다. 초기의 결투용 권총은 조잡한 물건으로 군용 권총이나 카우보이들이 노상에서 호신용으로 안장에 갖고 다니던 엽총을 개량한 것이었다. 하지만 19세기 초에 이르러서는 결투용 권총들이 지나치게 민감하고 정확해 결투 이외의 용도로는 거의 사용되지 않았다. 결투용 권총들은 분명 전투나 일상적인 호신용으로는 사용되지 않았다. 결투용 권총의 원형은 16에서 18인치 길이로 2파운드 정도의 무게에 사정거리 250야드로 40야드에선 살상할 수 있으며 20야드 거리에선 정확했다. 손의 움직임을 최소화하기 위해 촉발 방아쇠가 장착되었다. 총열에는 의도적으로 강선을 만들지 않았다. 강선이 있는 총을 사용하는 것은 비신사적인 행위로 여겨졌다. 나선 모양의 강선은 회전 운동 속도와 총알의 정확성을 증가시켜주고 따라서 권총을 더 치명적으로 만들기 때문이었다. 적어도 애초에 쓰인 결투용 권총은 부싯돌식 발화장치가 장착된 수발총으로 알려진 것이었다. 19세기 초까지 이것은 아주 구식이긴 하지만 잘 시험된 기술을 이용했다. 방아쇠를 당길 때 작은 부싯돌 조각이 들어 있는 공이치기가 불꽃을 일으키는 금속조각을 문질러 떼어낸다. 이것이 권총 옆에 고정되어 있는 장약 약실에 채워진 화약에 불을 붙인다. 이어 총열에 이르는 화구에 있는 화약에 불을 붙여 이번엔 총알 뒤에 있는 주 장약을 폭발시킨다. 이것이 당시의 고전적 화기였으며 워털루 전투와 모든 대 나폴레옹 전쟁에서 이용되었던 무기로

1650년대 이래 사용되었던 총이었다. 조지 모건은 결투용으로 이 권총을 선택했고 윌리엄 밀리가 데이비드 랜달의 결투 신청서를 전달했을 때 그가 용감하게 과시했던 무기였다. 조지는 스페인에서 이 수발총을 효과적으로 사용했고 그곳에서 이 화기가 얼마나 치명적일 수 있는지 이미 보았다. 1812년 7월 살라만카를 장악하기 위한 한번의 전투에서 기수인 모건은 7천명 이상의 연합국 군인들이 총에 맞아 죽거나 부상당하는 것을 보았다. 버나드 콘웰의 책에서 샤프 대위와 그의 '정예 부하들'은 종종 구식 소총의 총탄이 빗발치는 가운데 살아남는다. 실제로 수발총은 오래되기는 했지만 살상에 효과적이었고 조지 모건은 그 점을 잘 알고 있었다.

하지만 당시 새로운 유형의 무기가 수발총에 도전장을 내며 나타나고 있었다. 1805년 알렉산더 포시스라는 위엄 있는 표정을 한 스코틀랜드인 성직자가 화약에 불을 붙이는 새로운 방법을 찾아냈다. 그는 마도요와 황금 물새떼를 사냥하며 애버던쉐어 해변가에서 시간을 보내던 들새 사냥꾼이었다. 그런데 알렉산더 포시스는 자신의 구식 수발총에 만족하지 못했다. 약실에 있는 화약을 점화하기 위해 화구로 내려갔다 주 약실을 폭발시키는 데 걸리는 시간 때문에 방아쇠를 당기는 것과 총알이 발사되는 시간이 늘 순간적으로 지체되었다. 장약 약실에서 화약 점화는 새들에게 그의 사격을 경고해 주어 새들이 피할 수 있는 여유를 주게 된다. 또한 젖은 화약 때문에 종종 총알이 발사되지 않아 실망하곤 했다.

젖은 총구는 약실에서 소문난 발화를 일으켰다. 때문에 알렉산더 포시스는 목사관 뒷마당에 있는 헛간에서 자신의 구식 소총에 화약을 점화하는 새로운 방식을 고안하기 시작했다. 마침내 그는 황, 숯, 칼륨을 일정량 혼합하면 강한 충격을 받았을 때 폭발한다는 사실을 발견했다. 따라서 부싯돌을 사용해 불꽃을 일으키는 대신 이제 소량의 폭발 화합 충전물을 때림으로써 주 장약 화약을 점화할 수 있었다. 알렉산더 포시스는 곧 새로운 발사 메커니즘을 설계하였고 현대적 엽총에 사용되는 기술이 탄생된 것이다. 그의 격발식 혹은 공이치기 총의 이점은 곧 알려졌다. 그것은 발사 메커니즘의 많은 부분이 기계장치 내부에 설계되어 기후에 덜 노출되기 때문에 더 믿을 수 있었다. 게다가 논란이 있긴 했지만 사냥을 좋아하는 이 목사는 또한 자신의 총이 더 빠르고 정확하게 발사된다고 믿었다.

무기 사가인 존 앳킨슨에 따르면 모두가 동의하는 것은 아니다. "수발총과 그 후에 만들어진 총의 필적할만한 이점에 대해 결투자들과 사냥을 좋아하는 다른 신사들 간에 격렬한 논쟁이 벌어졌다. 수발총을 고집하는 사람들은 격발식 무기가 더 빠르게 발사하는 것은 인정했지만 사정거리는 수발총이 더 멀다고 주장하며 그렇게 굳게 믿고 있었다. 새로운 발사 기구 옹호자들은 총알을 더 빠르게 발사할 수 있을 뿐 아니라 권총이나 엽총을 더 정확하게 사격할 수 있게 해 준다고 답했다. 폭발력의 일부가 누출될 수 있는 화구가 존재하지 않기 때문이었다." 결국 논쟁에 종지부를 찍은 것은 군대였다. 1834년 두 개의 소대가 울위치 아스널에서 구식총 콘테스트에 참여했다. 한쪽은 수발총을 지참했고 다른 한쪽은 격발식 구식총을 지참했다. 그들은 각각 6천발을 사격했다. 수발총은 13발에 2발 꼴로 불발되었다. 하지만 격발식 구식총의 실패율은 166발에 1발 꼴에 불과했다. 또한 격발식 총의 총알이 더 빠르고 정확하며 수발식 총의 총알보다 푸른 느릅나무 과녁을 더 강한 힘으로 더 깊게 꿰뚫었다.

프린스 스트리트에 있는 존 톰슨 상점에서 데이비드 랜달이 고른 권총은 아름다웠다. 총 손잡이는 밀착감을 느낄 수 있도록 이랑무늬가 새겨진 호두나무로 만들어졌다. 6각형의 강철 총구는 340mm 길이로 아래쪽에 꽂을대를 저장하고 있었다. 권총들이 보관되어 있는 상자엔 지금도 탄약통, 납 총알, 주형과 당연히 뇌관 뭉치가 담겨져 있다. 데이비드가 선택한 이 권총 한 벌은 불운한 굴레이 대위를 쏘아 죽임으로써 스스로를 증명했을 뿐 아니라 그가 돈으로 구입할 수 있는 가장 최신의 격발식 결투용 권총으로, 조지 모건의 수발총과 대면했을 때 그가 손에 지닐 수 있는 최상의 권총이었을 것이다.

조지 모건이 그날 아침 하이 스트리트에서 실제로 무슨 일이 있었는지 얘기한 것은 밀너 중위가 마차에 앉아 키르컬디로 돌아오는 길에서였다. 밀너는 분노했다. 그는 "이 결투의 입회인이 되는 것에 강력하게 반대했다. 채찍질을 하는 것은 신사가 다른 신사에게 해서는 절대 안 될 일이었기 때문이다." 하지만 모건은 고집을 부렸고 나중에는 호소하며 매달렸다. 모건은 이것이 "입회인을 찾기 어려운 경우인 걸 알고 있지만 밀너가 의뢰할 수 있는 친구들 중 유일한 장교이다"라고 말했다. 자신의 더 현명한 판단과 반대로 "우호적인 합의를 이끌어 낼 수도 있다는 생각"에서 밀너는 조지의 입회인으로 남는 데 동의했다. 따라서 잠시 후 6시경 윌리엄 밀리의 집에 도착한 밀너는 결투 당사자를 위해 싸우도록 위임받은 것과는 거리가 먼 입회인이었다.

윌리엄과 그의 동생 존 밀리는 저녁 식사를 하고 집 위에 있는 공원을 걷고 있었다. 밀너 중위는 "밀리 씨, 제가 온 용건을 분명히 알고 계실 겁니다"라고 말했다. 그는 결투를 막을 수 있는 어떤 화해를 원하고 있었다. 밀너 중위는 자신이 조지 모건을 "조금밖에 모르지만 자기가 보기에 그는 진정한 신사"라고 인정했다. 그는 랜달 씨도 몇 차례 만났으며 그 역시 '신사적인 사람'이라고 생각했다. 하지만 밀너는 은행에 보낸 데이비드의 편지는 "다소 음험한 수단으로 명성을 손상시키는 행동"이었다고 말하고 문장 몇 개를 읽었다. 모건 형제가 아닌 은행에 편지를 보냄으로써 데이비드는 분명 모건 형제의 평판을 손상시키려 했었다.

밀리는 명예가 훼손된 측은 데이비드라고 주장하며 동의하지 않았다. 그는 또한 그날 아침 일어난 일을 보다 상세하게 묘사했다. 밀리는 합의를 위해 노력하는 게 좋겠다는 점에 동의했지만 "모건 씨의 서면 사과가 없이는 어떤 것도 랜달 씨가 받아들이지

데이비드 랜달의 권총. 조지 모건이 자신의 구형 수발총을 신뢰했던 반면 데이비드는 결투 전날 최신식 격발 권총을 구입했다. 아래의 케이스엔 아직도 데이비드의 탄약통, 총알 주형과 예비용 탄약 꽂을대가 담겨 있다. 피프시의회 박물관, 키르컬디 뮤지엄 & 아트 갤러리 소장.

않을 것이라고 생각합니다"라고 말했다. 좀더 이야기를 나눈 후 밀너는 "아직 모든 정황을 함축성 있게 숙지하지 못했으며" 분명 그것에 대해 생각할 수 있는 시간이 더 필요하다고 말했다. 그들은 그날 저녁 늦게 조지 여관에서 만나기로 약속했다. 당시 밀너 중위는 체면을 유지하려는 듯 윌리엄 밀리가 입회인의 역할에 대한 '장황한 논설'이라 부른 것을 시작했다. 그는 밀리에게 입회인 경험이 있느냐고 물었다. 밀리는 없다고 대답하고 자신은 "결투 에티켓에 대해 거의 알지 못하고 있지만 필수적인 것들은 알고 있다고 생각한다"고 말했다. 하지만 밀너는 자신이 몇 번의 결투에 "결투 당사자나 입회인"으로 참여했었다고 대꾸했다.

이 두 남자는 자신들의 결투 당사자들에게 되돌아갔다. 밀리는 일어났던 일을 데이비드에게 이야기하고 자신은 사실상 모건으로부터 서면 사과를 받을 준비가 되어있다는 점을 확실히 했다. 하지만 밀너 중위가 조지 여관으로 되돌아왔을 때 모건이 기다리고 있었고 그는 골이 나서 떠들어댔다. 이미 사실을 알게 된 밀너는 궁극적으로 모건의 잘못이라는 사실도 알고 있었다. 결투의 기본 규칙을 위반한 것이었다. 밀너는 모건에게 자기가 보기에 "은행에 편지를 보낸 것에 대해 사과를 거부한 랜달 씨에게 구타 대신 결투 신청을 하지 않은 것은 아주 큰 잘못이었다고 말했다." 밀너는 그런 경우라면 자신도 결투 신청을 할 수밖에 없었을 것이라고 말했다. 밀너는 자신이 "같은 상황에 있었어도……구타를 당했기 때문에 랜달 씨가 한 것처럼 행동하게 될 것이며 그것을 피할 수 있는 방법은 없다고 생각했다." 그는 "유사한 상황에서 데이비드 랜달이 이전에 어떤 행동을 했든 그는 충분한 사과가 결여된 어떤 것에도 귀 기울이지 않을 것이다"라고 덧붙였다. 따라서 랜달 씨가 편지를 쓴 것은 잘못이지만 밀너는 "랜달 씨를 구타한 모건의 행동은 훨씬 더 나쁜 것으로 생각했다." 그것은 동료 장교가 모건의 행동을 강력히 비판한 것이었다.

그렇지만 밀너는 그 모든 일과 상관없이 자신은 모건의 입회인으로 남겠다고 말했다. 그는 분쟁을 우호적으로 끝낼 수 있는 협상을 제안했다. 양측이 자신의 잘못을 인정하고 "모건 씨에게 편지 사본을 보내지도 않고 아주 강한 어조로 은행에 편지를 쓴 랜달 씨와, 랜달 씨를 구타한 모건 씨 양측은 따라서 중간 지점에서 만나 악수를 교환해야 한다"는 것이다. 밀너는 이것을 서면 제안으로 작성했고 모건은 그것을 받아들였다. 모건은 반대할 수 있는 처지가 아니었다.

밀너와 밀리가 평화적 해결을 시도하기 위해 여관에서 만나기 전 양측은 마지막으로 해야 할 일이 하나 더 있었다. 양측은 결투에 왕진할 수 있는 외과 의사를 예약해야 했으며 그것은 모든 규칙이 강조하고 있는 사항이었다. 『영국의 결투 규칙』은 "양측 각각 외과 의사가 참관해야 하며 가능하다면 총상을 치료한 경험이 있는 신사가 선정되는 것이 상책이다"라고 말하고 있다. 『결투의 기술』은 결투자가 "상처나 동맥을 동여매고 총알을 빼내는데 필요한 모든 기구를 갖춘 외과 의사의 도움을 보장받을 수 있도록 신중해야 한다"고 말하고 있다. 왜냐하면 외과의사는 몸을 관통할 정도의 파괴력이 거의 없는 총알을 제거하는 것이 주된 임무였으며 이는 어떤 외과 의사가 격렬하게 항의한 사건 때문이다. 1833년 5월 구들리라는 사람이 웨스트민스터 병원에서 결투로 인한 부상에 대해 임상교육을 하고 있었다. 그는 "현재의 권총 선택 방식엔 박애나 인간성이 존재하지 않는다"고 말했다. "총알이 작아 작은 총알구멍 때문에 늘 치료하기가 불편하며 화약의 양도 너무 적어 적당히 살이 찐 신사의 몸을 총알이 관통하지도 못한다. 결국 총알은 환자에게 극히 불리한 위치에 박혀 외과 의사가 큰 어려움을 겪게 된다."

하지만 1820년대 피프엔 총상에 대한 구들리의 전문 기술을 가진 의사가 거의 없었기 때문에 대부분의 결투자들처럼 데이비드 랜달과 조지 모건은 일반 진료의들에게 부탁했다. 데이비드는 닥터 알렉산더 스미스에게 다음날 아침 6시 "로크젤리 방향에서 그 지방으로 동행"해 줄 것을 요청했다. 조지는 닥터 제임스 존스턴을 방문해 다음날 6시 30분 경 "그의 직업적 자격으로 토베인 인근에 있어 주기를 희망했다." 그들의 왕진 요청 이유에 대해선 의도적으로 애매하게 말했다. 그 의미를 오해하는 의사는 거의 없을 것이다. 결투자 이외에 누가 새벽에 외진 들판에서 의사의 도움을 요청하겠는가? 하지만 의사들은 결투에서 의도적으로 멀리하며 분쟁의 세부적인 내용에 대해서는 거의 듣지 않는다. 이는 사건이 재판에 회부될 때 의사들을 법률상으로 보호하기 위한 것이었다. "시 법률에 따라 방조자로 기소되지 않도록 외과 의사들은 짧은 거리라 하더라도 입회인들이 부를 때까지는 보이지 않는 곳에 머물러 있어야 한다." 다른 사람들은 외과 의사들이 "총격을 보지 못하도록 결투자들에게 등을 돌리고 있어야 하지만 총성을 듣자마자 될 수 있는 한 신속하게 그 장소로 달려와야 한다"고 주장하고 있다. 그렇게 되면 의사들은 기술적으로 결투 현장에 참석하지 않았다고 주장할 수 있게 된다. 그것은 또한 일부 의사들이 곧 있을 부상에 대비해 잔인하게도 의료 도구를 준비함으로써 이미 긴장하고 있는 두 명의 결투자들을 뜻하지 않게 흥분시키는 것을 방지한다. 어떤 역사가가 "결투의 조력자이긴 하지만 공모자는 아니다"라고 묘사한 의사의 역할은 또한 입회인에게 중요한 역할을 할 수 있도록 하는 어느 정도의 공명정대함을 부여한다. 역사가인 케빈 맥알리어는 "결투에서 의사의 역할은 미묘한 것이다"라고 쓰고 있다. "의사의 역할은 조직에 너무 깊이 박혀있지 않을 경우 총알 빼내는 것만이 아니라……결투가 계속되어야 하는지 여부에 대해 상담을 받아주기도 한다." 의사들은 그가 자신을 부른 결투자인지 아니면 상대편인지와 무관하게 어떤 부상의 심각성을 확인하고 결투가 계속되어야 하는지에 대해 판단해 줄 것으로 기대하는 것이다. 이것은 사실상 미묘한 역할로 환자의 바람과 명예의 규칙이라는 종종 의학적 필요가 충돌하는 요구들에 균형을 잡아 주는 것이다. 어떤 결투자들은 부상을 입었음에도 결투를 계속 주장하며 결투가 중단될 경우 격렬하게 항의한다. 또 어떤 결투자들은 의사의 중재를 은근히 기뻐한다.

의사들이 결투에 참여하는 예는 드물다. 하나는 우드워드와 미드라는 두 명의 의사가 런던에 있는 그레샴 컬리지 정문 밖에서 의학적인 관점에 대해 결투를 벌였다. 결투 중 우드워드는 미끄러져 미드의 칼날에 자비를 구하는 지경에 이르자 전형적인 의학적 농담을 던진다. "자네 목숨을 가져가겠네" 미드가 외쳤다. "자네의 의술만 아니라면 어떤 것이든 상관없네" 우드워드가 비꼬며 대답했다. 어떤 결투에선 입회한 외과의사가 실제로 결투에 참여했다. 브루스 상원의원과 에드워드 색빌 경이 1613년 네덜란드에서 결투를 벌여 서로 난도질하는 유혈극이 자행되었다. 그때 색빌이 후에 회상하듯이 갑자기 "아무도 예기치 못한 가운데 상원의원의 외과의사가 상원의원의 칼을 들고 나에게 달려들었고 나의 의사가 나의 칼로 그를 막지 않았다면 그 비열한 손에 살해당했을 것이다"라고 했다. 1844년 7월 머스텔러라는 미국인 의사는 결투에서 총을 맞고 엉덩이에서 자신이 직접 총알을 빼내는 비상한 용기를 입증했다. 하지만 의사들의 결투 중 가장 특이한 결투는 험프리 하워드의 결투일 것이다. 그는 젊은 시절 동인도 회사의 군의관으로 복무했던 이브샴의 국회의원이었다. 1806년 하워드는 브라이튼에서 경마를 관전하고 캐슬 여관에서 저녁만찬을 했다. 그곳에서 그는 아일랜드 상원의원인 베리모어 경과 논쟁을 하게 되었다. 논쟁은 싸움으로 변했고 그들은 다음날 아침 일찍 경마장에서 만나기로 약속했다. 두 사람 다 괴짜 장난꾸러기들이기는 했지만 상대가 권총과 속옷만 입은 채 결투 장소에 나타나자 베리모어조차 경악했다. "결투를 보러 온 입회인들과 몇몇 친구들은 하워드를 보고 포복절도했다. 뚱뚱한 늙은 남자가 일부러옷을 벗고 상대의 치명적인 무기 앞에 속옷차림으로 거의 벌거벗고 등장한 것이었다." 베리모어는 하워드가 장난치고 있다고 생각했지만 하워드는 아주 진지했다. 젊은 시절 인도에서의 의사 생활 경험을 통해 그는 총에 맞은 사람들이 주요기관의 손상보다는 감염된 부상 때문에 사망한다는 사실을 아주 잘 알고 있었다. 하워드는 상대편에게 "총상으로 천 조각이 몸에 들어가게 되면 이어 곪게 된다는 사실을 알고 있다"라고 말했다. "따라서 이런 차림으로 결투에 임한 것이다." 역사 소설가 패트릭 오브라이언은 소설 속에서 의사이자 스파이인 스테펀 매튜린을 비슷하게 벌거벗은 상태에서 결투하게 한다. 그는 친구인 오브레이 대위에게 "나는 언제나 짧은 바지를 입고 결투한다"고 말했다. "상처에 들어간 천은 지독한 효과를 일으킨다." 익명의 결투 전문가인 여행자는 벌거벗고 결투를 하는 것에 동의하지 않았지만 하워드의 분석엔 전적으로 동의했다. 그는 결투자들에게 "간혹 플란넬 의류를 입던 사람도 그런 옷을 입지 말아야 한다. 상대적으로 경미한 부상이라도 종종 플란넬 천 조각이 상처에 들어가면 위험하다. 특히 따뜻한 날씨에는 더욱 위험하다"고 충고하고 있다. 마찬가지로 어떤 의사들은 상처를 닦고 총알구멍에서 더러운 것을 빼내기 위해 갓 세탁된 비단 손수건을 사용하곤 한다. 하지만 하워드의 결투에선 그의 믿기지 않는 예방책이 결국 쓸데없는 짓이 되어 버렸다. 그와 그의 상대가 서로를 맞히지 못해 그들의 분쟁은 피를 흘리지 않고 해결되었기 때문이다.

윌리엄 밀리가 그날 밤 10시 쯤 여관으로 들어갔을 때 조지 여관은 사람들로 붐비고 있었다. 키르컬디 남자들은 불가에 둘러앉아 축축한 옷을 말리고 있고 맥그레이선 부인과 그녀의 아이들인 엘리자베스와 존은 맥주잔을 나르느라 분주하게 움직이고 있었다. 밀너 중위는 위층 조용한 방에서 벌써부터 그를 기다리고 있었다.

밀너는 자신의 계획을 설명했다. 양측이 똑같이 잘못을 범했다는 데 동의하고 두 남자가 중간에서 만나 악수를 하는 것이었다. 그는 자신과 모건이 세부내용을 적어 작성한 문서를 밀리에게 건넸다. 하지만 밀리는 그 어느 것도 받아들이려 하지 않았다. "나는 명예를 심하게 훼손당한 랜달 씨로선 이러한 합의가 전혀 불가능하며 모건의 서면 사과가 없는 어떤 것도 나의 친구인 랜달의 명예에 일치하는 것으로 받아들일 수 없다고 말했다." 밀너 중위는 머리를 내저으며 그것은 모건이 동의하지 않을 것이라고 말했다. 이들 입회인들 중 누구도 대부분의 결투 규칙이 그 같은 상황에서 어떤 유형의 사과도 배제하고 있으며 일단 타격이 가해졌을 경우 결투를 철회할 수 없다는 사실을 모르고 있었다.

평화적 해결이 이제 불가능하다는 사실을 깨달은 밀너는 자신의 알리바이를 만들기 시작했다. 밀너는 자신이 잘못된 측에 있으며 그의 결투 당사자가 분명 공격자라는 사실을 알고 있었다. 따라서 밀너는 자신이 적어도 최악의 경우가 발생했을 때 우호적인 해결을 시도했다는 증거를 가질 필요가 있었다. 밀너는 "우리가 합의에 이를 것 같지도 않고 문제가 심각해질 것 같았기 때문에 일어났던 일을 비망록으로 작성해 나의 이름으로 그것에 서명했다"고 회상하고 있다. 밀너는 그 문서를 밀리에게 건넸고 밀리는 그것이 애기되었던 것을 정확하게 설명하고 있다는 사실에 동의하고 자신의 이름으로 서명했다.

결투를 피하기 위한 어떤 주장도 끝이 났기 때문에 밀리와 밀너는 세부 사항들 특히 결투를 벌일 장소에 대해 논쟁하기 시작했다. 밀리는 "결투 장소를 선택할 권리에 대해 격렬한 논쟁이 벌어졌다"고 말했다. 데이비드는 이미 키르컬디에서 몇 마일 떨어진 토베인 인근의 적합하게 외떨어진 장소에서 결투하기로 선택했었다. 이는 당시의 규칙과 일치하고 있다. "결투 장소는 사람들이 붐비는 곳이나 최근 이러한 목적으로 사람들이 자주 찾는 곳으로 이용된 지역에서 떨어져 있는 곳이어야 한다." 하지만 밀너는 결투 신청을 받은 사람의 입회인으로서 결투 장소를 정할 권리는 자기에게 있다고 주장했다. 일부 결투 규칙은 밀너의 주장에 일치하지만 또 다른 결투 규칙들은 다른 주장을 하고 있다. 1820년대엔 모순된 주장을 하고 있는 많은 결투 규칙서들이 존재하고 있었다.

밀리는 토베인이 문제가 되는 이유를 물었고 밀너는 그곳은 "키르컬디에서 너무 멀리 떨어져 있다"고 대답했다. 밀리는 데이비드가 "은밀한 곳이라는 이유 이외에 결투 신청서에 언급된 장소를 특별히 선호할 이유는 없다"고 말하고 밀너에게 어떤 장소를 고려하고 있느냐고 물었다. 밀너 중위는 "편리하게 키르컬디에 더 인접해 있는 곳을 원하고" 있으며 "더 적절한 장소"로 도시 뒤편에 있는 미스터 더글러스 공원을 제안했다.

윌리엄 밀리에게 이것은 무리한 요구였다. "맙소사, 밀너 씨" 그가 외쳤다. "그 공원의 상황에 대해 알고 계십니까? 그곳은 세탁하는 여인들이 아침부터 저녁까지 오가는 공공 세탁 잔디밭으로 권총 사거리 내에 있습니다. 왜 차라리 조지 여관 앞에서 결투를 하시죠!" 밀리는 더 이상의 이야기는 통하지 않는다고 생각했다. 밀리는 밀너 중위에게 그가 결투 신청서에 기재된 장소에 동의하지 않는다면 자신은 그의 반대를 "사소하고 회피적인 것"으로 생각하겠다고 말했다. 이것은 "밀너를 다소 화나게 했으며" 밀너는 험악한 훈계로 밀리에게 "말 조심 해야 할 거요"라고 경고했다. 밀리는 밀너 자신이 결투를 하도록 도발하고 싶지는 않았기 때문에 일어나 외투와 모자를 들며 밀너에게 내일 아침 약속된 장소와 시간에 만나자고 말하고 "밀너의 사소한 반대에 몹시 화가 나" 자리를 떠났다. 다소 당황한 밀너 중위는 그를 쫓아 계단을 뛰어내려 갔다. 그는 "밀리 씨, 할 말이 있습니다"라고 외쳤다. 밀리는 고개를 돌려 자신은 더 이상 할 말이 없다고 말했다. 하지만 밀너는 여관 문 앞까지 밀리를 따라 나왔다. 밀리는 그에게 여기는 그런 문제를 얘기할 곳이 아니라고 말하며 그만두라고 요청했지만 밀너는 웨이터에게 모자를 가져오라고 말하고 밀리를 따라 거리로 나섰다. 밀리는 "그는 잠시 나와 함께 거리를 걸으며 몇 가지 사소한 반대들을 늘어놓았다. 내가 생각하기엔 모두 결투를 지연시키기 위한 핑계처럼 여겨졌다. 나는 그에게 온 시민이 알게 하고 싶지 않으면 손에 든 문서를 넣으라고 말하고 다시 결투 신청서에 기재된 시간과 장소에서 만나자고 요청했다"고 회상했다. 밀너는 조용히 고개를 끄덕였다. 밀리는 "좋은 밤 보내시오, 내일 다시 뵙겠습니다"라고 말하고 어둠 속으로 사라졌다.

결투 규칙에 대한 입회인들의 혼란과 자기 행동의 정당성에 대한 그들의 불확실성은 1820년대 결투의 시대가 쇠퇴하고 있다는 또 다른 작은 징후를 보여주는 것이다. 그 이전에 두 명의 결투 당사자들은 자기들도 모르게 같은 혼란을 겪고 있다. 데이비드 랜달의 의혹, 끊임없이 친구들에게 자신의 결정에 대해 상의할 그의 필요성, 그에게 권총이 없었다는 사실 등…… 이 모든 것은 그가 결투를 분쟁의 당연한 결과라고 생각하지 않는 사람이라는 사실을 보여주고 있다. 허세를 부리긴 했지만 분명한 모욕을 받은 직후 데이비드에게 결투 신청을 하지 않은 조지 모건과 그의 법에 대한 무지는 결투를 꺼리고 있음을 드러내고 있다. 20년 전엔 당연히 피할 수 없었던 결투였을 것이다. 그리고 결투가 있기 전인

이날 윌리엄 밀리는 자신도 결투 규칙에 익숙하지 않은 마지못한 입회인이라는 점을 보여주고 있다. 또한 밀너 중위는 분명 결투 경험이 있었지만 결투의 부당성을 아주 잘 알고 있었기 때문에 일단 결투의 총성이 사라지자 스스로를 변호하기 위해 모든 것을 기록하고 있다. 한때 보편적으로 받아들여졌던 결투는 더 이상 그다지 환영받지 못했다. 결투의 사회적 정당성이 사라지기 시작했고 그 같은 경향은 표현된 모든 의혹들에서 입증되고 있다.

하지만 결투가 일어나야 한다는 사실에 만족한 듯 보이는 한 사람 있었는데, 이상하게도 그 사람은 조지 모건의 형이었다. 데이비드 랜달이 에딘버러의 스코틀랜드 은행에 보낸 편지 내용에 대해 조지가 무척 분노했다는 것을 데이비드 모건은 잘 알고 있었다. 그는 조지가 데이비드 랜달과 결투하고 싶어 한다는 사실을 알고 있었고 사실상 자신들이 그 편지의 내용을 알게 된 직후 결투 신청을 못하게 조지를 설득했었다. 하지만 결투가 임박한 것처럼 보이자 데이비드 모건은 결투를 막기 위해 아무런 일도 하지 않았다. 결투가 있기 전날 아침, 조지가 서점 밖에서 데이비드 랜달을 공격한 직후 데이비드 모건은 무슨 일이 있었는지 확인하기 위해 제임스 커밍을 보리왔다. 커밍은 이미 상점 안팎에 그 사건에 대해 간략한 내용을 써 붙였으며 그것을 데이비드 모건에게도 보낼 예정이었다. 하지만 종업원 중 한 명에게 편지를 전달하려 할 때 데이비드 모건이 문을 열고 들어온 것이다. 커밍은 그에게 읽어 보도록 편지를 건넸다. 데이비드는 머리를 흔들며 이렇게 말했다. "제임스 씨, 당신은 우리가 랜달 씨에게 어떤 일을 당했는지 모르고 있죠. 사건의 전말을 듣게 되면 조지가 한 행동을 이해하실 겁니다." 이어 잠시 말을 멈췄다 불길하게 말을 이었다. "어쩔 수 없군요, 조지는 군인으로서 그 문제를 처리하고 있는 셈입니다." 그날 늦게 데이비드 모건은 동생을 방문했다. 그가 후에 회상하듯 "동생 조지가 랜달 씨의 결투 신청서를 받고 결투를 받아들였다는 사실을 알게 되었다. 실제로 동생은 나에게 결투 신청서를 보여주었다." 하지만 결정적으로 조지는 데이비드에게 "어떤 경우에도 그 일을 발설하지 않겠다는 분명한 약속"을 하고 그 결투에 대해 이야기했다. 따라서 데이비드 모건은 "결투를 막기 위해 어떤 정보도 줄 수 없었다." 그는 후에 자신은 늘 "합의가 이루어질 것"으로 생각했다고 주장했다. 그리고 "데이비드 모건은 양측이 결투장으로 가고 있다는 사실을 알았을 때도 여전히 문제가 극단적인 해결방식에 의존하지 않고 해결될 것으로 생각하고 있었다." 지금은 이상해 보여도 데이비드 모건은 동생 조지가 '군인'으로서 이 문제를 해결하기로 결심했다는 사실을 알고 있었으며 동생이 목숨을 걸고 데이비드 랜달과 결투하는 것을 막기 위해 아무 일도 하지 않은 것처럼 보인다.

몇몇 사람들에게 결투 전날 밤은 서서히 두려움이 몰려오는 시간이었다. 결투자들은 분명 죽음이나 부상을 두려워했지만 그들은 무엇보다 실패를 두려워했다. 그것은 훌륭하게 행동하지 못하는 것이었다. 존슨의 전기 작가인 제임스 보스웰은 1776년 결투 전에 다음과 같이 기록하고 있다. "나의 가장 큰 불안은 나의 신경이나 그 밖의 것들이 내 영혼의 용기와 무관하게 위험의 느낌에 굴복하지나 않을까 염려하는 것으로 또한 두려워할까봐 두려운 것이다." 결투 규칙은 이런 감정을 인정하고 다양한 치유방법을 제시하고 있다. 『결투의 기술』을 쓴 익명의 저자는 가상의 결투자는 자신의 두려움과 정면으로 맞서야 한다고 믿었다. 결투자는 결투를 "익살스럽게" 취급하고 "모든 힘을 끌어올려 소심한 불안감에 대해 전쟁을 선포"해야 한다. 그렇게 하기 위해 여행자는 몇 가지 세부적인 충고를 제시하고 있다.

그 문제에 골몰하지 않으려면 친구들을 저녁에 초대해 술판을 벌이고 웃으며 그날 저녁을 보내야 한다. 카드를 좋아한다면 카드 게임을 하라. 하지만 지나치게 과음하거나 기분을 언짢게 하는 음식을 먹는 일은 조심스럽게 피해야 한다. 밤이 새도록 마음껏 술을 마신 사람은 아침에 일어나면 손이 떨리게 되기 때문에 많은 불쌍한 친구들이 결투 전날 폭음을 주의하지 않아 어려움을 겪는다. 남자가 용감하게 사자처럼 결투 장소로 걸어간다면 그것은 늘 상대의 열의를 주춤하게 한다. 하지만 총을 맞게 될 불쌍한 부랑자처럼 슬금슬금 다가선다면 그것은 상대편의 용기를 북돋워주게 되며 당연히 상대의 손을 더 안정되게 한다.

쉬려고 자리에 들어 자고 싶을 때 당혹스러운 이미지가 떠올라 불안하다면 어떤 재미있는 책을 읽게 하라. 믿을 만한 하인에게 5시에 깨워줄 것과 곧 일어날 수 있도록 진한 커피 한잔을 가져다 달라는 말을 남기고 낭만적인 것을 좋아하는 사람이라면 월터 스콧 경의 소설들 중 하나를, 숭고한 것을 즐긴다면 바이런의 『차일드 헤럴드의 편력』을 깊은 잠에 들 때까지 읽게 하라.

역사가인 케빈 맥알리어는 현실은 더 세속적이라고 믿었다. "점차 줄고 있는 시간은 일반적으로 사랑하는 사람에게 작별 편지를 쓰고, 친구들에게 마지막 소망을 전하며, 유언장을 작성하고 일반적으로 사후의 편지와 문서로 위태로워지는 일이 없도록 자신의 문제를 정리하는 따위의 우울한 일을 하며 보내게 된다."

하지만 일부 사상의 결투자들은 공포에 용감히 맞설 수 없다. 프랑스 작가이자 빈번하게 결투를 했던 기이 드 모파상은 결투 전날 밤 결투자가 어떻게 느끼는지에 대해 소설가들 중 가장 분명하게 묘사하고 있는 작가들 중 한 명이다. 그의 단편 소설 『겁쟁이』에서 그는 자신이 죽음에 직면해 두려움을 보이지나 않을까 하는 두려움으로 괴로워하며 결투 전날 밤 집에 홀로 앉아 있는 젊은 귀족에 대한 이야기를 하고 있다. "잠시 가라앉았던 그의 동요가 이제 매순간 커지고 있었다. 팔과 다리 그리고 가슴에서 계속되는 불안 때문에 일종의 떨림을 느낄 수 있다. 그는 서거나 앉아 있을 수 없었다. 입안에 침이 마르고 매 순간 입천장에서 혀를 떼듯이 혀를 분주하게 놀렸다." 편지를 써보기도 하고 책을 읽어보기도 했으며 럼주 한 병을 들이켜 보기도 했지만 별 도움이 되지 않았다. 이어 권총을 잡자 손이 억제할 수 없을 정도로 떨렸다.

그는 총구를 바라보았다. 그것은 죽음을 뱉어내는 작고 깊은 검은 구멍이었다. 그는 불명예, 클럽에서의 속삭임, 거실에서의 조소, 여자들의 경멸, 변죽을 울리는 신문, 면전에서 가해지는 겁쟁이라는 모욕에 대해 생각하고 있었다. 그는 여전히 무기를 바라보고 있었다. 공이치기를 당기자 이내 붉고 작은 불꽃처럼 아래쪽에 있는 빛나는 약실 뇌관이 보였다. 우연하게도 부주의하게 권총은 이미 장전되어 있었다. 그리고 총알이 장전되어 있다는 사실을 발견하고 그는 어떤 형용할 수 없는 기쁨을 느꼈다. 상대를 맞이할 때 요구되는 침착하고 고귀한 행동거지를 보이지 못한다면 영원히 파멸당할 수 있을 것이다. 명예는 더럽혀지고 수치스러운 흔적으로 낙인찍혀 사회에서 추방당하게 될 것이다! 또한 그 같은 침착하고 용감한 태도는 그가 갖지 못하게 될 어떤 것이었다. 그는 그 점을 알고 있었고 느끼고 있었다. 하지만 그는 겁쟁이는 아니었다. 왜냐하면…… 형체를 알 수 없는 생각들이 떠올랐다. 그때 입을 벌린 그가 갑자기 권총의 총구를 목구멍 속으로 밀어 넣고 방아쇠를 당겼다.……총성을 듣고 그의 시종이 달려

왔을 때 시종은 엎어진 채 죽어 있는 그를 발견했다. 테이블 위의 흰 종이에 핏줄기가 뿌려져 다음과 같은 4마디 아래에 커다랗게 붉은 얼룩을 남기고 있었다. "이것이 나의 마지막 유언이다."

조지 모건은 그다지 두려워하지는 않았다. 하지만 그는 분명 불안해하고 있었다. 두 명의 입회인들이 여관에서 논쟁을 벌이고 있는 동안 조지는 자기 집 밖에서 거리를 오르내리고 있었다. 헨리 브라운 우드 대위에 따르면 그는 "몹시 흥분해 있었다." 조지의 친구이자 피프쉐어 국민군 동료 장교인 우드는 에딘버러에서 키르컬디 북서쪽으로 몇 마일 떨어진 도시인 쿠파트의 자기 집으로 가는 길에 조지 모건과 우연히 마주쳤다. 조지가 우드에게 임박한 결투의 전말을 이야기하자 그는 그것을 "불쾌한 일"이라고 묘사했으며 우드는 친구가 데이비드 랜달을 어떻게 구타했는지에 대해 들을 때까지 호의적이었다. 그러나 구타 이야기를 듣고는 조지가 아주 불안하게도 그는 "큰일이군, 안됐네"라고 큰 소리로 말했다. 조지는 "어떻게야 할까?"라고 호소하듯 물었다. "그가 그런 모욕적인 편지를 써 보낸 후 어쩔 수 없었네." 조지의 행동엔 찬성할 수 없었지만 우드는 밀너 중위가 돌아올 때까지 기꺼이 함께 있어주겠다고 말했다. 그것은 맹목적인 태도이거나 익숙한 군인의 전우애일 수도 있지만 밀너가 돌아오기 전까지 조지는 좀더 자신을 느끼고 싶었다. 그는 우드 대위에게 작별인사를 하고 분명하게 다음날 저녁 식사에 그를 초대했다. 대위는 그의 초대가 조지가 아직 분쟁이 평화롭게 해결될 수 있으리라 기대하고 있다는 것을 의미한다고 생각했다. 하지만 조지는 분명 결투에서 살아남는 사람은 자신일 것이라는 사실을 과시하려는 의도로 그를 초대했다.

데이비드 랜달은 어떤 두려움을 느끼기는 했지만 내색을 하지는 않았다. 그는 결투 전날 저녁 세인트 마리의 자기 서재에 앉아 "차분히 자신의 책과 서류들을 정리하고 이튿날 더 두려운 가능성에 대비해 자신의 일들을 기록하며 보냈다." 친구인 로버트 스토크가 찾아와 술을 마시긴 했지만 이상하게도 데이비드는 조지의 공격이나 다음날 아침으로 예정된 결투에 대해서는 이야기하지 않았다. "데이비드 랜달은 일 때문에 에딘버러에 다녀왔다고 말했지만 그 일이 무엇인지 공격을 받은 일과 결투 신청서를 보낸 사실에 대해서는 한마디도 언급하지 않았고 그의 태도에서 그 문제가 그 정도로 진척되었는지는 발견할 수 없었다." 데이비드 랜달은 다른 친한 친구인 제임스 에이턴에게도 아무런 말을 하지 않았다. 때문에 그는 결투가 일어나고 나서야 결투에 대해 알게 되었다. 그날 저녁 늦게 윌리엄 밀러는 잠깐 들러 밀너 중위가 조지 여관에서 했던 이야기를 그에게 전했다. 데이비드는 자신의 입회인에게 밀너의 상호 사과 제안을 거부할 권리가 있다고 말했다. 다시 홀로 남게 된 데이비드는 계속해서 편지를 썼다.

데이비드 랜달의 가장 상세한 지시는 친구이자 토지 관리인인 존 앤더슨에게 보내는 것이었다. 그것은 침착하고 균형 잡혔으며 극히 냉정한 편지로 일어날 수 있는 모든 사태에 대비한 것이었다. 그는 "친애하는 존"에게 편지를 쓰고 있다. "흔히 말하듯 명예에 대한 문제로 내일 조지 모건을 만나기로 했네⋯⋯귀중한 서류들이 모두 보관되어 있는 나의 사물 상자 열쇠는 나의 주머니에 있을 걸세. 자네는 그것들을 유언 지정 집행인이자 해야 할 일을 잘 알고 있는 에이턴 씨에게 넘기는 것이 좋을 걸세. 유언장은 그곳에 보관되어 있으며 내가 죽게 될 경우 나의 관재인들에게 권고하는 내용을 담은 편지도 그곳에 보관되어 있네." 데이비드 랜달은 자기 재산에 대한 권리들이 "다소 혼란스럽게 위임되어 있다는 사실이 유감스럽긴 하지만 권리가 있는 사람들은 쉽게 정리될 수 있는 것이네. 나의 개인 원장이 회사의 원장과 마지막 대조를 위해 현재까지 기록될 필요가 있을 걸세. 동생이 인도에서 돌아올 때까지 관재인의 도움을 받아 일을 신중히 처리해 줄 것으로 믿네." 그의 동생 알렉산더는 아직 뱅갈에 살고 있었다.

하지만 데이비드는 다른 결과에 대해서도 준비하고 있었다. "모건을 죽였을 경우 나는 즉시 글래스고우로 향할 것이네. 나의 검은색 롱코트, 겉옷, 바지, 긴 셔츠 몇 장, 넥타이, 실내복, 목이 긴 구두와 단화 따위를 여행용 가방에 싸서 글래스고우 와인 도매상인 존 스트랭 사에 부쳐 주게." 발각될 위험을 최소화하기 위해 데이비드는 이 여행용 가방을 소포 꾸러미로 싸 라이스에서 우편마차에 실을 때 주소를 붙여야 한다고 지시했다. 그는 "조심해서 소포를 전달하는 것 이외에 무슨 일이 있는지" 자신에게 알려주도록 앤더슨에게 편지를 써달라고 요청했다. 그에 그치지 않고 데이비드는 시간을 내 마지막으로 몇 가지 사업상의 지시를 내리고 있다. "9월까지 앤트워프 나무껍질을 사거나 주문하지 말고 케이 씨가 어음을 발행하려 하지 않으면 그에게 내가 500파운드의 외상 판매를 한 킨로크 & 선에 대해 평가하도록 하게. J. H & 선이 직접 가격을 정하는 것 이외에 토지 100에이커 당 6실링만 지급하게."

그것은 주목할 만한 편지였다. 데이비드는 죽음이나 탈출을 별 차이 없이 침착하게 준비했다. 그의 어조에 두려움은 없으며 결과에 관계없이 단지 자신이 하는 일이 옳다고 받아 들이고 있을 뿐이다. 결투는 정점으로 치닫고 있었지만 데이비드는 수세기에 걸쳐 비슷한 경로를 따랐던 무수히 많은 다른 사람들과 같은 느낌을 느끼고 있었다. 무엇보다 그는 자신이 하고 있는 일이 사회와 신이 보는 관점에서 정당하다고 생각했다. 일부 기독교인들에게 그 같은 느낌은 당혹스러울 것이다. 분명 결투는 살인하지 말라는 모세의 계명을 위반하고 있다. 그는 고통과 겸양, 왼쪽 뺨을 때리면 오른쪽 뺨도 내밀라는 그리스도의 가르침을 무시하고 있는 것이다. 그리고 그는 분명하게 복수가 오로지 전능한 분만의 일이라고 믿지는 않았다. 일부 결투자들은 이 같은 명백한 역설을 인정하고 있다. 1783년 결투 전날 밤, 육군 중장 토머스라는 영국 장교는 유언장에 다음과 같이 쓰고 있다. "전능하신 하느님, 제가 해야만 하는 불경한 처신(이 사악한 세계의 부당한 관습에 부응해)에 자비와 용서를 빌며 당신께 저의 영혼을 맡깁니다." 그는 당연히 다음날 아침 아주 조심했지만 치명적인 부상을 당했다. 하지만 결투를 하는 대부분의 기독교인들은 양심의 가책을 느끼지 않았다. 그들은 결투는 살인이 아니며 성경이 자기 방어를 인정하고 있다고 믿고 있었고 『영국의 결투 규칙』은 "진정한 기독교인의 자질은 어떤 신사의 인격을 형성하는 본질적인 것과 같다"고 말하고 있다. 결투 전날 밤 데이비드 랜달도 그렇게 믿고 있었다. 그는 존 앤더슨에게 "내가 쓰러지더라도 애통해하지 말아 주시오. 나는 하느님 앞에 내가 기독교인이자 존경할만한 사회 구성원으로서 나의 의무를 다하고 있다는 사실을 확신하고 있기 때문입니다."

5
결투

...

한 발자국이 30인치도 안 되는 10걸음을 늘 최소한으로 하며 입회인은 화해를 얻어내기 위해 다시 한번 최후의 노력을 해보지 않고 결투 당사자에게 장전된 총을 전달해서는 안 된다. 이러한 노력이 무위로 돌아가고 부상이 치명적인 것처럼 보이면 양측은 용서를 표하지 않고 헤어져서는 안 된다.

익명, 『영국의 결투 규칙』, 1824

...

"이상하게 귀에 거슬리는 신속한 소리를 낸다,
그것은 권총을 장전하는 소리다, 그때 당신은 알고 있다.
잠시 후 12야드 정도 떨어져 있는 상대를 향해
조준을 한다."

바이런 경, 『돈 주앙』, 캔토 5막

키르컬디 외곽의 서북쪽 도로는 주택 단지, 주유소와 잡화점의 소란스러움을 가로지르는 언덕을 완만하게 감아 오르고 있다. 그곳은 낮에는 출퇴근으로 교통 혼잡이 반복되고 밤이면 청소년들의 자동차 경주가 펼쳐지는 확대일로의 전형적인 스코틀랜드 소도시의 면모를 보여주고 있다. 도시와 농촌 공동체가 혼재되어 새로운 정체성을 확립하려 노력하고 있다. 그 끝 쪽으로 달리면 피프를 포스 브리지 및 세계의 다른 지역과 연결해주는 고속도로에 이르게 된다. 하지만 서둘러 많은 것을 보려하지 않고 좀 더 여유를 갖고 여행을 떠난 사람이라면 왼쪽에 인접한 작은 도로를 주목하게 될 것이다. 토베인에 이르는 이 길에서 여행자는 생각보다 더 갑작스럽게 도시에서 벗어나게 된다. 곧 변두리가 이어지고 새로운 목초지를 찾아 사람과 개가 모는 양떼 때문에 멈춰서야 할 것이다. 길은 골짜기를 따라 서쪽으로 굽이치고 점차 높은 언덕의 습곡으로 들어간다. 몇 마일 지나면 토베인 숲으로 사라지

193

는 오른쪽으로 가는 어두운 길이 나타난다. 이 길은 견고한 철문으로 막혀 있지만 결의가 굳은 여행자라면 도보로 계속 걸어 갈 수 있다. 커다란 자작나무와 흔들리는 전나무 사이로 걷다보면 피프의 두터운 진흙이 장화에 들러붙는다. 끊임없이 수로를 따라 콸콸 흐르는 빗물은 너무 불어 개울이 될 징후를 보인다. 그곳은 지역주민들이 발각당할 위험 없이 쓰레기를 버리고 차에 불을 지를 수 있다고 느끼는 어둡고 축축한 장소다. 하지만 조금만 더 걷다보면 바퀴자국투성이의 길이 갑자기 솟아올라 있고, 두 개의 들판이 북쪽으로 뻗을 때 다시 한 번 사람이 지날 수 없는 울창한 조림지 끝과 지평선이 나타난다. 왼쪽에는 굶주린 까마귀들이 쪼아 대는 물에 젖은 그루터기가 있고 오른쪽에는 쇠똥과 지표의 물로 개간되지 않은 풀밭이 축축하게 펼쳐져 있다. 멀리서 오칠 Ochil 언덕들을 볼 수도 있다. 다만 거주하는 사람은 한 사람도 볼 수 없다. 앞의 위쪽에 농장이 있긴 하지만 언덕의 가장자리에 가려 보이지 않는다. 그 농장은 키르컬디에서 불과 몇 마일 떨어져 있을 수도 있지만 반대로 백마일 떨어져 있을지도 모른다. 그때 무엇인가 눈에 띈다. 오른쪽엔 시멘트가 대충 발려진 1피트 높이의 돌무덤이 길 옆에 잔디와 가시덤불 속에 가려져 있다. 그 한가운데 수수한 기념 명판이 단단히 고정되어 있다. "이 근처에서 스코틀랜드의 마지막 결투가 1826년 8월 23일 벌어졌다."

결투의 목적은 총을 맞지 않고 상대를 쏘는 것이다. 이처럼 자명한 이치는 결투 전문가들이 충고하고 있는 모든 결투 기술에 강조되고 있다. 다른 무엇보다도 우선시되는 규칙은 여행자가 『결투의 기술』에서 설명하고 있듯이 가급적 작은 목표물이 되는 것이다. 그는 "상대를 향해 몸을 돌리는 문제에 주의함으로써 결투에서 위험을 상당히 줄일 수 있을 것이다"라고 쓰고 있다. "나는 종종 상대에게 정면으로 서서 아주 불필요하게 자신을 노출하는 미숙하고 경험이 없는 친구들을 본다.……그는 결투 법이 요구하는 것보다 총구에 훨씬 더 큰 목표물이 됨으로써 당연히 자신을 훨씬 더 큰 위험에 처하게 한다." 따라서 당연히 어떻게 해야 할지 설명하고 있다.

　　결투자는 제 자리에서 자신의 목표 대상과 일직선상에 오른쪽과 왼쪽 어깨를 일치시킨 상태로 서 있어야 한다. 고개는 오른쪽으로 돌리고 눈은 대상에 고정해야 한다. 발은 거의 가깝게 모아야 하고 왼팔은 내리고 오른손으로 총을 잡고 발에서 가까운 지면으로 총구를 향하게 한다. 어깨는 충분히 젖힌 채 배는 다소 집어넣는다. 이어 자신이 안정된 위치를 잡고 있는지 확인하기 위해 두세 번 발로 땅을 굴러 본다. 오른팔을 서서히 들어 올리고 팔굽을 굽힌 채 권총을 목표물과 일직선상에 놓는다. 팔을 어깨와 허리에 가까운 팔굽 사이에 위치시키고 근육에 힘을 주어 가급적 가슴이 많은 근육으로 덮이게 하라.

아브라함 보스케트도 신사가 자신의 아래쪽 부위를 보호하는 방법에 대해 신중하게 충고하고 있다. "배의 더 아래쪽 끝을 보호하거나 감쌀 수 있도록 오른쪽 엉덩이를 약간 뒤틀어야 한다." 권총 그 자체는 총알에 대한 방어 수단으로 사용되어야 한다. 권총 손잡이가 깨어지거나 손이 접질리는 것이 치명적인 부상보다는 낫다. 1837년 펜실바니아의 브라운빌에서 베너 앤더슨이라는 남자는 자신의 권총 때문에 근접거리에서의 결투에서 살아남았다. "화기의 가장 특이한 장난들 중 하나로 상대편의 총알이 앤더슨 권총 총구에 박혔고 반면 앤더슨의 총알은 상대편의 가슴에 박혔다. 그는 세 시간 후 숨을 거두었다." 동시에 결투자는 주의해야 한다. 많은 사람들이 총상이 아니라 산산이 부서진 자신들의 권총 파편으로 인한 부상 때문에 죽었다.

현대 텔레비전 드라마에서 경찰들이 선호하는 다리를 벌리고 정면을 향한 채 두 손으로 권총을 움켜쥔 자세와는 크게 대비된다. 결투자들은 가급적 작은 목표물이 되도록 옆으로 서며 가급적 많은 중요 기관들을 보호하기 위해 팔을 굽힌 채 권총을 잡는다. 옆으로 서는 것의 불리한 점은 총알을 맞았을 때 그 총알이 한 개 기관 이상을 관통하게 된다는 사실뿐이었냐. 휘그 당 정치인이었던 찰스 제임스 폭스 같은 일부 사람들에겐 선택의 여지가 없었다. 1779년 그는 의회 연설에 대한 논쟁 끝에 윌리엄 애덤이라는 국회의원과 결투를 한다. 입회인은 "눈에 띄게 살이 쪄 비만이었던" 폭스에게 "옆으로 서야 한다"고 충고했다. 폭스는 그의 충고에

"상관없어, 다른 것처럼 뚱뚱하다는 것도 나의 조건이니까"라고 답했다. 하지만 "뚱뚱하다는 사실"은 폭스에게 불리하게 작용했으며 그는 가슴에 부상을 입었다. 다행히도 경미한 부상이었다.

결투에서 크기는 중요하다. 몸집이 작은 결투자에겐 분명한 이점이 있으며 이 같은 이점은 뚱뚱한 군인과 난쟁이 사이에서 벌어졌던 가장 기상천외한 결투로 입증될 수 있을 것이다. 제프리 허드슨은 찰스 1세를 위한 파티에서 벌어진 이벤트로 큰 파이에서 나타남으로써 왕실에서 일하게 된다. 당시 그는 버킹검 공작에게 소속되어 있었지만 찰스의 15살짜리 왕비 헨리에타 마리아는 이 작은 남자가 무척 마음에 들어 왕실에서 일할 것을 고집했다. 그녀는 그를 미니무스 경이라 불렀고 찰스는 그를 왕실 군대의 대위로 임명하고 반 다이크에게 그의 초상화를 그리게 했다. 허드슨은 자연스럽게 많은 농담의 대상이 되기는 했지만 자부심이 강한 사람이었다. 어느 날 찰스 크로프트라는 젊은 장교가 도를 넘어섰다. 그는 수칠면조와의 싸움에서 도망친 데 대해 허드슨을 몹시 놀려댔다. 허드슨에게 이것은 도를 넘어선 것이었고 그는 크로프트에게 결투 신청을 했다. 그는 허드슨이 농담을 하는 것으로 생각하고 물총을 들고 나타났다. 하지만 난쟁이는 진지했으며 말을 타고 진짜 권총으로 결투할 것을 요구했다. 이는 영리한 제안이었다. 이 같은 결투는 높이의 차이가 허드슨에게 유리할 뿐 아니라 말에게 과중한 부담을 주기 때문에 뚱뚱한 상대의 움직임을 느리게 할 수 있었다. 상대적으로 18인치 난쟁이는 작은 목표물로 움직이고 있었기 때문에 훨씬 더 맞추기 어려웠다. 결국 허드슨이 총으로 상대의 심장을 관통해 사망하게 했다는 사실은 그다지 놀랄 일도 아니었다. 불행하게도 허드슨의 행운은 이것으로 끝을 맺는다. 그는 왕실의 거부감을 초래해 추방된 후 북아프리카 회교 지역 해적들에게 생포되어 이후 25년간 북아프리카의 감옥에서 보내게 된다. 허드슨은 결국 탈출해 고향 러틀랜드에 칩거했고 그곳 주민들은 아직도 그에게 경의를 표해 그의 이름이 붙여진 맥주를 마시고 있다.

작은 몸집이나 옆으로 서는 것 그리고 팔을 구부리고 조준하는 것이 최선의 방어 방법이라면 결투자가 자신의 목표물을 맞추는 최선의 방법은 무엇일까? 여행자에 따르면 그 해답은 바로 조준에 있었다. 결투자는 일반적으로 사람이 아니라 그 몸의 고정된 지점을 겨누어야 한다. 그는 "예를 들어 어떤 사람을 조준할 때 외투에 있는 금박 단추들 중 하나를 잘 겨누어야 한다"고 기록하고 있다. "어떤 작은 목표물을 겨누지 않는다면 결코 정확하게 총을 쏠 수 없다. 어떤 사람을 맞추고자 한다면 십중팔구는 빗맞게 될 것이다. 하지만 외투 단추들 중 하나를 조준한다면 괜찮은 사수일 경우 총알은 거의 정확하게 조준한 지점 주위의 2인치나 3인치 반경 내를 관통하게 된다." 여행자에 의하면 결투자가 자신을 보호하기 위해선 상대가 조준할 수 있는 분명한 대상을 찾지 못하도록 "이런 경우 검은 외투"를 입어야 한다고 권고하고 있다.

방아쇠를 당길 순간이 되었을 때, "냉정하고 침착하게 그리

고 흔들리지 않게 총알이 적절한 지점에 갈 수 있도록 하는 데에
만 생각을 집중해야 한다. 지시가 내려질 때 방아쇠를 조심스럽게
당기고 손이나 팔의 근육이 움직이지 않도록 해야 하며 손가락만
움직여 적당한 힘으로 권총을 발사해야 한다." 조셉 콘래드의 지
적처럼 무엇보다 결투자는 집중력을 필요로 한다. "명예에 대한
예찬 의식으로 받아들여지든 혹은 그 도덕적 본질이 일종의 남성
적 스포츠로 축소되든 결투는 살인의 준엄한 마음가짐인 완벽히
초지일관된 의지를 요구한다."

　길버트 가너는 즐겁지 않았다. 그는 지쳐 있었고 그의 말들도
지쳐 있었다. 그들 모두는 평소보다 늦게까지 누워있을 수 있었
다. 하지만 새벽 5시 어기적거리며 마구간으로 내려가면서 눈을
비벼 잠을 깨웠다. 28살의 마부는 거의 100마일 떨어져 있는 스
코틀랜드 반대편 라그스로부터 오랜 여행 끝에 8월 23일 수요일
아침 일찍 키르컬디의 조지 여관으로 되돌아왔다. 그는 기진맥진
해 지난 7년간 자신을 고용한 헬렌 맥그레이션이 회복할 수 있도
록 시간을 좀 주었으면 했다. 하지만 그가 여관 뒤를 돌아 마당으
로 마차를 몰았을 때 그 같은 바람은 곧 사라졌다. 가너는 후에
"웨이터인 존 맥켈비에게 윌리엄 밀너 씨께서 그날 아침 6시에
마차를 준비해 줄 것을 주문했다는 소리를 들었습니다"라고 회상
했다. "처음엔 말들이 지쳐 있었기 때문에 가기를 거부했습니다.
하지만 새벽 5시 경 마차를 준비하는 것을 돕기 위해 마구간으로

갔을 때 다른 기수장들의 말들이 급히 떠났기 때문에 제가 준비하지 않을 수 없었습니다." 마지못해 길버트 가너는 자신의 말들을 준비했다. 그날 아침 자신의 목적지를 알고 있었다면 그는 훨씬 더 가기를 꺼려했었을 것이다.

도심지를 가로지른 곳에서는 또 다른 마부가 침대에서 코를 골며 자고 있었다. 존 메이슨은 일찍 일어나야 한다는 것을 알고 있었지만 그는 여관 주인 제임스 테이트의 개인 마부로 일하고 있는 크로스 키 선술집의 자기 방에서 깊은 잠에 빠져 있었다. 오전 5시 40분 누군가 그를 거칠게 흔들어 깨우며 닥터 알렉산더 스미스 씨가 도착해 마차를 찾고 있다고 말했다. 19살의 마부는 투덜대며 옷을 걸쳐 입고 자신의 말들을 깨웠다. 그 역시 그날 아침 자신의 일이 무엇인지 모르고 있었다. 알았더라면 그 역시 잠을 더 자는 쪽으로 택했을 것이다.

데이비드 랜달은 쉽게 잠에서 깨어났다. 우리는 그가 뜬 눈으로 밤을 새웠는지 아니며 편안하게 깊은 잠을 잘 수 있었는지 알 수 없다. 우리가 아는 것은 그의 친구이자 입회인인 윌리엄 밀리가 오전 6시 세인트 마리에서 그를 마차에 태우려 도착했을 때 "데이비드 랜달은 준비하고 있었다"는 사실이다. 데이비드가 결투를 준비하기 위해 무슨 일을 했는지에 대한 기록은 존재하지 않는다. 그는 기도를 하고 약간의 요기 후 자기 문서들을 분류하는 일을 끝마쳤을 것이다. 여행자는 데이비드 같은 결투자가 결투를 어떻게 준비해야 하는지에 대해 분명한 견해를 갖고 있었다. 『결투의 기술』은 "일어나면 곧 커피를 마시고 그에 곁들여 비스킷을 먹게 하라"고 충고하고 있다. "이어 세수를 하고 찬물로 눈을 씻게 하라……비스킷과 커피 한 잔 이상은 먹지 말라고 충고한다. 아침을 배불리 먹는 것은 잘못이다. 나처럼 영국인들은 구운 쇠고기를 포식하지 않으면 어떤 일도 제대로 할 수 없다는 이탈리아인들의 견해에 동의하지 않는다. 소화 기관은 6시나 7시처럼 비정상적인 시간에는 음식물을 받아들일 준비가 거의 되어 있지 않으며 결국 뇌는 건강하지 못한 유독한 소화과정 때문에 중압감을 받게 될 것이다." 어떤 결투자들은 약간 낙관적으로 결투 전의 단식으로 생명을 구할 수도 있다고 믿는다. 1852년 해리 드 컬시라는 미국 신문 편집인은 결투 중 위에 총상을 당했지만 놀랍게도 완전히 회복되었다. 또 다른 신문인으로 에드 켐블이라는 그의 입회인은 그 같은 명백한 기적을 후에 다음과 같이 설명하고 있다. "결투 조건에 대한 '이틀간'의 협상 중 해리 드 컬시를 방에 감금하고 아주 오랜 시간의 간격을 두고 약간의 차와 토스트만 먹게 했다. 결국 그는 위가 빈 상태로 결투장으로 갔고 총알이 어떤 내장도 손상시키지 않고 그것들 사이를 관통했다. 켐블의 배려가 해리의 생명을 구했으며 해리는 곧 회복되어 이후 수년 동안 아주 건강하게 살았다."

여행자는 결투자들에게 공복 상태에서 담배를 피우고 "결혼했으면 아내나 아이들을 불안하게 하지 말라"고 권하고 있다. 분명 데이비드 랜달은 가족들을 깨우지 않기 위해 최선을 다했다.

닥터 스미스가 세인트 마리에 도착해 데이비드에게 마차가 준비되었다고 말했을 때 그는 정문 밖에 조용히 서서 떠날 준비를 하고 있는 결투 당사자와 입회인을 발견했다. 데이비드는 닥터 스미스에게 여관으로 돌아가 코얼 윈드에서 자신들을 태울 마차를 구하라고 말했다. 코얼 윈드는 걸어서 10분 정도 걸리는 곳으로 덜 커덕거리는 마차 소리나 말발굽 소리가 집까지 시끄럽게 울리지 않았다. 어쨌든 데이비드와 밀리는 뒤쪽의 정원 문을 통해 은밀하게 집에서 나갔다. 덕분에 세인트 마리에서 아무도 모르게 출발할 수 있었을 뿐 아니라 하이 스트리트를 걷지 않을 수 있었다. 하이 스트리트를 걸어야 했다면 그들은 누군가를 만나 그렇게 이른 시간에 나온 이유를 설명해야 했을 것이다. 대신 그들은 눈에 띄지 않고 뒤쪽의 거리를 걸으며 탄갱부들의 오두막, 교회 부속지와 새로운 채석장을 지나갔다. 그 동안 그들이 누구의 눈에도 띄지 않은 것은 아니었다. 많은 세월이 지난 후(1907년 5월 11일) 「피프쉐어 애드버타이저」의 어떤 투고자는 "콜리에 로우에 살고 있는 어떤 광부가 물통을 채우기 위해 우물로 가던 중 집에서 나오는 랜달 씨와 밀리 씨를 만났다"고 회상하고 있다. "그들이 정원 문을 열어 둔 채 가버린 것을 보고 나서 그는 자신의 물통에 물 대신 랜달 씨의 사과로 채웠다." 과일을 도둑맞았다는 사실을 모른 채 데이비드는 윌리엄 밀리와 함께 키르컬디의 정적이 싸인 거리를 조용히 걸어갔다. 크로스 키로 되돌아온 닥터 스미스는 존 메이슨이 말과 마차를 준비하고 기다리고 있는 것을 보았다. 그들은 거리를 달려 합의된 약속 장소인 코얼 윈드 고개로 마차를 몰았고 데이비드와 밀리가 기다리고 있었다. 입회인인 밀리는 여행 가방처럼 보이는 것을 들고 있었다. 메이슨은 '손을 들어올리고' 마차를 멈추었다. 두 남자가 마차에 타자 마차가 출발했다.

조지 모건은 이미 결투 장소로 가는 중이었다. 그의 입회인인 윌리엄 밀너 중위는 6시 경 모건의 집에 도착했고 조지는 일어나 준비하고 있었다. 그들은 조용히 조지 여관으로 걸어 내려왔고 잠에서 덜 깬 길버트 가너가 지친 말들과 마차를 챙겨 기다리고 있었다. 밀너는 조지의 수발총이 담긴 견고한 마호가니 상자를 들고 있었다. 두 명의 남자가 마차에 타자 마차는 토베인으로 향하는 언덕을 올랐다. 조지는 이미 한참 전에 깨어 있었다. 그는 자신의 의사인 제임스 존스턴이 늦잠을 잘까 너무 걱정되어 새벽 5시에 그를 확인하고 왔다. 닥터 제임스 존스턴이 이 일을 어떻게 생각했는지는 정확히 알 수 없다. 조지가 다시 잠자리에 들지 않았는지 확인하기 위해 새벽 6시에 재차 그를 방문했을 때 그가 어떻게 느꼈는지도 알 수 없다. 조지는 그에게 마차가 준비됐다고 말했다. 선잠을 깬 데 대한 분노를 억누르며 닥터 존스턴은 "나는 마차로 가지 않지만 약속된 시간, 약속된 장소엔 있겠다"고 대답했다. 결국 존스턴은 제시간에 결투에 참관하려고 애썼기 때문에 조지의 걱정은 부분적으로 정당한 것이었다. 하지만 닥터 존스턴이 늦은 것은 늦잠 때문이 아니었다. 그는 분명 자기 집에 감금되었기 때문에 늦은 것이었다. 1907년 5월 25일 「피프쉐어 애드버타이저」에 기록된 이 결투에 대한 또 다른 회고에 따르면 닥터 존스턴 의 아내는 남편의 결투 참관을 원치 않았다.

익명의 투고자는 "그의 가족은 당연히 반대했고 그가 사라지 지 못하도록 문을 잠그고 부츠를 숨겼다"고 쓰고 있다. "하지만 그는 충실한 하인의 도움으로 실내화를 신은 채 뒤 창문으로 빠져 나가 정원을 가로질러 지금은 메드벤 부인의 집 문이 있는 큰 길 로 나섰다. 이곳에서 마차가 그를 기다리고 있었고 그는 약속을 지킬 수 있었다." 이 이야기가 어느 정도의 진실을 담고 있는지 알 길은 없다. 하지만 분명히 부정확한 사실을 담고 있었다. 존스턴 은 결투 장소에 마차를 타고 간 것이 아니라 말을 타고 갔다. 가족 들은 분명 그가 결투에 참관하려 한다는 사실을 알고 있었다. 조 지가 이미 그날 아침 두 번이나 가족들의 잠을 깨웠는데 어떻게 그 사실을 모를 수 있겠는가? 그들이 반대하는 것도 당연했다. 닥 터 존스턴의 가족은 결투 당사자가 사망했을 경우 의사들이 종종 공모로 유죄판결을 받는다는 사실을 알고 있었다. 그리고 닥터 존 스턴은 분명 늦었으며 결투는 가까스로 제시간에 이루어졌다.

운명에 맞서기 위해 나선 길이 거정되는 결투자를 위해 여행 자는 훨씬 더 많은 충고를 하고 있다. "결투 장소로 가는 길에 불 안하거나 결투에 대비해 충분한 기운을 얻지 못한 것 같다면 얼른 멈추어 약간의 브랜디로 맛을 낸 탄산수 한 병을 가지고 가야 한 다. 이것은 탁월한 치유책이 될 것이며 경험에 비추어 보건대 아주 만족스러운 자극제이자 개선책으로 강력하게 권할 수 있다."
데이비드 랜달은 그런 네덜란드인의 용기를 취하지는 않았지만
약간 이용할 수는 있었다. 그는 번갈아 가며 자기 행동의 정당성
을 의심했으며 결투의 치명적인 결과를 두려워했다. 그렇지만 여
전히 그는 명예롭게 행동하려는 자신의 결의를 분명하게 했다. 데
이비드는 "그 문제가 결투 없이 해결되어야 한다는 자신의 열망
을 표현"했으며 닥터 스미스에게 "결투장에서 모건에게서 충분
한 서면 사과를 받는다면 자신이 명예를 지닌 사람으로서 행동한
것으로 증명될 수 있는지 여부"를 물었다. 닥터 스미스는 조언을
삼갔다. 닥터 스미스는 후에 "이행해야 할 직업적 의무만을 갖고
있으며 따라서 개입하거나 어떤 의견을 제시하거나 그 문제에 대
한 어떤 만남에도 참석하지 않을 것이라고 말했다"고 회상하고
있다. 그는 애매하게 뒤얽힌 어떤 분쟁에 의사가 얼마나 쉽게 휘
말려들 수 있는지 알고 있었으며 오로지 그런 상황에서 벗어나 있
기로 결심했다.

대신 윌리엄 밀리가 데이비드의 의문에 답했다. "그는 즉석
에서 그들에게 서면사과를 하게 할 요소들은 존재하지 않으며 어
제 저녁 밀너 씨와의 대화로 보건대 그는 랜달 씨가 원하는 것과
같은 어떤 사과도 없을 것"이라고 강조했다. 이어 그는 데이비드
에게 다음과 같이 경고했다. "사과를 받는다 해도 그것은 랜달 씨
의 명예를 손상하지 않는 유형의 것이어야 한다." 데이비드는 자
기 입회인의 경고를 인정했지만 그래도 "모건 씨가 나를 구타한

행동에 대해 사과한다면 밀리 씨가 그 사과를 받아들여야 한다고 말했다." 데이비드는 자신의 입회인에게 구두 사과는 '결코' 받아들일 수 없다고 말했다. 그는 "모건의 목숨을 빼앗고 싶지는 않다"고 말했다. "단지 손상된 나의 명예를 회복하고 싶을 뿐이다." 예전의 관행은 이를 인정하지 않고 있다. 1777년 아일랜드 규칙 서적은 아주 분명히 하고 있다. "입회인들은 결투가 일어나기 전 화해를 시도해야 하지만 양측이 결투장소에 들어선 후엔 사실상 서로에게 총을 발사하지 않고는 어떤 사과도 받아들여질 수 없다." 하지만 1824년 『영국의 결투 규칙』에 따르면 태도가 변화하고 있다. 즉 "모든 적절한 예방책을 거친 후 결투장소에 도착했다 해도 권한 내에서 모든 명예로운 수단으로 화해를 시도하는 것은 여전히 입회인들의 의무로 남아 있다."

당시 데이비드는 분명 불안해하고 있었다. 그의 의사에 따르면 그는 "합의가 이루어지기를 다소 열망하는 것처럼 보였다." 어떤 지역 사가는 데이비드가 '잔인한 사람'은 아니며 따라서 당연히 두려워하고 있었다고 말했다. 데이비드는 조지 모건이 자신보다 훨씬 더 숙련되었다고 생각했기 때문에 그가 두려워하는 것도 당연했다. 데이비드는 친구들에게 "모건은 군인이었고 나보다 경험이 더 많기 때문에 내가 희생자가 될 것이다"라고 말했다. 닥터 스미스는 후에 데이비드는 "내가 모건의 총을 맞게 될 것이다 라고 말했다"고 이야기함으로써 이 같은 주장을 확인했다. 그렇지만 데이비드는 자신이 물러설 수 없다는 사실을 알고 있었다. 그는 "불명예스럽게 사느니 아무리 위험하다 해도 결투를 받아들여 운명에 맡기겠다고 결심했다.……무슨 일이 있든 나는 가장 좋은 친구들의 인정과 양심을 갖고 결투장소로 갈 것이며 나의 명예를 입증하는 것 이외에 모건에 대한 어떤 증오감으로 결투를 하지는 않겠다. 모건의 행동에 대해 어떤 대가가 치루어지지 않는다면 그 나 자기 이웃의 어느 누구도 평화롭게 살 수 없을 것이다"라고 말했다. 이 말과 함께 데이비드는 닥터 스미스에게 2통의 편지를 건네주었다. 한 통은 인도에 있는 동생 알렉산더 랜달에게 보내는 것이었고 다른 한 통은 키르컬디에 있는 자기 직원에게 보내는 것이었다. 데이비드는 "자신이 죽을 경우" 닥터 스미스가 "친구이자 의사로서 의무를 다해 줄 것"과 이 편지들이 안전하게 전달될 수 있기를 희망했다.

갑자기 마차가 급하게 멈추었다. 윌리엄 밀리는 창문 밖으로 머리를 내밀고 길 앞 위쪽에 멈추어 있는 또 다른 마차를 보았다. 마차 옆에는 조지 모건과 밀너 중위가 서 있었다. 길을 잃은 것이었다. 길버트 가녀는 지시받은 대로 토베인으로 마차를 몰았다. 하지만 카덴바른 농장에 이르러 어려움을 겪고 있었다. 길버트 가녀, 조지, 밀너 중위 중 누구도 그곳이 정확히 어디인지 알고 있는 사람이 없었다. 결국 결투 같은 중대한 일이 일어나기 몇 분 전에 그들은 멈추어 방향을 묻지 않을 수 없었다. 그 모든 일은 다소 품위가 없는 짓이었다. 길버트는 토베인 농장에 있는 2명의 여인에게 물어 데이비드 랜달의 마차가 멈춰 섰을 때 막 돌아오고 있었다. 밀리는 그들에게 "결투 장소를 잘못 알고 있으며 약간 더 가야 한다"고 권고했다. 마부는 1마일 정도 더 '바퀴자국이 많고 숲이 우거진' 길 위로 달려 로크젤리에서 길 오른쪽 샛길로 방향을 틀어 토베인 숲 깊숙이 들어갔다. 500야드 정도 들어가자 길이 갈라졌고 마차가 멈춰 서자 모두 마차에서 내려 어둠 속으로 들어갔다. 윌리엄 밀리가 밀너에게 아침 인사를 하고 그에게 '숲이 없는 첫 번째 적당한 장소'에 이르게 될 것이라고 말했다. 데이비드 랜달과 조지 모건은 서로 한마디도 하지 않았다. 양측은 이어 말없이 길을 따라 올라갔고 길버트 가너에 따르면 '길의 양편에서 서로에게 시선조차 건네지 않았다.' 어쨌든 닥터 스미스는 다른 사람들이 거의 보이지 않을 때까지 약간 기다렸다. "이어 그는 마차를 떠나 양편이 볼 수 있을 때까지 농장을 가로질러 걸어갔지만 여전히 숲 속에 있었고 그들에게서 40야드 정도 떨어져 있었다." 보이지 않는 그곳에서 그는 네 명의 남자가 숲의 끝에 이를 때까지 기다렸다. 몇 개의 목초지가 그들 앞에 펼쳐졌다. 하지만 굳게 잠긴 문으로 길이 막혀 있었기 때문에 그들은 모두 '벽을 넘어' 들판으로 갔다. 오늘날 이 들판은 샌디 폴드로 알려져 있다. 하지만 1826년엔 이스트 파크로 불리었고 그곳은 데이비드 랜달과 조지 모건이 자신들의 운명과 대면하기로 준비했던 곳이었다. 들판으로 걸어가면서 윌리엄 밀리는 밀너 중위에게 공식적으로 "나에게 전할 소식"이 있는지 물었고 이에 대해 해군 장교인 밀너는 없다고 대답했다. 두 입회인들이 대화하는 것을 본 조지 모건은 자신의 견해를 분명히 하며 소리쳤다. "사과는 없소"라는 큰 소리의 최후통첩은 아침 대기 속에서 나무들 사이로 울려 퍼졌다.

두 명의 남자는 무기라고 할 수 있는 어떤 것으로도 결투를 할 수 있다. 또한 1대1 대결의 역사에선 칼, 새총, 창, 곤봉, 철퇴, 나이프 그리고 당연히 주먹까지 거의 무엇이든 결투에 사용되었다. 웨일즈의 일부 지역과 미국의 남자들은 서로의 정강이를 걷어 차는 '퍼링 purring'으로 결투했다. 결투자들은 신발 끝에 구리를 장착한 특수 신발을 신고 서로의 멱살을 움켜쥔 채 정강이가 피범벅이 되도록 걷어찼다. 터키 일부지역과 중앙아시아에서는 이마로 결투를 했다. "신호가 내려지면 그들은 서로를 향해 돌진해 두 마리 염소처럼 이마를 부딪친다. 남은 결투도 이마로만 싸운다. 주먹이나 발길질은 허용되지 않으며 이마 이외의 다른 무기를 사용하는 사람은 면목을 잃게 된다." 패배한 결투자는 마지막 남은 힘으로 자신의 목을 벨 것이 기대되었다. 때로 결투자들은 주변에서 쉽게 찾을 수 있는 것으로 결투해야 했다. 1813년 4월 14일 런던 동쪽의 감옥에 수감된 프랑스인 전쟁 죄수 두 명은 빗자루 끝에 가위를 묶어 결투했다. 한 사람이 죽고 살아남은 자도 40군데에 상처를 입었다. 어떤 경우 결투자들은 자신들이 선택한 무기를 사용한다. 16세기 당시 여전히 신성로마제국 황제라는 직함을 가지고 있던 합스부르크 왕가의 막시밀리안 2세는 딸 헬렌에게 구혼하는 두 명의 경쟁자 중 누구를 선택할지 고민이었다.

때문에 그는 "2개의 커다란 자루를 만들라고 지시하고……누구든 상대를 이 자루에 넣는 데 성공하는 사람이 자신의 딸과 결혼하게 될 것이라고 포고했다." 불합리한 결투였지만 두 남자는 궁정의 모든 사람들이 보는 앞에서 한 시간 이상 싸웠고 승자는 실제로 다음날 결혼했다. 프랑스에선 담배 상인과 이발사인 두 명의 스페인 사람이 면도칼로 결투를 한 적도 있었다. "당연히 이발사가 유리했고 그는 얼굴에 끔찍한 칼자국이 난 상대를 병원으로 보냈다." 1843년 마찬가지로 결투에 강박관념을 가졌던 국가에서는 남자 2명이 당구알로 결투를 하기도 했다. 앤드류 스타인메츠는 "램판트와 멜란트라는 두 명의 신사가 당구게임에 대해 말다툼을 하다 상대의 머리를 향해 붉은 당구알을 먼저 던질 사람을 제비로 뽑았다"고 회상하고 있다. "나중에 던진 사람에게 운이 따랐고, 그는 상대를 즉사시킬 정도의 힘과 정확성으로 상대의 이마를 조준해 당구알을 던졌다." 그리고 몇 년 뒤 결투자들은 때로 권총이나 칼이 적당치 않을 경우 서로를 죽이는 기발한 방법을 생각해 냈다. 1894년 인도에 체류하던 두 명의 영국 장교는 어두운 방에서 독사와 함께 있는 결투를 했다. 10분 후 뱀이 장교들 중 한 명을 물었고 그는 몇 시간 후 독으로 인한 고통 속에서 사망했다. 전하는 말에 따르면 공포에 질려 방에서 도망친 생존자의 머리칼은 그 충격으로 곧 하얗게 세어 버렸다고 한다.

정의를 약간 확대하면 어떤 결투는 시시한 말이나 노래 가사로 해결되기도 한다. 아프리카의 부시맨, 오스트레일리아 원주민

그리고 북극의 에스키모족은 모두 재치 있는 말싸움으로 분쟁을 해결하는 전통이 있다. 따라서 리처드 코헨이 묘사하고 있듯, 그린란드에서 결투자는 상대에게 풍자적 노래 대결로 결투 신청을 하게 된다. "분쟁의 당사자인 두 사람은 차례로 서로에게 자신의 지혜, 재치, 풍자의 노래를 부르며 자기 지지자들의 지원을 받는다. 마침내 한 사람이 어쩔 줄 몰라 할 때 배심원인 청중들이 자신들의 결정을 알린다." 어떤 역사가가 냉담하게 기록하고 있듯이 그 같은 양식(良識)을 향유하기 위해선 절반쯤 얼어있어야 할 것이다. 하지만 이 같은 말싸움의 전통이 살아남아 오늘날 라이벌 랩 스타들 간의 설전에 반향되고 있다. 하지만 1826년 합리적이고, 양식을 갖추었으며 교육받은 유럽 신사들이 분쟁을 해결하기 위해선 두 가지 방법만이 존재했다. 그것은 상대를 칼로 베든 권총으로 쏘든 둘 중 하나였다. 그리고 데이비드 랜달과 조지 모건은 후자를 선택했다.

남자들은 서로에게 여러 가지 방법으로 총을 쏠 수 있으며 권총 결투에 합의된 유형이 한 가지 양식만 존재하는 것은 아니다. 양 측이 열두 발자국 정도 떨어져 서로에게 동시에 총을 쏘는 전통적인 결투엔 많은 이점이 있다. 그것은 당신이 총을 맞든 맞지 않든 빨리 끝이 난다. 일단 두 사람이 총을 쏘면 입회인들은 대개 개입해 명예가 충족되었다고 주장하게 된다. 상대가 특히 호전적이고 무모하지 않다면 그는 당신과 마찬가지로 권총을 쏘았다는 사실에 부분적으로 만족하게 된다. 양 측은 자신의 용기를 증명했으며 자신들의 명예를 지켰다. 결투가 계속된다 해도 3번 이상 서로에게 총을 쏘는 경우는 드물다. 『영국의 결투 규칙』은 "어떤 경우에도 3번의 총격이 상한선이다"라고 선언하고 있다. "더 이상의 총격은 결투가 피를 요구하는 갈등으로 환원되거나 무기에 익숙하지 않는 사람에 대한 조롱으로 분명 변하게 되는 경향이 있다." 하지만 많은 결투자들은 동시에 총을 쏘는 것에 반대한다. 그렇게 되면 자신들의 용기를 증명할 시간이 줄어들기 때문이다. 상대가 자신에게 권총을 겨누어 발사할 때 냉정함을 유지하는 것보다 자신의 용기를 증명하기에 더 좋은 방법은 존재하지 않는다. 하지만 1820년대에 들어서 이런 방식은 선호되지 않았으며 대부분의 결투자들은 여전히 동시에 총을 쏘는 것을 아주 힘들다고 생각했다. 여행자는 "손을 들어 올려 권총을 완전히 고정시키기 위해선 강심장이 요구되며 그때 상대 무기의 총구가 당신을 향하고 있으며 순식간에 그 내용물이 동의할 수 있는 것보다 훨씬 더 가깝게 다가오게 된다는 사실을 깨닫는다"고 기록하고 있다.

대부분의 사람들이 권총 결투에 대해 가지고 있을 이미지인 등을 맞댄 결투는 사실상 생각보다는 적었다. 그것은 분명 더 안전하다는 이점이 있었다. 결투자들이 총을 쏘기 위해 돌아설 때 조준하기가 더 어려웠기 때문이다. 앤드류 스타인메츠는 "이것이 가장 인간적인 유형의 결투일 것이다. 양 측이 서로를 빗 맞출 확률이 높았다"라고 기록하고 있다. 이러한 유형의 조작 방법에 더 잘 훈련받았다고 생각한 영국인들은 예외였다. "습지와 황무지에 익숙한 당신들 영국인들은 이러한 당황스런 유형의 총격에 숙명적인 이점을 가지게 될 것이다." 하지만 늘 부수적인 부정행위의 위험이 존재한다. 결투자들은 종종 먼저 총을 쏘기 위해 조금 일찍 돌아서려는 유혹을 받곤 하는 것이다.

유럽 대륙의 가장 일반적인 변형들 중 하나는 à la barrière 결투 혹은 '울타리 결투'로 알려져 있다. 결투자들이 넘어설 수 없는 울타리 같은 것이 결투자들 사이에 구획된다. 때로 이것은 밧줄의 형태를 띠며 또 어떤 때는 몇 야드 간격으로 표시된다. 황무지는 말뚝이나 손수건으로 구획된다. 결투자들은 자기 위치를 울타리에서 조금 떨어진 곳에 잡고 지시에 따라 서로에게 다가선다. 그들은 자기가 원하는 곳에서 한 번 총을 쏠 수 있다. 결투자 중 한 쪽이 맞추지 못한 상태라도 그는 일반적으로 제한된 시간 내에 상대가 울타리로 계속 다가오는 동안 정지된 상태로 머물러 있어야 한다. 이어 상대자는 울타리에 이르는 순간 총을 발사해야 한다. 알렉산드르 푸쉬킨은 이러한 유형의 결투를 『예브게니 오네긴』에서 아주 정확하게 묘사하고 있다. 『예브게니 오네긴』에서 귀족 예브게니 오네긴은 시인 블리디미르 렌스키를 쏘아 죽인다.

> "마음대로 다가오는군!" 냉정하게 다가오고 있다,
>
> 조용하고, 단호하며 신중한 발걸음으로,
>
> 아직 조준하지 않고 있고, 적들은 과감하게
>
> 남은 첫 번째 네 발자국을 걷는다 ―

운명을 결정하는 네 발자국. 거리가 좁혀지며,

여전히 그가 천천히 앞으로 다가오는 동안

오네긴은 정면을 응시하며

권총을 먼저 들어 올린다.

다섯 발자국을 더 앞으로 다가서고

그 동안 렌스키는 한쪽 눈을 감고 기다린다, 바로 그때

목표물을 조준하고……그리고 그것은

오네긴이 총을 발사한 순간이다! 마침내

운명의 순간이 다가온다. 시인은 멈춰 서고

조용히 권총을 떨군다.

오네긴은 운이 좋았다. 역사가인 케빈 맥알리어는 기다렸다가 두 번째로 총을 쏘는 것이 거의 언제나 더 유리하다고 생각했다. "제약 없이 울타리로 다가설 수 있다는 것이 두 번째 총을 쏘는 것의 큰 이점이다. 또한 수백 건의 결투에 대한 설명을 읽어보면 상대보다 빨리 총을 쏘는 것이 반드시 바람직한 것은 아니다. 두 번째로 쏘는 것이 십중팔구는 더 효과적이다." 글래드스톤의 개인 비서들 중 한 명인 앨거논 웨스트 경이 목격했던 1850년대 프랑스인과의 울타리 대결에서 젊은 영국 장교가 결투에 동의하기 전 이 사실을 알았더라면 좋았을 것이다. 그들이 채택한 울타리 대결 버전은 어느 한쪽이 먼저 총격을 가해 빗맞춘다면 멈춘 채 머물러 있는 것이 아니라 계속해서 울타리를 향해 걸어와 상대에게 훨씬

더 가까워지도록 했다. 웨스트는 회고록에서 "신호가 내려지자 두 명의 결투자들은 밧줄을 향해 걸어가기 시작했다. 그들은 자신들이 적당하다고 생각할 때 언제든지 총을 쏠 수 있었다"라고 회상하고 있다. "젊은이의 성급함으로 그 젊은 장교는 곧 권총을 발사했지만 상대를 맞추지 못했고 계속해서 울타리 쪽으로 다가섰다. 그가 상대자와 얼굴을 마주보게 되었을 때 상대자는 총을 쏠 준비를 했다. 그 프랑스인은 젊은 장교의 가슴에 손을 올리고 능글거리는 친숙함으로 말했다. '용감한 젊은 친구, 자네 심장은 멈출 걸세 Brave jeune homme, ton coeur ne palpite pas' 그리고 물러나선 말을 이었다. '불쌍한 젊은 친구, 자네 어머니께 미안하군 Pauver jeune homme, je plains ta mère' 이어 총알이 젊은 장교의 심장을 관통했다."

울타리 대결엔 몇 가지 변형이 있었다. 간헐적 진행 à marche interrompue 결투에서 결투자들은 서로를 향해 울타리로 곧바로 다가가는 것이 허용되지 않는다. 대신 그들은 방향을 바꾸기 전 갈짓자로 두 걸음 걷게 되며 "인디언 전초 척후병처럼 멈췄다 전진하며 한쪽이 멈춰 서는 순간 총을 발사할 수 있다." 결정적으로 나중에 총을 쏘는 결투자는 상대에게 더 가깝게 다가서는 것이 허용되지 않는다. 스타인메츠는 이것이 "첫 번째 결투에 당연히 흥분할 수 있는" 초심자들에게 유리한 결투로 권하고 있다. 움직이는 것이 긴장을 해소하는 데 도움이 되기 때문이다. 평행선 à ligne parallèle 결투에서 결투자들은 15발자국 정도 떨어져 놓여 있는 두 개의 평행선으로 떨어져 있다. 두 사람은 서로 35발자국 정도 선의 양끝에서 자리를 잡는다. 이어 그들은 선을 따라 걷게 되고 그들 사이의 간격은 시간이 흐르면서 줄어든다. 어느 한쪽이 먼저 총을 쏘아 빗맞추게 되면 그는 상대가 자신을 쏘기 전 간격을 계속 줄혀나갈 수 있도록 30초 동안 움직이지 않고 머물러 있어야 한다. 신호 au signal 결투에서 입회인들은 손뼉으로 결투를 통제하게 된다. 손뼉을 한 번 치면 결투자들은 서로를 향해 걸어가며 두 번째 손뼉을 치면 권총을 들어 올리고 세 번째 손뼉을 치면 총을 발사한다. 지독한 결투다. 분명 먼저 총을 쏘고자 하는 유혹이 크지만 그 결과는 참혹하다. "어느 한 쪽이 신호 전이나 후에 순간적으로 더 빨리 총을 쏘게 되면 그는 불명예스러운 사람으로 받아들여지게 된다. 또한 불명예스러운 방법으로 상대를 죽이게 되면 그는 살인자로 간주된다."

가장 미치광이 같은 결투는 러시안 룰렛의 초기 형태인 손수건 au mouchoir 결투이다. 결투자들은 한 정만이 장전되어 있는 두 정의 똑같은 권총 중에 하나를 선택하게 된다. 이어 결투자들은 자신이 장전된 총을 들고 있는지 여부를 모른 채 유효한 표적거리에서 각자 손수건 귀퉁이를 잡고 서로를 향해 총을 발사한다. 그 결과는 거의 언제나 치명적이다. 앤드류 스타인메츠는 이런 식의 결투에 대해 매우 회의적이다. "점잖지 못한 비신사적인 증오에서 비롯된 방종이 허용되어서는 안 되며 품위 있는 규칙은 이러한 사건을 인정하지 않고 있다." 그는 여자를 놓고 결투를 벌

인 두 명의 프랑스인들 간에 벌어진 손수건 결투를 묘사하고 있
다. "입회인들이 손수건으로 감싼 권총들을 준비하고 이어 결투
자들 중 한 명에게 이 총들을 제시하면 그는 자신의 무기를 잡고
남은 하나는 상대에게 건네진다. 손수건 끝에는 각각 그들의 손이
놓여진다. 그들이 권총을 들면 지시가 내려진다. 그들은 총을 발
사했다. 총알이 가슴을 관통하자 헐뜯은 사람이 뒤로 벌렁 넘어갔
고 곧 입과 코에서 피가 쏟아졌다." 영국군 장교 스튜어트 대위는
이러한 형식의 논리적인 결론에 이르러 자신과 상대가 미리 파놓
은 무덤에서 결투를 해야 한다고 주장했다. 실제로 그의 상대자는
파놓은 구멍으로 내려가면서 불안감을 견디지 못하고 자기의 손
수건 끝을 들어 올렸고 스튜어트 대위는 그의 비겁함을 조롱했다.
손수건 결투의 더 끔찍한 버전인 또 다른 결투에선 두 정의 권총
모두 장전되었고, 역사가인 빅터 키에넌은 그것이 "동반자살이나
다름없으며 결코 유행할 수 없다"고 말했다. 훨씬 더 기이한 버전
은 소위 아메리칸 결투였다. 그것은 유럽 대륙에서 잠시 유행했으
며 미국과는 전혀 무관한 것처럼 보이는 결투였다. 입회인들이 지
켜보는 가운데 결투자들은 제비를 뽑는다. 짧은 제비를 뽑은 사람
은 누구든 대개 남의 눈을 피해 자신의 손으로 목숨을 끊어야 했
다. 놀랍게도 이러한 결투에서 패한 몇몇 젊은이들은 실제로 방으
로 들어가 자기 머리에 총을 발사했다. 1905년 「뉴욕 타임스」는
이러한 결투들이 어쨌든 미국적인 것으로 아직도 묘사되고 있다
고 대대적으로 보도했다. "그것에 인종이나 민족적 명칭을 붙여

야 한다면 이는 전적으로 독일적인 것이지만 그것이 '미국적인
것'으로 기술되지 않는다면 우리는 '어이없는'이나 '어리석은'
같은 형용사를 적용하는 데 만족할 것이다."

일부 권총 결투는 말을 탄 채 벌어지며 결투자들은 말이 전속
력으로 달리는 동안 무기를 안정되게 유지해야 한다. 때로 권총은
목표물을 더 쉽게 맞힐 수 있도록 총알은 물론 작은 산탄이 장착
되었다. 결투자들은 창 대신 권총으로 무장하긴 했지만 마상 창
시합의 기사들처럼 두 개의 평행선까지 돌격함으로써 거리를 유
지하게 된다. 다른 결투자들은 단순히 그 규칙들을 무시하기로 하
고 자기들 방식대로 했다고 한다. 1882년 1월 6일 벤자민 콘스탕
과 포뱅 데 이사아르츠는 "벤자민 콩스탕이 관절염 때문"에 10발
자국 떨어져 있는 의자에 앉아 결투를 했다. 1812년 5월 리딩 바
로 외곽에서 가석방된 두 명의 프랑스 장교가 유일한 무기인 하나
의 새총으로 결투를 한다. 50발자국 떨어진 채 한 사람이 맞을 때
까지 총을 번갈아가며 쏘는 것이었다. 공교롭게도 첫 번째 발사한
총알에 상대가 사망했다.

가장 기이한 비행물체의 결투는 1808년에 벌어졌던 결투일
것이다. 당시 두 명의 프랑스인들이 "권총은 예상처럼 효과를 기
대할 수 없었기 때문에 초기의 나팔총으로 서로에게 충격을 가했
다." 드 그랑프레와 드 피케는 떠있는 두 개의 풍선 비행기구 바구
니에서 결투하기로 했다. 그들은 한 사람의 연인이자 또 다른 사
람의 정부였던 마드모아젤 티레비라는 유명한 오페라 무용수를

두고 싸웠다. 그들은 자신들이 '숭고한 마음'을 가졌기 때문에 이러한 형식의 결투를 선택했다고 말했다. 결국 5월 3일 아침 9시 많은 군중들이 지켜보는 가운데 이 두 명의 괴짜 파리인들은 튈르리 근처에 있는 자신들의 비행기구에 올라 서서히 아침 대기 속에서 날아올랐다. 비행기구들이 80야드 정도 떨어진 2천 피트 지점에서 드 피케 씨가 자신의 나팔총을 발사했지만 빗나갔다. "거의 곧바로 드 그랑프레 씨가 총격을 가했고 그의 총알은 상대 비행기구 풍선을 관통했다. 결국 비행기구는 빠르게 추락했고 피케 씨와 그의 입회인은 지붕에 충돌해 산산조각이 났다." 하지만 드 그랑프레와 그의 입회인은 가벼운 북서풍에 기분 좋게 떠다니다 20마일 떨어진 곳에 안전하게 착륙한다.

1826년 축축한 아침, 피프쉐어 들판에서 서로를 마주보고 선 데이비드 랜달과 조지 모건은 별난 습속을 따르지는 않았다. 그들이 하고자 하는 결투는 편지에 적힌 대로 전통에 따른 정직한 결투였지만 그래도 치명적이었다. 두 사람은 서로를 마주 보고 신호에 따라 동시에 총을 발사하게 되어 있었다. 하지만 결투를 하기 전 그들의 입회인인 윌리엄 밀리와 윌리엄 밀너에겐 할 일이 있었다.

그들의 첫 번째 임무는 두 사람이 서게 되는 거리에 합의하는 것이었다. 결투 규칙이 일부 지침을 제시하고는 있지만 이처럼 가장 중요한 결정에 대해 분명히 하고 있거나 단정적으로 기술하고 있지는 않다. 어떤 결투자들 특히 사격술이 더 낮은 사람은 자신과 상대 사이의 거리를 작게 하는 것을 좋아했다. 간격이 좁은 것이 더 안전할 뿐 아니라 자신의 사격 기술을 증명할 수도 있었다. 기록된 가장 정확한 사격은 1833년 10월 300피트 거리에서 상대를 쏘아 죽인 알렉산더 맥클렁이라는 악명 높은 미국 결투자의 결투에서였다. 그는 상대인 앨런 장군의 이를 맞추겠다고 말했고 "불쑥 총을 들어 발사했다. 총알은 앨런의 입을 맞추어 2개의 이빨을 부러뜨리고 혀 일부를 손상시킨 후 척추에 박혔다. 그는 땅바닥에 쓰러져 즉사했다." 다른 결투자들은 종종 불과 몇 피트 떨어진 더 가까운 거리에서의 결투를 좋아했다. 그렇게 되면 자신들의 용기를 더 효과적으로 증명할 수 있을 뿐만 아니라 상대를 맞출 수 있는 확률도 더 높았다. 하지만 위험도 그만큼 컸다. 1796년 3월 스위트맨 대위는 자신이 근시였기 때문에 겨우 4발자국의 거리를 요구했다. 불행하게도 이것은 상대의 총알이 그의 심장을 더 쉽게 관통하게 했을 뿐이었다. (근시가 늘 문제가 되는 것은 아니었다. 어떤 반소경의 결투자는 목소리를 듣고 위치를 파악한 후 상대에게 총격을 가해 사망하게 했다. 불운한 상대편은 먼저 총을 발사하고는 "맙소사, 빗맞추다니!"라고 외쳤다.) 따라서 거리는 주로 입회인과 결투 당사자들이 결정했다. 너무 멀리 떨어져 위험하지 않게 되면 결투는 웃음거리가 된다. 너무 가깝게 되면 결투는 살인과 다름없게 된다. 밀너 중위는 데이비드 랜달과 조지 모건이 15발자국 떨어져 결투해야 한다고 제안했다. 이것은 합리적이고 규칙에 정확히 부합하는 것이지만 거

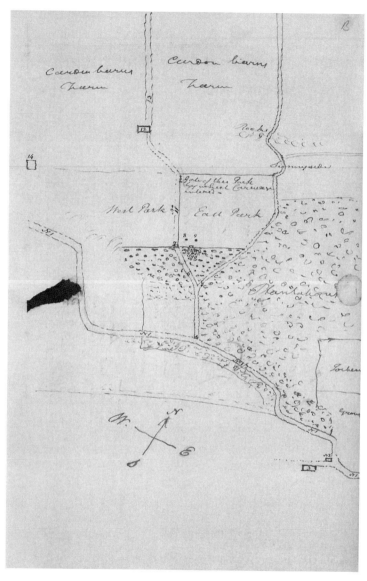

재판 증거로 커르컬디 시장 서기인 윌 더글라스가 그린 결투 장소를 위에서 내려다본 스케치. 조지 모건의 위치는 이스트 파크 벌판의 아래 왼쪽 구석의 8번으로 표시되어 있고 데이비드 랜달의 위치는 9번으로 표시되어 있다. 스코틀랜드 국립문서보관소 소장.

리라는 측면에서 자신의 운에 맡겨야 하는 초보자들에 비해 경험 있고 사격이 정확한 사람에게 유리한 기준이었다. 앤드류 스타인 메츠는 "사격술이 뛰어난 상대가 별로 개의치 않는다면 가장 가까운 거리에서 결투하는 것이 결정적으로 유리하다"고 결론짓고 있다. "정확한 조준을 할 수 있고 그것이 상대에게 불리하다면 그 땐 가장 먼 거리를 선택해야 한다." 따라서 데이비드가 권총에 익숙하지 않다는 사실을 아주 잘 알고 있었던 밀리는 자신이 12발자국을 원했지만 밀너 중위가 반대하지 않았다고 말했다. 밀리는 운 좋게도 융통성 있는 상대를 만난 것이다. 많은 입회인들은 결투 당사자들이 얼마나 떨어져 있어야 하는지에 대해 다투게 된다. 그리고 일단 결정이 되었다 해도 입회인들은 여전히 보폭을 어느 정도로 해야 할지에 대해서도 합의해야 한다. 어떤 입회인들은 한 발자국인 30인치가 보통이라고 주장하며 다른 입회인들은 두 발자국인 60인치라고 주장한다. 후자의 거리는 12보폭을 거의 크리켓 투구거리가 되게 하여 목표물을 맞힐 수 있는 확률을 훨씬 낮춘다. 그날 아침 입회인들은 더 전통적인 한 발자국으로 보폭에 합의했다.

두 명의 입회인들이 자신들의 일을 계속하고 있을 때 데이비드와 조지는 끈기 있게 기다리며 홀로 서 있었다. 밀너 중위는 누가 거리를 측정하고 발사 신호를 보낼지를 결정하기 위해 6펜스 동전을 던졌고 그에게 선택권이 주어졌다. 그런데 발사 명령은 신호로 해야 할까 구두로 해야 할까? 일부 입회인들은 손수건을 떨어뜨리는 것과 같은 시각적 신호들을 선호했다. 시각적 신호를 하게 되면 두 명의 결투자들은 마지막 순간까지 서로에게서 눈을 떼게 되어 정확성이 떨어지기 때문이었다. 하지만 윌리엄 밀리는 지시가 '더 분명' 해야 한다고 생각했고 밀너는 그 점에 대해서 반대하지 않았다. 합의된 지시어는 "신사 여러분, 준비되셨습니까? — 발사!"였다. 이 같은 지시어는 누구도 '발사'라는 말이 떨어질 때까지 권총을 들어서는 안 된다는 엄격한 규정과 함께 합의되었다.

이어 그들은 결투 당사자들이 정확히 어디에 서 있을지에 합의해야 했다. 신중한 입회인은 자기의 결투 당사자가 유리한 위치에 설 수 있도록 하기 위해 최선을 다한다. 그는 산울타리나 벽 또는 다른 배경에 의해 상대의 윤곽이 보일 수 있는 장소를 선택하게 된다. 그것이 자기 결투 당사자의 조준에 도움이 되기 때문이었다. 동시에 신중한 입회인은 자기의 결투당사자가 가급적 그의 배경 속에서 흐릿해지게 하려 한다. 또한 분명 태양이 얼굴 정면으로 비치지 않도록 하게 하려 한다. 여행자는 "태양은 아침에 뜨기 때문에 유리한 경우가 거의 없으므로 이 나라에선 거의 불필요한 배려이다"라고 기록하고 있다. 1826년 8월 비 내리는 아침에 밀너는 대충 동서로 이어지는 선으로 12발자국을 측정하며 그런 고려들은 하지 않았다. 윌리엄 밀리는 "그의 뒤를 따라 보폭을 확인하고 그것이 정확하다는 사실을 확인했다."

이어 입회인들은 "상대의 면전에서 일반적인 방식으로 권총을 장전하고 서로 확인했다." 이것은 적당하고 적절했다. 아일랜드 규칙은 다음과 같이 규정하고 있다. "입회인들은 서로 보는 가운데 장전하고 서로 약속하지 않았다면 총구를 손질하고 한 발을 장전한다. 이것은 분명히 지켜져야 한다." 이것은 입회인에게 중요한 일이며 결투 당사자의 생명이 이 일에 좌우된다. 당시 권총은 젖은 화약, 깨어진 부싯돌, 결점이 많은 뇌관, 총구에서 빠져나오는 고정돼 있지 않은 총알 따위로 오발되기 쉬웠으며 규칙은 아주 명확했다. 즉 어떤 유형의 오발도 발포로 계산되었다. 게다가 잘못 장전된 권총은 결투자에게 치명적일 수 있었다. 지나치게 많은 화약이나 막힌 총구 때문에 손에서 무기가 폭발할 수도 있었다. 아브라함 보스케트는 "자신의 권총이 폭발해 총열의 일부가 관자놀이에 박혀 결투자가 사망했던 어떤 결투"를 목격했다. 또 다른 결투에선 "결투자가 총알이 아니라 권총 총열의 일부로 입회인의 뺨을 관통해 이빨 하나를 부러뜨렸다."

조지 모건이 수발총을 가져온 데 반해 데이비드 랜달은 뇌관격발 권총을 사용한다고 윌리엄 밀리는 밀너에게 말했다. 밀너가 반대했을까? 그는 데이비드의 권총들 중 한 정을 사용하겠다고 했을까? 밀너는 "좋습니다, 각자 자기 것을 사용하게 합시다"라고 대답했다. 밀너는 후에 "두 명의 신사가 결투장에서 권총을 가지고 있을 때 각자 자신의 권총을 사용하는 것이 일반적이며 모건 씨는 그 전에 자신의 권총을 잘 알고 있다고 나에게 말했다. 나는 그가 자신의 권총을 사용하는 것이 최선이라고 생각했다"고 회상하고 있다. 노련한 해군 중위는 또한 이 최신의 뇌관 권총에 대해 나름의 견해를 갖고 있었다. "나는 뇌관식 발사장치가 부싯돌보다 우수하다고 생각지 않았으며 뇌관식 발사 장치는 오발되기 쉽다는 사실을 직접 경험했었다." 그리고 신식 권총들이 더 빠르게 발사된다는 가정된 기능은 그렇게 짧은 거리에서는 영향을 미치지 않을 것이다. 다시 말해서 "나는 뇌관식 발사 장치가 결투에서 유리하다고 생각하지 않았으며 어느 측도 더 유리하지는 않았다." 윌리엄 밀리는 개인적으로 동의하지 않는다고 말했다. 그는 후에 그런 상황에서 "나는 뇌관장치를 더 선호했을 것이다"라고 말했다.

이제 모든 준비가 끝났다. 이제 데이비드 랜달과 조지 모건이 자기 위치를 잡을 시간이 되었다. 여행자는 다시 한번 이것이 어떻게 진행되어야 하는지 정확히 알려주고 있다. 그는 "자리 잡을 것을 요구받으면 마치 사람에게 총을 쏘는 것이 아니라 오랜 친구와 악수를 나누려는 듯 과감하고 단호하게 걸어가야 한다"고 기록하고 있다. "자리를 잡은 후 상대를 뚫어지게 바라보아야 한다. 그리고 상대의 움직임에서 어떤 불안한 떨림에 주목하라. 상대의 떨림을 지켜보는 것은 용기를 북돋워준다. 떨게 되면 조준이 효과적이지 못하기 때문이다. 또한 석상처럼 움직이지 않고 고정되어 있을 수 있도록 매우 주의해야 한다. 얼굴 근육이나 몸의 어떤 움직임으로 의외의 느낌이나 흥분 상태를 드러내서는 안 된다." 이런 충고는 읽기보다는 따르기가 더 어렵겠지만 데이비드 랜달과 조지 모건은 침착해 보였다. 조지는 외투를 벗어 조심스럽게 땅바닥에 놓고 길에서 가장 가까운 위치에 자리를 잡았다. 그 지점은 새벽이 서서히 밝아 오는 동쪽을 마주하고 있었다. 데이비드는 다른 쪽에 표시되어 있는 지점을 향해 걸어가 돌아서서 그의 상대를 마주보았다. 두 명의 입회인들은 자신의 결투자들에게 공이치기가 당겨져 있는 장전된 권총을 건네주었고 사선에서 떨어져 있는 상대적으로 안전한 위치로 10야드 정도 물러섰다. 진실의 순간이 온 것이다.

결투 규칙이 결투장에서의 행동 방법에 대해 상세하고 명확하게 다루지 않는다면 아무런 쓸모도 없다. 결투 규칙은 결투자의 행동에 대한 모든 측면을 다루고 있다. 결투자가 무엇을 입고, 언제 말해야 하며, 어떻게 총을 쏘아야 하는지, 어떻게 죽어야 하는지 총망라되어 있는 것이다. 오늘날 많은 골프 클럽 간사들이 그 정확성이나 표현에 익숙해 있는 것만큼 상세하다. 하지만 모든 규칙들처럼 결투 규칙도 수가 많고 다양하며 때로 일관성이 없다. 어떤 사람들은 결투 신청을 받은 사람이 무기와 장소를 선택할 권리가 있다고 주장한다. 또 다른 사람들은 정반대 주장을 하고 있다. 아일랜드 규칙처럼 어떤 규칙들은 "신경을 흥분시키고 손을 떨리게 할 정도의 부상이라면 당일의 결투를 중단해야 한다"라고 규정하고 있다. 하지만 또 다른 규칙들은 부상자가 할 수만 있다면 먼저 사격을 했든 두 번째나 세 번째 총격에 참여하겠다 하든 결투를 계속하는 것이 완벽하게 받아들여질 수 있다고 말하고 있

다. 종종 그 문제는 단지 입회인에게 위임되어 있으며 외과의사는
그 순간 당일 판단하게 된다. 부상을 당하고도 다시 총을 쏘는 것
이 현명한지는 확실하지 않다. 1783년 10월 런던 남쪽 바터시 파
크에서는 그린이라는 사람이 문로 대위를 만나 첫 번째 총격에서
중상을 입었다. 그린은 문로가 사과하지 않는다면 계속하겠다고
주장했다. 대위가 사과하려 하지 않자 그린은 "그렇다면 둘 중 하
나는 죽어야 한다"고 선언했다. 그것은 아주 옳은 말이었다. 두 번
째 총격에서 심장을 관통당한 그는 사망했기 때문이었다. 이와 대
조적으로 앤드류 잭슨 장군이 미국의 7번째 대통령이 되기 전 그
는 운이 더 좋았다. 1806년 5월 또 다른 명사수인 찰스 디킨슨과
의 결투에서 잭슨은 상대에게 먼저 쏘도록 양보한 것처럼 보이며
가슴에 총을 맞았다. 이것은 그의 의도적인 전략이라는 주장도 있
다. 자기 차례에 쏜 총알이 상대에게 치명적이 되도록 충분한 시
간을 확실히 보장받기 위해 부상의 위험을 감수했다는 것이다. 왼
손으로 가슴을 움켜 쥔 이외에 "장군은 디킨슨이 뒤로 물러서며
'맙소사! 빗맞춘 건가?' 라고 외치는데도 흔들리지 않고 서 있었
다. 잠시 후 잭슨은 신중하게 조준해 방아쇠를 당겼다.……디킨
슨은 비틀거리며 얼굴이 창백해졌고 친구들이 서둘러 달려갔지
만 그는 이미 땅바닥에 쓰러졌다." 그제야 잭슨도 부상당했다는
사실을 누군가 깨달았고, 치명상은 아니었지만 그래도 거의 40년
후 그가 죽는 날까지 그 총알은 그의 몸에 박힌 채 남아 있게 된
다. 이 결투 이후에 그는 "상대의 총알이 내 심장을 관통했다 해도

상대를 죽일 만큼 오래 살았을 것이다"라고 말하며 자신의 입회
인에게 자랑했다. 잭슨은 오늘날 20달러짜리 지폐의 뒷면에 남아
있다.

가장 논란이 되는 문제들 중 하나는 결투자가 악의 없이 허공
을 향해 총을 쏠 수 있는지 여부이다. 이것은 결투술 어법에서 딜
로핑 deloping으로 알려져 있다. 아일랜드 규칙은 명확하다. 즉
"총을 허공을 향해 어리석게 발사하는 것은 어떤 경우에도 허용되
지 않는다. 결투 신청자는 모욕을 받지 않았을 겨우 결투 신청을
해서는 안 된다. 또한 결투 신청을 받은 사람은 자신이 모욕하지
않았다면 결투장에 가기 이전에 사과를 해야 한다. 어린아이 장난
같은 짓은 분명 서로에게 불명예스럽고 따라서 금지된다." 아일랜
드 규칙을 작성한 사람들은 분명 자기들 전통의 고결성을 지키려
결심하고 있다. 역사가인 빅터 키에넌은 아일랜드인들이 옳다고
말하고 있다. "허공에 총을 쏘는 짓은 관대할 수도 있지만 잘못을
인정하는 것으로 받아들여질 수도 있다. 만약 두 사람이 고의로
총알을 빗나가게 한다면 결투는 웃음거리가 된다." 그것은 또한
그런 태도가 보답받을 것이라는 비겁한 소망으로 해석될 수도 있
다. 명예를 지키고 용기를 보이기 위해선 위험 요소가 존재해야
한다. 하지만 1820년대까지 『영국의 결투 규칙』은 일부러 허공에
총을 쏘는 행위를 합리적인 한도 내에서 수용할 수 있는 행동이라
고 밝히고 있다. 앤드류 스타인메츠는 분명 총알을 빗나가게 쏘는
결투자에게서 잘못된 점을 발견하지 못했으며 "이것은 모든 측면

에서 아주 정당하다"고 쓰고 있다. "하지만 상대를 맞추지 않는 것이 자신의 의도라 할지라도 결투자는 상대가 총을 쏠 때까지 자신의 의도를 조심스럽게 감출 수 있도록 주의해 총을 쏘고자 하는 듯한 똑같은 불안과 정확성으로 총을 드는 데 주의해야 한다. 결투자가 상대방이 자신에게 총을 쏠 의사가 없다는 사실을 알게 되면 그의 조준이 훨씬 더 정확해질 수 있기 때문이다." 스타인메츠는 또한 일부러 허공에 총을 쏘는 행위가 결투를 종식시킨다고 생각했다. 그는 "입회인들은 또 다른 발포를 결코 허용해선 안 된다"고 기록하고 있다. "허공에 총을 쏘면 그것은 자신의 잘못을 인정하는 것으로 받아들여진다." 하지만 예외는 있었다. 총격을 받은 사람이 빗나가게 쏘는 것은 용기와 자비심을 입증한다. 소설에서이긴 하지만 가장 유명한 예 가운데 영웅적 악당 해리 플래쉬맨의 경우도 있다. 조지 맥도널드 프레이저가 쓴 그의 첫 번째 등장에서 비겁한 사기꾼이 또 다른 장교와 결투를 한다. 플래쉬맨은 상대의 권총에 화약만 장전하게 한다. 상대가 총을 쏜 후에도 살아남은 플래쉬맨은 고의로 총알이 빗나가게 한다. 우연히 그가 쏜 총알이 30야드 떨어져 있는 병의 꼭지에 맞았다. 따라서 그의 자비로운 인품에 대한 평판은 추정된 그의 사격술로 드높아졌고 그는 연대에서 선망의 대상이 되었다. 플래쉬맨에 대해 유일하게 비판한 사람은 그의 아버지였다. 그는 플래쉬맨에게 "다음 번엔 그런 지독한 바보짓은 하지 말아라. 너는 일부러 허공에 총을 쏘려고 결투한 것이 아니라 상대를 죽이기 위해 결투한 것이다."

일부 규칙은 보호용 속옷을 입고 속이지 않았다는 것을 보여주기 위해 맨 가슴으로 결투해야 한다고 말하고 있다. 결투자들은 때로 총알이 더 쉽게 미끄러질 것이라 믿고 비단으로 상체를 감는 일도 있었다. 다른 규칙들은 남자들이 결투에서 자신의 명예를 지킬 준비를 한 결투자가 그런 불명예스러운 행동을 할 리 없기 때문에 이러한 규칙은 불합리하다고 말하고 있다. 또 다른 규칙에서 결투자들이 공식적인 의상을 입어야 한다고 말하고 있다. 어떤 이탈리아 규칙은 "결투자는 예절상 영국식 연미복을 입고 실크해트를 써야 한다. 바지에 대해선 혁대를 찰 것인지 멜빵을 할 것인지 사전 합의로 결정해야 할 것이다"라고 말하고 있다. 경험 있는 결투자들은 목표물이 될 수 있는 흰 것이나 단추가 없이 단추를 채우는 깃이 있는 검은 외투를 입을 것이다. 하지만 더 많은 규칙들은 결투자들이 총알을 막을 수도 있는 책, 동전, 시계, 지갑이나 담뱃갑을 지니지 않도록 확실히 조사받아야 한다고 주장하고 있다. 일부 규칙은 심지어 안경도 금하고 있다. 이는 가볍게 생각할 문제는 아니다. 단추처럼 작은 것들 덕분에 결투자가 생명을 구한 사례가 많이 있기 때문이다. 1704년 음악계는 큰 손실을 피할 수 있었다. 당시 결투 중 검이 게오르그 프레데릭 헨델의 외투 단추에 부딪쳐 부러졌기 때문이다. 1823년 아일랜드에서 일어났던 어떤 결투에선 결투자가 행운의 편자 덕분에 생명을 건졌다. 그는 결투장소로 가던 중 땅에서 편자를 발견했고 좋은 징조로 주우라는 권유를 받았다. "그는 편자를 주머니에 넣었고 상대의 총알이 실제로 가슴에 있는 편자에 맞아 각도가 빗겨나갔다." 또 다른 결투에선 총알이 주머니에 있던 몇 개의 비스킷에 박혀 살 수 있었다. 어떤 프랑스 귀족은 두꺼운 종이판을 가슴에 댐으로써 비슷한 행운을 기대했다. 종이판은 제 구실을 했고 총알이 멈추었다. 하지만 "이러한 방책에도 불구하고 총알의 충격은 왼쪽에 상처를 만들었고 그것은 결국 치료하지 못했다. 그 직후 후작은 사망했다." 두 명의 프랑스인 간에 벌어진 결투에서 결투자는 상대의 총알이 가슴 주머니에 있는 5프랑 동전에 맞아 살아남을 수 있었다. 그의 입회인은 다음과 같이 말한 것으로 전해지고 있다. "그게 바로 내가 말한 괜찮은 투자라는 것이지."

잡다한 다른 규칙들이 존재했다. 일요일이나 성인의 날엔 결투를 하지 않는다. 교회 근처에선 결투를 하지 않는다. 아버지와 아들 간에는 결투를 하지 않는다. 그리고 사법적 결투 규칙이 500년 전 선언했듯이 60살 이상의 남자는 결투에 참여할 수 없다. 가장 우울하게 생각될 수 있는 것은 결투자가 죽을 때 어떻게 행동해야 하는지에 대한 규칙까지 있었다는 사실이다. 이는 대부분의 결투자들이 서서히 죽었기 때문이었다. 생명 기관에 중상을 입거나 1812년 1월 프랑스 결투자들 중 한 명이 진실의 순간에 심장 발작이 일어났던 사례에서처럼 곧 숨을 거두어 몇몇 사람들은 이런 고통을 겪지 않아도 되었다. 하지만 대부분의 결투자들은 출혈과다, 어설픈 수술이나 감염으로 결투 후 수 시간, 수 일, 심지어 수 주간 질질 끌며 고통스럽게 죽어갔다. 19세기 어떤 미국인 작가는 약간 비꼬듯이 그 가능성을 다음과 같이 묘사하고 있다. "만일 괜찮은 부분에 총알을 맞았다면, 예를 들어 팔이나 넓적다리의 살 부분이나 갈비뼈들 중 하나의 위를 스치는 총상 혹은 전혀 맞지 않았다고 확신할 수 있다면 좋을 것이다. 하지만 엄청난 고통을 주고 평생 불구가 되게 할 수 있는 어깨 관절에 총을 맞는다고 예상하는 것은 유쾌한 일이 아니다. 또한 엉덩이에 총알을 맞아 대퇴부 동맥을 몹시 손상시켜 부풀어 올라 동맥류가 되거나, 아래턱 관절에 맞아 중요한 뼈가 부서지게 되거나, 폐에 맞아 여생을 크게 헐떡이거나 쇠약하게 호흡하고, 위에 맞아 많은 위액이 흘러나오게 해 영원히 저녁만찬에 대한 생각을 망쳐버리게 될 것이라고 생각하는 것 역시 마찬가지다." 가장 소름끼치는 결투자의 죽음은 저녁 만찬에 대한 생각을 전혀 할 수 없게 하는 부상을 당한 결투이다. 불행한 뉴먼 중위는 "총알이 코를 관통해 아주 오랜 시간을 엄청난 고통 속에서 지냈으며 음식물을 삼키는 데 장애를 일으켜 문자 그대로 결국 굶어 죽은 후 그의 죽음을 슬퍼하는 아내와 부양받지 못하는 네 명의 아이를 남겼다."

따라서 죽어가는 결투자들은 남은 시간의 행동에 대한 몇 가지 규칙을 필요로 했으며, 늘 그렇듯 여행자는 이러한 규칙들을 제시할 준비가 되어 있었다. 그는 "발사한 상대의 총알을 맞았다면 당황하거나 놀라지 말고 조용히 그 부위를 자기 의사가 검사할 수 있게 해야 한다. 의사는 총이 발사되는 순간 입회인과 함께 결투자 가까이에 있어야 한다"고 기록하고 있다. "나는 총에 맞았을 때 완전히 냉정하고 침착하게 남아 있는 것의 타당성을 개인이 아주 분명하게 인식해야 한다고 생각한다. 다시 말해서 그는 당황하거나 놀라지 말고 분명히 정신을 차려 냉정하게 그 문제를 처리해야 하며, 죽게 된다면 가능한 한 축복 속에 잠들어야 한다." 이러한 규칙은 결투가 극히 불합리하다는 사실을 입증하고 있다. 훌륭한 매너에 대한 가장 좋은 예는 친구인 베스트 대위에게 치명적인 부상을 당한 캐멀포드 경의 사례에서 찾아볼 수 있을 것이다. 이 귀족은 "베스트, 자네의 손에 죽지만 잘못은 전적으로 나에게 있네, 그리고 나는 자네를 전혀 비난하지 않네"라고 말했다. "악수를 하고 나를 용서해주게, 그리고 체포당하지 않도록 달아나도록 하게나." 이러한 감정은 어떤 사람들에겐 고귀하고 용감해 보일 수도 있다. 하지만 캐멀포드 경처럼 잔인하고 흉악하며 상도를 벗어날 정도로 결투를 추구했던 사람의 입에서 나온 이 같은 말은 분명 거짓말처럼 들려진다.

들판에서 벗어나 숲으로 난 길을 따라 200야드 내려간 곳에 두 명의 마부가 자기 말들을 돌보며 수군거리고 있었다. 일어나고 있는 일에 대해 '몇 가지 추측'이 있었다. 조지의 마부 길버트 가 너는 무슨 일이 일어나고 있는지 알고 있었다. 그는 존 메이슨에게 자신이 본 것에 대해 "나는 이 신사들 중 일부가 결투를 할 예정이라는 사실에 천 파운드를 걸겠다"고 말했다. 하지만 메이슨이 답할 시간도 없이 닥터 제임스 존스턴이 지친 조랑말을 타고 길을 따라 서둘러 올라오고 있었다. 그는 숨을 헐떡이며 마부들에게 신사들이 어디로 갔느냐고 물었고 그들은 그에게 길을 가르쳐주었다. 제임스 존스턴은 아무 말 없이 말을 타고 가버렸다. 그는 정문에 도착하자 자기의 말을 매고 벽을 넘어 덤불을 헤치며 데이비드 랜달과 조지 모건이 총을 들고 12보폭 떨어져 서 있는 들판으로 갔다. 그는 자신이 보고 있는 광경을 믿을 수 없었다. 존스턴은 자신이 결투에 참관하고 있다는 사실을 알고 있었지만 "모건 씨가 직업적 도움을 청해 나를 방문했기 때문에 입회인이라고 생각"하고 있었기 때문이었다. 그는 결투 당사자들 중 한 명이 모건 자신이라고는 전혀 예상하지 못하고 있었다.

존스턴은 밀너 중위를 몰랐지만 윌리엄 밀리는 알고 있었기 때문에 즉시 그에게 달려갔다. "밀리, 밀리, 맙소사, 멈추시오!"라고 그가 외쳤다. "이게 무슨 짓이요?" 존스턴은 "설명을 요구했고 나는 그 상황을 전혀 모르고 있다고 선언하고는 합의할 수는 없느냐"고 물었다.

밀리와 이야기하고 있는 존스턴을 본 데이비드는 큰 소리로 말했다. "닥터, 당신은 끼어들 권리가 없습니다." 그가 옳았다. 의사들은 관련되지 않는 것으로 가정되었다.

"당신은 말할 권리가 없습니다." 존스턴이 퉁명스럽게 말했다. 그 역시 옳았다. 결투 장소에서 두 명의 결투 당사자들은 침묵을 지키며 입회인들에게 자신을 대변하게 해야 했다. 하지만 데이비드는 모든 것이 공정하게 처리되어야 하며 무슨 일이 일어나든 누구도 후에 결투가 정당하게 행해지지 않았다고 말하는 사람이 없어야 한다고 결심했다. 그는 "다른 입회인이 참석하지 않은 채 한쪽 편 입회인과 대화해서는 안 됩니다"라고 주장했다.

따라서 밀너 중위가 밀리와 의사의 대화에 동참했다. "밀너는 닥터 존스턴에게 전날 저녁 자신은 양측이 화해할 수 있도록 최선을 다했지만 소용없었다고 말했다." 그는 양측의 상호 사과를 위해 자기가 계획한 초안을 작성한 종이를 존스턴에게 보여주려 했다. 하지만 그 의사는 뒤늦게 자신의 의무를 기억하고는 "나는 밀너가 종이를 읽는 것을 들을 수 없었고 그러기에는 적당한 장소가 아니었다"고 말했다. 하지만 최소한 존스턴은 그 분쟁의 이유를 알고 있었다.

윌리엄 밀리는 "의사 양반, 랜달 씨는 어제 키르컬디의 공개된 거리에서 구타를 당했고 아무것도 할 수 없었습니다"라고 말했다.

존스턴은 머리를 흔들며 "맙소사, 그건 분명 아주 심했군"이라고 말했다.

당시 이들의 대화를 들을 수 없는 두 명의 결투자는 점점 화를 냈다. "내버려 두세요, 당신은 시간만 낭비하고 있어요" 데이비드 랜달이 소리쳤다. "사과는 없습니다" 조지 모건이 다시 외쳤다.

자신이 할 수 있는 일이 없다는 사실을 깨달은 "닥터 존스턴은 가급적 빨리 자리를 피해주는 것이 낫겠다고 생각했다." 그래서 그는 입회인들에게 "내가 빠지는 게 좋겠습니다"라고 말하고 급히 몸을 돌려 자기 말이 있는 쪽으로 걸어갔다. 하지만 돌아오는 길에 그는 나무 사이에 숨어있는 닥터 스미스를 발견하고 그를 향해 걸어갔다.

데이비드 랜달과 조지 모건은 다시 준비를 하고 모두 콘래드의 집중되고 살기어린 분위기를 찾으려 애썼다. 당연히 의사가 끼어드는 내내 자신의 위치에서 움직인 사람은 없었다. 데이비드는 시계를 꺼내 자기 입회인에게 건넸다. 그는 "밀리, 내가 쓰러지면 내 대신 그것을 간직해 주시오"라고 말했다. 모건도 마찬가지였다. 두 명의 입회인들이 물러섰다. 밀너는 두 명의 결투자가 준비되었는지 확인하기 위해 그들을 돌아보고는 지시를 내리기 시작했다. "신사분들, 준비되셨습니까?" 하지만 그가 "발사"라고 말하기 전 윌리엄 밀리가 소리를 질렀고 결투는 또다시 예기치 않게 중단되었다. 조지 모건이 사실상 총을 들어 올리려 하는 것을 밀리가 보았기 때문이었다. "준비"라는 말에 조지 모건은 예상보다 일찍 총을 들어 겨누었다.

"모건 씨, 그건 공정하지 않습니다" 밀리가 외쳤다. "발사 명령이 떨어질 때까지 총을 내리고 있어야 합니다."

"아, 알겠습니다" 모건이 말하곤 총을 옆으로 정렬했다.

또다시 고통스럽게 정지되고 다시 밀너는 준비되어 있는지 확인하기 위해 양측 결투자들을 보았다. 이어 명령이 내려졌다. "신사분들, 준비되셨습니까? ― 발사!"

이번에는 두 사람이 총을 쏘았다. 하나의 총성이 숲에 울려 퍼졌다. 밀리는 "분명 양쪽 권총이 발사되는 것을 보았지만 두 정의 권총이 동시에 발사되었기 때문에 총성을 구별할 수 없었다." 그는 당연히 데이비드 랜달 쪽을 보고 있었고 "모건의 총알이 랜달의 등 뒤로 아슬아슬하게 스쳐 지나갔다는 사실을 알았다." 연기가 걷히고 밀리는 조지 모건을 보았다. 그는 조지 모건에게 운이 더 없었다는 사실을 알게 되었다.

데이비드 랜달의 총구에서 발사된 총알은 오른쪽 다섯 번째 갈비뼈 바로 밑에 있는 조지 모건의 흉곽을 관통했다. 그것이 이어 폐와 심장을 지나 그의 왼쪽 겨드랑이 밑으로 빠져나갔다. 밀너에 의하면 그 퇴역 군인은 믿을 수 없는 듯 '일종의 신음'을 내며, 몸과 마음에 일어난 것을 받아들이지 않으려는 듯 한순간 그곳에 서 있었다고 묘사하고 있다. 모건은 10초 정도 서 있었다. "그는 즉시 쓰러진 것이 아니라 총을 떨어뜨리고 이어 천천히 오른쪽으로 쓰러졌다." 의사들이 달려왔고 닥터 스미스가 먼저 모건에게 도착했다. "나는 모건 씨가 쓰러지고 있을 때 그에게 달려갔고 그가 힘들게 숨을 쉬려 하면서 입에서 많은 피를 쏟고 있는 것을 목격했다. 모건 씨가 쓰러졌을 때 그의 넥타이를 풀어 애쓰며 닥터 존스턴의 도움을 청했다." 그때까지 그의 옆에 있던 닥터 존스턴이 소리쳤다. "맙소사, 죽었어, 존 브라운처럼 죽었다고." 닥터 스미스가 계속 검사를 했다. "그의 몸을 살펴보고 나서 가슴 오른쪽 중간쯤에 난 상처와 곧이어 왼쪽 겨드랑이 아래쪽에 난 또 다른 상처를 발견했다. 양쪽에서 피와 공기가 새어나오고 있을 정도로 그 상처의 치명적인 성질에 대해선 의문의 여지가 남지 않는 모습이었다." 공기는 폐를 관통당했다는 분명한 증거였다. 닥터 존스턴은 "총알이 들어가는 상처와 나오는 상처에서 많은 피가 흘렀다"고 말했다.

피프쉐어 들판에 서 있던 남자들은 갑자기 무슨 일이 있었는지 깨닫게 되었다. 명예라는 모든 고상한 개념을 압도하는 피가 흐르는 현실을 이해하게 되었던 것이다. 이것이 결투가 의미하는 죽음이었다. 알렉산드르 푸쉬킨은 오네긴이 렌스키를 쏜 순간을 묘사할 때 그 분위기를 정확히 포착하고 있다.

그는 아주 조용하게 어떤 감정도 느끼지 못한 채 누워 있다.
그의 음울한 얼굴은 이상하게 편안해 보인다.
가슴 아래 벌어진 상처가 드러나고
뜨거운 피가 뿜어져 나온다.
잠시 전 ─ 호흡을 한 번 내쉴 정도의 간격 ─
심장은 영감으로 고동치고 있었다.
그 증오, 희망과 사랑은 여전히 뛰고 있었고,
그 피는 생명의 고유한 열기로 뜨겁게 흘렀다.
하지만 버려진 집에서처럼
그 안은 ─ 모든 것이 침묵한 채 텅 비어 있다,
정적에 싸인 영원한 어둠.

창유리는 하얗게 변하고. 주인은 달아났다.

하지만 맹세코 그곳. 모든 흔적이 사라진다.

데이비드 랜달은 쓰러진 상대를 돌보는 의사들의 모습을 지켜보면서 자기 자리에 남아 있었다. 그는 태연하게 자신의 입회인에게 말했다. "밀리, 나는 그것이 하느님의 정의로운 징벌이라고 생각하네." 데이비드 랜달은 다음과 같이 덧붙였다. "우리는 그만 떠나는 게 좋겠네." 밀리에 따르면 그들이 떠나려 할 때 밀너 중위가 외쳤다. "밀리 씨, 당신은 가지 않는 게 좋겠습니다. 이 모든 것이 당신의 잘못입니다. 당신이 아니었다면 이 일은 막을 수 있었을 겁니다." 밀너는 후에 이렇게 말했다는 사실을 부인하고 자신은 밀리와 랜달에게 "당신들이 남아 있어봐야 소용없다"고 말했다고 주장했다. 어쨌든 밀리는 말없이 데이비드와 함께 그의 총들을 갖고 그 자리를 떠났다. 그는 "마차에서 사고가 일어나지 않도록" 안전을 위해 두 번째 권총을 발사했다. 길버트 가너에 따르면 두 명의 남자는 "마차를 향해 달려 왔다." 데이비드는 "마치 모건 씨가 마차를 원하고 있는 것처럼 그가 모건 씨에게 마차를 가져 가기를 원했다." 길버트는 데이비드가 의외로 침착해 보인다고 생각했다. 그는 후에 "랜달 씨의 모습만 보아선 그가 무엇을 하고 왔는지 알 수 없었을 것이다"라고 회상했다. 존 메이슨은 "그는 아주 침착해 보였다"고 동의했다. 그는 랜달 씨가 "흥분한 것처럼 보이지는 않았지만 평소보다 안색이 더 창백해 보였다. 그의 눈은 약간 떨리고 있었으며 대체적으로 굳어 있었다"고 말했다. 사실 몹시 떨고 있는 것처럼 보이는 사람은 윌리엄 밀리였다. 길버트 가너는 "나는 밀리 씨가 결투 당사자들 중 한 명이라고 생각하고 그의 모습에 가장 주의를 기울였다"고 회상했다. "그는 얼굴이 몹시 창백했고 당황했으며 혼란스러워 보였다."

랜달과 밀리가 마차에 타자 닥터 스미스가 그들에게로 다가와 "그들에게 조지의 부상이 치명적이며 그들이 떠나는 것이 좋겠다고 말했다." 그는 "아직 할 일이 있을지 모를 만일에 대비해" 기구와 의약 재료 상자를 꺼내 들판으로 되돌아갔다. 랜달과 밀리는 서로 마주 보았지만 마차를 출발시키라고 지시를 내린 이외에 아무 말도 하지 않았다. 명예는 지켜졌지만 이제 그들은 법을 위반했기 때문에 도주할 필요가 있었다.

길버트 가너는 반대 방향으로 마차를 몰아 정문으로 가는 길로 올라갔다. 닥터 존스턴이 그에게 달려와 말했다. "길버트, 모건 씨가 총에 맞았네." 길버트 가너는 정문을 묶은 밧줄을 자르고 문을 열어 마차를 들판 쪽으로 몰았다. 그곳에서 의사들은 시신을 다루는 단조로운 일을 시작했다. 닥터 스미스는 "닥터 존스턴을 도와 모건의 옆에 늘어져 있는 그의 팔을 묶었다." 그리고 이어 모건의 손수건들 중 한 장으로 "그의 얼굴에서 피를 씻어 냈다." 이어 닥터 존스턴은 시신을 마차에 실어 집으로 데리고 가라고 지시했다. 하지만 닥터 존스턴은 거부했다. "나는 생명이 아직 남아 있을지도 모르고 성급함에 따른 비난도 있을 수 있기 때문에 이 일을 그렇게 빨리 처리하는 데 반대하고 인근 농장에서 들것이나 손수레를 빌려야 한다고 주장했다." 때문에 닥터 존스턴은 자신의 조랑말을 타고 카덴바른 농장 쪽으로 올라갔다.

닥터 스미스에 따르면 남은 사람들이 기다리는 동안 밀너 중위는 "막기 위해 최선을 다했지만 성공하지 못하고 결국 일어난 일에 대해 유감을 표했다. 하지만 그는 모건이 공정하게 결투에 임했다고 말했다." 길버트는 밀너가 "그곳에서 매우 화가 나고 흥분해 있는 것"처럼 보였다고 말했다. 어쨌든 길버트는 시신을 더 자세히 보기 위해 다가섰다. 그는 마차에서 내려 끔찍한 모습에 "매우 흥분하긴 했지만 다가가 모건 씨가 죽었는지 여부를 직접 확인하기 위해 시신에 손을 댔다. 그는 완전히 사망한 상태였고 오른쪽 옆구리에서 많은 피가 흐르고 있었으며 입에서도 약간의 피가 나왔다." 잠시 뒤 닥터 존스턴은 빈손으로 되돌아 왔다. "빌어먹을, 온 시내를 돌아 봐도 말이나 마차는 찾을 수 없어" 그는 화가 나서 소리쳤다. 두 명의 의사는 모건의 시신을 다시 검사하고 밀너에게 모건이 완전히 사망했다는 사실을 재차 확인해 주었다. "시신은 당시 약 30, 40분 가량 놓여 있었다." 여전히 얼떨떨해 있던 밀너는 모건의 외투와 모자 그리고 권총들을 주워들었다. 그는 닥터 존스턴과 길버트 가너에게 화약이 재어 장전되어 있던 여분의 권총을 발사해달라고 부탁했다. 두 사람이 그의 부탁을 거절했기 때문에 그가 권총의 위험을 제거하기 위해 '방아쇠를 당겼다.'

이윽고 시신이 마차 안으로 옮겨졌다. 닥터 존스턴은 후에 "밀너 씨는 모건 씨의 죽음에 대해 매우 걱정스러워하며 미안해하는 것처럼 보였다"고 회상했다. 그는 밀너에게 시신과 마차 안에 함께 앉으라고 제안했다. 하지만 밀너는 "거절하고 마차 안에 타지 않겠다고 말했다." 밀너가 고인이 된 지인의 시신과 함께 안에 앉는 것은 그에게 분명 괴로운 일이었다. 대신 밀너는 길버트 가너의 옆 마부 자리로 뛰어올랐다. 당시 타고 갈 것이 없었던 닥터 스미스도 밀너 옆의 마부 자리에 편승했다. 밀너 중위는 스미스에게 자신이 서로 사과하도록 제안했던 계획을 보여주려 했지만 닥터 존스턴처럼 스미스도 그 계획에 대해 어떤 이야기도 "단호하게 거절했다." 닥터 스미스는 그때 말을 타고 지나던 자기 동료들 중 한 명과 마주쳤고 마차에서 내려 그와 함께 말에 올랐다. 당시 밀너의 결백에 대한 항변을 들어 줄 사람은 길버트 가너 밖에 없었다. 길버트는 "밀너는 그 문제를 정리하기 위해 전날 저녁 최선을 다했지만 소용이 없었다고 나에게 말했다"라고 회상하고 있다. "그는 일어난 일에 대해 매우 유감스러워했지만 늘 싸움이 해결되곤 하는 결투의 순간에 이르기까지를 생각했다."

닥터 존스턴은 자신의 조랑말을 티고 가다 시내로 길을 돌렸고 자기 앞에 놓인 임무로 마음이 무거웠다. 데이비드 모건에게 동생이 죽었다고 말해야 하는 사람이 그였기 때문이었다.

6
도주

...

결투라는 살인 관행이 그렇게 오랫동안 지속되었다는 것은 놀라운 일이다. 어떤 사람은 또 다른 사람이 자신에게 말한 어떤 것을 거짓말이라고 말한다. 그들은 결투를 한다 — 하지만 누가 죽든 그 문제는 해결되지 않고 남아 있게 된다.

벤자민 플랭클린, 『결투의 기술』, 1836,에서 인용

...

토베인과 캐더딘 사이에서
유혈의 결투가 벌어졌다.
모건은 쓰러지고 랜달은 달아났다.
유혈의 현장에서 벗어나.

피프쉐어운문, 익명, 『키르컬디 1838~1938』, 1939,에서 인용

결투의 역설은 결투가 영국과 유럽 대륙 전체에서 일반적으로 불법이었지만 거의 보편적으로 묵인되었다는 사실이다. 16, 17, 18세기 유럽의 군주들은 표면적으로 결투에 반대하고 결투 금지 법률을 제정했다. 그들은 이미 반목하는 귀족들 사이에서 평화를 유지하는 데 아주 어려움을 겪고 있었지만 갈등이 결투라는 의식들로 합법화되기를 원하는 군주는 거의 없었다. 유럽의 지배자들은 또한 많은 귀족들이 결투에서 죽는 것을 보고 싶어 하지 않았다. 대륙을 황폐하게 한 많은 전쟁을 치루는 데 그들을 훨씬 더 효과적으로 배치할 수 있었기 때문이다. 따라서 많은 군주들은 결투를 비난하고 결투 금지법을 만듦으로써 결투에 대한 반대의사를 분명히 했다. 영국의 엘리자베스 1세는 공식적으로 결투 관행에 반대했다. 제임스 1세는 "결투를 참을 수 없었으며" 자신을 따라 런던으로 가 영국인들과 결투하다 죽게 될 많은 스코틀랜드인들을 걱정했다. 1612년 제임스는 저명한 법률가인 에드워드

코크 경에게 보통법이 결투에 대해 어떻게 규정하고 있는지 정확히 설명해줄 것을 요구했고 그는 "결투에서 사람을 죽이는 것은 살인이지만 결투 신청서를 보내거나 입회인으로 행동하는 것을 금하지는 않는다"고 결론지었다. 이에 자극받은 제임스는 익명으로 「사적인 도전과 결투에 대한 반대 선언」이라는 제목의 팸플릿을 썼다. 그의 법무장관 프란시스 베이컨은 "결투가 벌어지지 않더라도 결투장소를 약속한 사람, 결투 신청을 받아들이거나 입회인이 되는 데 동의한 사람, 결투하기 위해 결투장소로 떠난 사람, 최근의 선언 이후에 싸움을 재개한 사람은 누구든 기소"할 것이라고 떠벌렸다. 몇 년 후 성실법원8)은 "개인 간의 어떤 사적인 결투든 명예의 근거가 있다"는 생각에 대해 만장일치로 유죄판결을 내렸다. 찰스 1세와 의회와의 분쟁(1642~46, 1648~52) 이후 청교도들은 자신들이 기사들의 관행이라고 생각하는 것에 대해 가혹한 결정을 내렸다. 1651년 의회 위원회는 결투는 재산 몰수, 추방, 오른손 절단으로 처벌되어야 한다고 제안했다. 올리버 크롬웰은 의회 위원회처럼 철저히 반대 입장은 아니었지만 1654년 공식적으로 결투 금지 법령을 통과시켰다. 이 법률은 결투 신청서를 보내거나 받는 행위에 대해 6개월간 투옥할 수 있게 했다. 24

8) 星室法院 Court of Star Chamber
영국 웨스트민스터궁전의 〈성실(星室)〉에서 열린 형사특별법원. 복잡한 법적 수속을 요하는 각종의 코먼로(commonlaw, 보통법)법원이 대처할 수 없는 사건을 처리하기 위하여 15세기 말부터 국왕평의회의 재판권에 따라 열리게 되었다. 치안을 어지럽히는 행위, 배심원이 뇌물을 주고 받는 행위 등을 관할 사항으로 하여 튜더왕조에 들어 많이 열렸으나 스튜어트왕조에서는 국왕전제(國王專制)의 정책을 수행하기 위한 도구로서 남용되고, 특히 정적이나 청교도에 대한 고문과 가혹한 형벌로 청교도혁명기인 1641년 폐지되었다.

시간 이내에 결투 신청을 보고하지 않은 사람은 결투 신청을 수용한 것으로 간주되었으며 결투에 의한 죽음은 살인이었다. 왕정복고 이후 결투가 유혈의 르네상스를 구가하자 찰스 2세는 결투를 하는 귀족들에게 "법의 극히 엄격한 집행"과 아마도 더 효과적이었을 궁정에서의 추방으로 위협했다. 앤 여왕은 결투가 "불경한 관행"이라고 말했다. 유럽 대륙에서도 비슷한 법률이 생겨났다. 스페인은 이미 1480년에 결투를 공식적으로 금지했다. 이탈리아 지배자인 멜페 카라치올리 국왕은 결투 관행을 멈추게 하지 못하는 자신의 무능에 너무 화가 나 결투자들에게 튀린 다리 난간에서 결투하라고 명령했다. 그것은 사실상 두 명의 결투자 모두 강으로 떨어지라는 의미였다. 프랑스에서 결투는 1609년 사형에 처해질 수 있는 범법행위가 되었다. 리슐리외 추기경과 마자랭은 모두 16세기 내내 결투에 반대하는 칙령과 법률들을 발표했다. 특히 리슐리외는 결투 관행을 금지시키는 데 강박관념을 갖고 있었다. 그의 형이 결투로 죽었고 1627년 그는 몸소 서로에게 결투 신청을 한 두 명의 귀족을 참수하라고 지시했다. 리슐리외는 루이 18세에게 "이 유명한 결투자들 중 일부의 머리를 베어야 합니다. 그렇지 않으면 그들이 폐하의 칙령에 대해 도무지 주의를 하지 않게 될 때가 곧 도래하게 될 것입니다"라고 말했다. 태양왕인 루이 14세는 결투에 대해 엄격히 단속했으며 선왕보다 더 성공적으로 결투를 억제할 수 있었다. 프러시아의 프레데릭 대제는 장교들에게 자신의 허락이 있을 때만 결투할 수 있다고 말했다. 하지만 허락이 떨어진 첫 번째 결투에 두 명의 결투자들은 교수대 옆에서 자신들을 기다리고 있는 왕을 보고 당황했다. 결투자가 이것이 무슨 의미냐고 물었고 프레데릭은 다음과 같이 대답했다. "그것은 경들 중 한 명이 다른 사람을 죽일 때까지 경들의 결투를 지켜본 다음 살아남은 결투자를 내가 교수형시키려 한다는 것을 의미하오!" 당연히 한동안 프러시아 군대 내에서 결투는 거의 벌어지지 않았다.

그 외의 다른 유럽의 군주들은 가톨릭교회의 도움을 받았다. 가톨릭교회는 나중에 시작하긴 했지만 마찬가지로 결투에 대해 비난했다. 교회는 결투가 죄라고 믿었다. 하느님만이 생명을 빼앗을 권리가 있었기 때문이었다. 또한 살아남은 결투자는 지옥과 저주로 위협받았을 뿐 아니라 죽은 결투자 역시 교회가 보기엔 자살의 죄를 지은 죄 많은 사람이었다. 따라서 1563년 트리엔트 공의회[9] 교령은 결투자들 뿐만 아니라 결투를 금지하는 것을 소홀히 한 지배자들에 대해서도 파문으로 위협했다. 교령은 "영혼의 파멸과 육체의 폭력적인 죽음을 동시에 가져오기 위해 악마가 발명해 낸 결투라는 혐오스러운 관습은 기독교 지역에서 완전히 뿌리 뽑아야 한다"고 선언하고 있다.

하지만 이러한 법률 제정, 금지, 선언의 움직임에도 결투는 계속되었다. 부분적으로는 당시 법률 개념이 지금보다는 훨씬 느

---

9) Council of Trient
종교개혁운동에 대처하기 위해 북이탈리아의 트리엔트(지금의 트렌토)에서 개최되었던 제19회 공의회.

슨했기 때문이었다. 강제력 없이는 법을 강제하는 데 현실적인 어려움이 있었기 때문에 법률 제정은 얽매어야 할 문구라기보다는 교훈적인 것으로 간주되었다. 법은 단순하게 무시될 수 있었다. 하지만 결투가 계속된 주된 이유는 유럽의 세속적이고 정신적인 지도자들이 자신들이 설교하는 것을 실천하지 않았기 때문이었다. 결투에 대해 비난하긴 했지만 군주들은 종종 개인적으로 결투를 지지했다. 사실상 유럽의 많은 귀족들을 위해 결투를 합법화하는 것이 결투에 대한 어떤 왕의 분명한 의도였다. 1527년 프랑스의 프란시스 1세는 신성 로마 제국의 칼 5세에게 결투를 신청했다. 칼은 결투 신청을 받아들였고 프란시스는 다시 생각해보곤 전쟁을 일으켰다. 칼이 승리해 프란시스가 사과하고 몸값을 지불할 때까지 그를 감옥에 투옥했다. 그 충격은 널리 퍼졌다. 미국인 역사가 벤 투루먼은 "그때부터 자신의 명예를 손상시키는 것처럼 보이는 모든 무례와 모욕에 대해 신사는 자신의 칼을 뽑아 상대에게서 보상을 요구할 권리가 있는 것으로 생각했다"라고 쓰고 있다. 찰스 2세와 같은 일부 군주들은 반목하는 조신들에게 무수히 특사를 허용했다. 조지 3세는 실제로 자신의 측근이 징벌에 대한 두려움 없이 결투할 수 있도록 사전 pro forma에 예정된 특사를 발부했다.

　일부 군주들은 단지 아주 인간적이어서 결투의 구성과 이야기 거리를 스포츠처럼 즐겼다. 훌륭한 결투는 따분한 궁정을 유쾌하게 해 주었다. 많은 역사가들이 지적하듯이 왕들은 귀족 가문 출신으로 동료 귀족들과 같은 호전적 성향을 가지고 있었다. 하지만 유럽의 왕과 왕비들은 계급적 공감대와 기이한 매혹 그리고 동시에 자신들이 그것을 중지시킬 수 있는 권위가 없다고 인정하였기 때문에 결투를 묵인했다. 절대군주에 대한 많은 공론에도 그들의 권력은 현실적으로 제약받고 있었다. 자신들이 지배할 수 없는 귀족들의 지지를 받고 있다면 귀족에게 지나치게 가혹하거나 단호한 조치를 취할 수 있는 군주는 거의 없었다. 세월이 흐르면서 결투는 국가나 법의 지배에 덜 위협적인 것으로 보이게 되었다. 지배자와 통치자가 더 견실하게 확립되었을 뿐 아니라 결투 그 자체가 더 다루기 쉽게 의식화되고 자기 조절이 되었다. 예전의 허약한 군주 하에서 기사와 그 시종들의 살인적인 난투극과 정정당당한 전투는 법의 지배에 도전했지만 차가운 새벽 두 사람 사이의 사적이고 통제된 결투는 이제 근대 유럽국가의 질서와 거의 무관했다. 결국 많은 유럽의 군주들은 계속해서 결투를 묵인하는 것처럼 보였지만 결투가 처형에 처해질 범죄라고 명문화한 법률들을 철폐하고자 했던 군주는 거의 없었다.

운명적인 총성이 아직도 귓가에서 맴도는 가운데 데이비드 랜달과 윌리엄 밀리는 마차에 깊숙이 앉아 존 메이슨에게 피프의 흠뻑 젖은 들판에서 가급적 빨리 벗어나자고 지시했다. 그곳에서 조지 모건의 시신은 그가 누워 있는 땅처럼 서서히 차갑게 젖어가고 있었다. 두 남자는 당시 달아나고 있었다. 명예가 회복되고 용기를 입증했지만 두 사람은 법을 위반했다. 데이비드 랜달은 사람을 죽였고 밀리는 공모자였다. 따라서 그들은 도망쳐야 했으며 당국을 피해 피프를, 심지어 스코틀랜드를 떠나야 했다. 하지만 범죄의 첫 번째 규칙 중 하나가 적당한 도주 차량을 확보하는 것이라면 데이비드 랜달은 결국 실패한 셈이었다. 존 메이슨에게 서쪽으로 50마일 정도 떨어져 있는 스털링으로 달리라고 지시했을 때 그는 마부의 응답을 미처 예상하지 못했다. 마부가 거부했던 것이다. 그는 그곳은 너무 멀고 자기와 말은 지쳐 있다고 말했다. 메이슨은 후에 "내가 말들이 지쳐 그렇게 멀리 갈 수 없습니다 라고 말하자 랜달 씨는 이어 '퀸스페리로 갑시다'(서남쪽으로 10마일 떨어져 있는 해안 마을)라고 말했다. 나는 다시 말들이 그렇게 멀리까지 갈 수 없습니다 라고 말했다. 그러자 랜달 씨는 번티스랜드(4마일 떨어진)로 달리라고 지시했다. 그러나 나는 역시 같은 대답을 했다"라고 회상하고 있다. 순간 데이비드 랜달은 인내심을 잃고 화가 나 메이슨에게 "새로운 말을 구할 수 있는 가장 가까운 곳으로 갑시다"라고 지시했다. 데이비드의 정신적 혼란은 상상해볼 수 있을 뿐이다. 이제 막 결투에서 사람을 죽였는데 불친절한 마부가 말을 다그치기를 거부하고 있기 때문에 그는 달아날 수 없었다. 조지 모건이 결투 장소로 오는 길에 길을 잃었다는 사실이 어처구니없는 일이었다면 데이비드 랜달이 결투 장소에서 벗어나는 길에 마부에게서 거듭 퉁명스런 거절을 당한 일도 마찬가지로 품위가 떨어지는 모양새였다.

  존 메이슨은 턱을 긁적이며 키르컬디에서 2마일 떨어진, 그 다지 멀지 않은 킹호른까지는 데려다 줄 수 있다고 말했다. 데이비드는 동의하지 않을 수 없었다. 그것은 어느 정도 윌리엄 밀리의 잘못이었다. 그는 메이슨이 자신들의 위급함을 이해하리라 생각했지만 메이슨은 분명 이해가 다소 더뎠다. 그는 후에 자신은 "모건 씨가 총에 맞았다는 사실을 키르컬디에 돌아오고 나서야 알았다"고 주장했다. 밀리는 또한 새로운 말을 사용할 수 있게 할 수도 있었을 것이다. 하지만 그가 어떻게 결투 이후의 일에 대해 계획할 수 있었겠는가? 말하자면 밀리로선 세인트 마리로 되돌아가는 슬픔에 잠긴 짧은 거리만 데려다 줄 마차를 필요로 했을 것이다. 이내 그들은 킹호른에 도착했고 데이비드 랜달과 밀리는 "메이슨에게 한 마디도 하지 않고" 마차에서 내렸다. 데이비드는 탑승요금 청구서는 세인트 마리로 보내라고 말했다. 얼마 안 되는 거리를 탑승했지만 그래도 "마부에게 그의 노고에 대한 대가를 지불했다."

  데이비드는 이제 자신의 도주에 대해 생각해야 했다. 데이비드 랜달이 토지 관리인인 존 앤더슨에게 보낸 편지에 기술했던 탈출로는 쓸모가 없었다. 데이비드 랜달의 계획은 일단 스털링으로 가서 쉽게 눈에 띄는 퍼스 오브 포스 왕복연락선을 타지 않고 아무도 모르게 스코틀랜드 남부로 들어가는 것이었다. 그리고 그곳에서 곧바로 자신이 잘 알려지지 않은 글래스고우로 갈 작정이었다. 하지만 지금 데이비드 랜달은 자신이 원했던 곳과는 정반대

방향인, 키르컬디 남부에서 불과 몇 마일 떨어지지 않은 곳으로 누구나 자신의 이름을 알고 있는 지역에 있었다. 대안이 없었다. 새로운 말과 새로운 마차를 얻은 두 명의 도망자는 번티스랜드로 해안을 따라 몇 마일 더 달렸다. 그곳은 밀너 중위가 사는 작은 도시로 랜달과 밀리는 에딘버러 선착장 해역을 가로지르는 아침 9시 연락선을 타고 뉴헤이번에 도착했다. 거기에서 그들은 되는대로 첫 번째 마차를 구해 글래스고우를 향해 서쪽으로 달렸다. 그날 오후 늦게 글래스고우에 도착한 랜달과 밀리는 그곳이 자신들을 알아보는 사람이 없는 최선의 장소이기를 바랬다.

마차가 달리는 내내 데이비드는 많은 생각을 할 수 있었고 도착 첫날은 자신이 했던 일을 매듭짓는 데 보냈다. 데이비드는 자신이 정당하고 명예롭게 행동하기는 했지만 그래도 사람을 죽였다는 사실에서 벗어날 수 없다는 것을 알고 있었다. 이 단계에서 데이비드 랜달이 양심의 가책으로 고통스러워했다고 말하는 것은 지나치겠지만 어쨌든 그는 불안해하고 있었다. 데이비드 랜달은 그 일을 마음속에 되새기며 사건을 합리화하기 시작했고 결국 누구에게 가장 큰 책임이 있는지 판단했다. 즉 조지 모건과 신이었다. 윌리엄 밀리에 따르면 여행 내내 "랜달은 모건을 죽인 데 대해 어떤 후회의 말도 하지 않았다. 그는 자신이 유감스러운 것은 모건 때문에 그런 일을 하지 않을 수 없었던 것이며 거듭해서 모건의 죽음이 전능한 분의 조정이었으며 그분이 모건을 불러일으켜 죽음에 이르게 했다고 말했다."

　이러한 데이비드의 견해는 그가 강한 종교적 신념을 갖고 있었기 때문만이 아니라 전직 군인과의 결투에서 상처 하나 없이 벗어날 수 있으리라고는 예상하지 못했기 때문이었다. 많은 키르컬디 사람들도 노련한 총잡이의 총격이 빗나간 반면 한 번도 총을 잡아 보지 않았던 사람이 어떻게 정확히 조준할 수 있었는지 궁금했을 것이다. 사실 군인이 일반 시민보다 더 정확한 사수라는 사실을 입증하는 증거는 거의 존재하지 않는다. 장교들이 참여한 많은 결투에 대한 연구에 따르면 군인이 분명 화기에 더 익숙하긴 하지만 그렇다고 일반시민보다 사격을 더 잘한다고 할 수는 없다는 결론에 이르게 된다. 하지만 데이비드는 이러한 사실을 모르고 있었다. 그는 하느님이 주재하신 것이라고 믿었다. 이는 많은 사람이 칼로 하는 결투보다는 권총 결투에서 더 쉽게 찾게 되는 믿음이다. 역사가 빅터 키에넌은 "칼보다는 총알의 방향이 예측하기 더 어려우며 아마도 더 종교적이거나 운명론적인 마음을 가진 사람은 칼을 휘두르기보다는 방아쇠를 당길 때 신의 섭리나 운명의 장난을 더 쉽게 받아들이게 될 것이다."

　그날 밤 데이비드는 글래스고우에 있는 자신의 호텔 방에서 대리인인 존 앤더슨에게 자신의 행동이 정당하다는 확신으로 해명의 글을 썼다. 그는 "친애하는 존, 이미 모건이 나에게 가한 모욕의 운명적 결과에 대해 이야기를 들었을 걸세. 그 같은 결과는 하느님의 뜻이었네. 나는 언제나 그런 결과가 나올 것이라 생각했고 하느님이나 사람들에게 나의 행동이 올바르다고 떳떳하게 말할 수 있기 때문에 남자다운 단호함으로 그 모든 일을 치러낼 수 있었네. 나는 나의 의무를 다했다고 생각하기 때문에 나의 행동에 대해 추호의 가책도 느끼지 않네"라고 쓰고 있다. 이 짧은 구절에서 데이비드는 많은 것을 드러내고 있다. 이 말은 500년 전 결투에 의한 재판에서 살아남은 기사가 기꺼이 말했을 법한 믿음으로 과거로부터 반향되고 있는 것이다. 사실상 하느님이 그 같은 결투를 주재한다고 믿고 있었다. 하지만 중요한 것은 데이비드가 조지 모건을 살해한 것을 정당화하기 위해 수세기를 거슬러 올라갈 필요를 느꼈다는 사실이 아니라 어쨌든 자신이 사람을 살해했다는 사실을 정당화할 필요가 있다고 느꼈다는 사실이다.

전성기 시절의 결투는 사실상 대단했다. 고대 음유시인이나 켈트족의 방랑시인들이 숙녀들을 고통에서 구하거나 세계에서 용을 제거하는 방랑 기사들의 이야기를 과장하여 자랑하듯 결투는 찬양받고 한껏 향유되었으며 끊임없이 회자되었다. 결투자들은 목숨보다 명예를 우선시하는 용감한 전사인 영웅으로 환대받았다. 자신의 행동을 정당화할 필요는 말할 것도 없고 도주할 필요를 느끼는 사람도 거의 없었다. 결투는 그것을 탐닉하고 그것을 추종하는 사람들 모두에게 열광의 대상이자 유행이었다. 일부 상류 사회의 어떤 이에게는 두 가지 의문이 제기될 것이다. "그는 어떤 가문 출신인가? 결투를 해본 적이 있는가?" 젊은 신사는 "화약 냄새를 맡을 때"까지 완전히 교육받은 것으로 받아들여지지 않았다. 왕실을 비롯해 비천한 여인숙에 이르기까지 결투는 뜨거운 화제 거리로 기본적으로 따분한 삶을 살았던 많은 사람들에게 흥분의 원천이었다. 그들은 "오늘 누가 결투를 하지?"라고 서로에게 물으며 아주 사소한 내용까지도 알고 싶어 했다. 많은 사람이 반대하긴 했지만 모두가 매혹되어 있었다. 그들은 결투의 원인이 된 분쟁에 대한 상세한 설명, 관련된 인물들의 이름은 물론 결투에 대한 일거수일투족과 총성 하나하나에 대한 묘사까지 듣고 싶어 했다. 때로 이 이야기는 구전으로 전해졌다. 하지만 많은 입회인들은 저녁 신문에 간략한 설명을 제공하는 것이 자신의 의무라고 생각했기 때문에 그들의 입장에서 그 이야기들을 들을 수 있었다. 『영국의 결투 규칙』은 이러한 보도를 어떻게 편집해야 할지 지침을 제공하고 있다. "이것은 짤막한 사실에 대한 솔직하고 분명한 이야기여야 한다. 양 측의 행동에 대한 어떤 속죄방법도 허용될 수 없다." 신문에 새로운 것이 전혀 없다면 늘 유명한 결투자들의 회고담이 게재된다. 참여자들이 부끄러워하거나 일반인들이 반감을 드러내는 경우는 거의 없었다.

결투는 아득히 오래 전에 비롯된 어떤 것이 아니라 개인적 분쟁을 해결하기 위한 사적인 사건이다. 때로 수천 명이 결투를 참관한다. 결투의 원형인 마상 창 시합은 의도적으로 깊은 인상을 주어 지역 농민들이 복종하도록 고안된 군사력, 또한 개인의 명예와 귀족 가문을 과시하는 대중적 볼거리였다. 결투에 의한 재판은 마찬가지로 공적 정의에 대한 과시로 공개되었다. 1571년 보기

드문 결투 재판에 대한 기대에 이끌려 런던 토트힐 필드에 4천명 이상의 관객이 운집했다. 군중들은 유감스럽게도 당시 결투에 의한 재판이 약간 지나치다고 생각한 엘리자베스 1세가 마지막 순간에 결투를 금지시키자 불만을 토로했다.

하지만 대중은 훌륭한 결투를 좋아했으며 결투 사실을 알게 되면 결투를 볼 좋은 장소를 차지하기 위해 일찌감치 일어나 소풍을 준비한다. 18세기 말과 19세기 초, 많은 런던 사람들이 결투를 지켜보기 위해 새벽에 초크 농장인 코벤트 가든이나 링컨 인 필드에 운집하곤 했다. 1759년 존 베링턴 대령과 길버트라는 사람 간의 아일랜드 마상 결투에선 "6달 전 합의되어 공개적으로 발표된 결투를 보려고 인근 전 지역 사람들이 몰려들었다." 군중들은 경마장에서처럼 앉아 있었고 사냥터지기가 결투장소를 무료로 관리했으며 사냥꾼이 준비했다. 1808년 선거에 나선 두 명의 아일랜드인이 뇌물을 받은 자치시에서의 일부 투표에 대해 싸움을 벌였다. 존 콜클러프와 윌리엄 알코크는 다음날 아침 결투를 했고 "결투를 보기 위해 많은 사람들이 운집했으며 그 중에는 치안판사들도 있었다." 근시인 두 명의 남자는 8보폭 떨어져 총을 발사했고 콜클러프는 심장에 총을 맞았다. "구경꾼들은 공포로 거의 망연자실했고 그때 갑자기 크고 끔찍한 비명이 들판의 전 지역에서 동시에 터져 나왔다." 1833년 여동생의 결혼을 반대한 장교와 구애한 귀족 사이에 벌어진 결투를 파리 인근에서 거의 2천 명의 사람들이 목격했다. 그들의 결투도 구경거리로는 실망스럽지 않았다. 첫 번째 총격에서 상대의 총알은 명예가 손상된 귀족을 아슬아슬하게 빗겨나갔다. 두 번째 총격은 자신에게 불명예를 안겨준 상대의 머리에 박혀 사망에 이르게 한다.

결투는 예술에서 찬양되었다. 연극은 결투로 가득했다. 극장은 비극이자 멜로드라마적 요소가 많은 명예로운 죽음이라는 소재를 거부하기 어려웠다. 사실상 결투는 비극이 요구하는 많은 요소들을 충족시키고 있었다. 그 결과는 운명적으로 보이며 결투가 어떻게 왜 일어났는지에 관심을 갖게 된다. 중간 계급은 결투에 반대했겠지만 그들도 귀족적 열정과 명예에 대한 이야기에 흥미를 보였다. 빅터 키에넌에 따르면 "아주 많은 영국 가문의 구성원이 이베리아 반도에서 군복무를 하던 1815년 이후 군인들은 소설을 많이 썼다. 그들은 결투의 이야기적 가치를 무시할 수 없는 자신의 군 생활에 의지하고 있었다." 일을 거드는 보조 소설가의 지평을 넘어서고자 열망하는 작가들조차 결투에 대해 강박관념을 갖고 있었고 특히 러시아 작가들이 심했다. 푸쉬킨, 체호프, 도스토예프스키와 톨스토이 같은 작가들도 모두 결투의 극적인 유용성을 이해하고 있었으며 자신들의 작품에 흔히 결투를 포함시켰다. 체호프는 『결투』라는 단편 소설을 쓰기도 했다. 월터 스콧 경은 결투에 대해 강박적으로 글을 썼으며 『성 로난의 샘 St Ronan's Well』은 던컨의 알렉산더 보스웰과 제임스 스튜어트 간에 벌어졌던 결투에 근거하고 있다. 찰스 디킨스는 야심을 품은 중간 계급을 조롱하기 위해 자신의 소설에서 결투를 사용했다. 샬롯 블론테도 로체

스터 씨가 프랑스 백작의 아들을 팔 병신으로 만든 과거 결투담을
제인 에어에게 자랑하게 하고 있다. 그 모든 것이 결투의 매력을
더하고 있다.

　닥터 제임스 존스턴은 손과 외투에 묻은 조지 모건의 피를 닦
아내고 무거운 마음으로 말에 올라 끔찍한 소식을 가지고 천천히
키르컬디로 향했다. 닥터 존스턴은 후에 "곧장 데이비드 모건의
집으로 향했고 그가 집 앞에 서 있는 것을 보았다"고 회상하고 있
다. 그는 주저하지 않았다. "나는 그에게 인사를 하고 불행한 소식
을 전해야겠다고 말하고는 곧이어 동생이 총에 맞아 죽었다고 전
했다." 동생의 죽음에 대한 소식을 듣는 것은 어떤 상황에서도 상
당한 충격과 슬픔을 불러일으킬 수 있는 끔찍한 일이다. 그것이
살인이었다는 말을 듣게 되면 당연히 분노를 보이며 복수를 생각
하게 될 것이다. 하지만 알려진 바에 따르면 데이비드 모건은 이
런 감정을 거의 느끼지 않았다. 닥터 존스턴에 따르면 그는 단지
이렇게 물었다. "모든 것이 공정했습니까?" 데이비드 모건의 생
각은 슬픔, 회한이나 절망적인 것이 아니었다. 그가 생각하는 것
은 벌어진 일의 타당성에 대한 것이었다. 데이비드 모건은 동생이
그의 분쟁을 '군인으로서' 해결하려 했다는 사실을 받아들였고
그것은 동생이 그 과정에서 죽었다면 어쩔 수 없다는 것을 의미했
다. 결투가 정당하고 '공정'했다면 슬프지만 이의를 제기할 수는
없었다. 결투에 대한 일반인들의 태도는 변화하고 있었지만 데이

비드 모건은 결투가 정당하게 치루어졌다면 합법적이고 받아들일 수 있는 관행이라고 여전히 믿고 있는 구식 사고를 가진 사람이었다. 데이비드 모건 측이 보인 유일한 슬픔의 표시는 며칠 후 결투에 대해 관계 기관의 방문을 받았을 때 드러나게 된다. 키르컬디 치안판사의 서기관 윌 더글러스는 데이비드 모건과의 회견이 "고통스러운 일이었으며 결투 2시간 전에 동생을 보았던 그에겐 너무 가혹한 일이었다"고 기록하고 있다. 하지만 결투 당일 그는 자신의 감정을 절제하며 결투의 정당성에 대해서만 질문했다. 데이비드 모건의 질문에 대한 답변에서 닥터 존스턴은 모든 것이 공정했다는 사실을 "의심할 이유가 없다"고 말했다. 데이비드 모건은 고개를 끄덕였지만 아무 말도 하지 않았다. 닥터 존스턴은 그에게 동생의 집으로 내려가 "그의 시신을 받아들일 준비를 하라"고 권유했다. 데이비드 모건은 동생의 시신을 인수한 후 길 아래 살던 존 레슬리라는 사람을 찾아 밖으로 나갔다. 레슬리는 목수였다. 하지만 키르컬디 시에서 그는 관을 만드는 사람이기도 했다.

데이비드 모건이 돌아올 때까지 밀너 중위는 커크 윈드에 있는 그의 이전 집에 조지의 시신을 인계했다. 밀너는 집에 머무르지 않고 곧바로 떠났지만 분명 서두르지는 않았다. 그는 데이비드 랜달과 윌리엄 밀리처럼 에딘버러로 가는 연락선을 탔지만 그날 오후 1시 30분이 되어서였다. 밀너가 자신이 비호하기로 한 사람의 형에게 자신의 무죄를 주장했는지 여부는 알려지지 않고 있다.

동생의 죽음에 대해 침착한 반응을 보인 데이비드 모건이라면 당연히 스코틀랜드 은행 경영진의 다소 무정한 반응에도 놀라지는 않았을 것이다. 일단 조지의 시신 처리 문제를 정리한 데이비드 모건은 의무적으로 에딘버러의 상급자들에게 결투의 불행한 결과에 대해 전했다. 은행 임원들 중 한 명인 조지 샌디는 다음과 같이 회신했다. "리처드 토시 씨를 통해 당신의 동생이자 동료인 조지 모건의 죽음에 대한 귀하의 슬픈 소식을 전달받았습니다. 은행 임원진은 그 소식에 심심한 조의를 표합니다." 하지만 조지 샌디는 사무적으로 슬픔을 표한 후 은행가답게 할 일을 하고 이내 은행 업무를 확실히 하는 문제로 넘어갔다. "공식 체계는 즉시 당신에게 설명을 요구하고 있습니다. 1818년 2월 21일과 23일의 계약과 관련된 업무와 책임은 남아있는 당신이 계속해야 한다는 사실을 기억하십시오. 이 계약을 통해 키르컬디 지역에서 스코틀랜드 은행의 대리인이나 자금 관리자의 업무와 책임을 공식 자격이 있는 남은 자로서 당신에게 은행에 대한 신뢰를 전적으로 유효하게 지속하게 할 것입니다." 다시 말해서 은행은 데이비드 모건이 업무를 계속 맡아주기를 원했다. 조의가 결여되기는 했지만 데이비드 모건은 은행의 제안에 만족했을 것이다. 은행은 모건 형제 때문에 속 썩일 필요가 없으며 언제든 새로운 대리인을 찾기로 결론을 내릴 수도 있기 때문이었다. 하지만 그들은 계속해서 데이비드 모건에게 신임을 보냈다.

　결투에 대한 소문은 금방 키르컬디에 확산되었다. 키르컬디처럼 작고 남 말하기 좋아하는 소도시에서 그런 비밀은 오래 유지

될 수 없었다. 사실상 조지 모건의 시신이 식기도 전에 결투에 대한 소문은 키르컬디 아침밥상의 화제 거리가 되었다. 제임스 에이턴은 그 이야기를 "9시에 나의 하인들 중 한 명이 모건 씨가 그날 아침 랜달 씨와의 결투에서 총에 맞아 죽었다고 알려주었을 때" 들었다. 그때 데이비드 랜달은 아직 번티스랜드에서 연락선을 타기 위해 기다리고 있었다.

이 결투는 키르컬디에서 '엄청난 센세이션을 불러일으켰다.' 바로 길 아래에서 보스웰과 스튜어트의 결투가 있은 직후 일어났기 때문만은 아니었다. 대단한 것은 아니었지만 키르컬디 사회의 일반적인 반응은 다음과 같은 것이었다. 조지 모건은 그를 그리워할 사람이 거의 없을 정도로 무례하고 비신사적인 사람이었지만 그렇더라도 데이비드 랜달은 결투를 피하기 위해 더 노력해야했다는 것이다. 데이비드 랜달의 친구이자 린넨 무역의 동료였던 조지 미첼이 개진한 견해였다. 결투가 일어난 지 몇 시간 후인 그날 수요일 아침, 미첼은 우연히 에딘버러에 있었고 키르컬디 세관원인 윌리엄 머니페니와 함께 스코틀랜드에 조지 모건의 죽음을 전하기 위해 가던 리처드 토시를 만났다. 잡담을 하던 중 미첼이 "조지 모건의 인품에 대한 자신의 견해를 경멸직으로" 이야기했다. 특히 그는 "모건 씨가 자연사했다면 그의 죽음을 슬퍼하는 키르컬디 사람은 많지 않았을 것이라고 믿는다"라고 말했다. 하지만 미첼은 또한 결투에 놀라워하며 "자신이 유감스러운 것은 랜달 씨가 조지 모건 같은 사람과 결투까지 하게 되었다는 사실"이라고 말했다.

　이러한 유감표명은 신문에서도 반영되고 있다. 당시 결투는 언제나 적어도 몇 개의 단락을 보장할 정도로 드물었기 때문이다. 결투 다음날인 8월 24일 목요일 「에딘버러 이브닝 커런트」는 단신으로 보도했다. "어제 아침 키르컬디 북쪽에서 키르컬디 사람인 조지 모건과 데이비드 랜달이 결투를 벌였다는 사실을 알게 되어 유감이다. 첫 번째 총격으로 모건 씨는 가슴에 상대의 총알을 맞아 불행하게도 그 자리에서 사망했다. 이 결투의 원인에 대해 사법 당국의 조사가 진행 중이기 때문에 이 문제와 관련된 세부적인 내용에 대한 보도는 삼가겠다." 하루 뒤 「스코츠맨」은 입회인들의 이름 같은 몇 가지 세부 사항들을 추가로 보도하고 랜달과 모건 간의 '불행한 다툼'과 모건의 죽음에 대한 애도를 표했다. 주간 신문들이 나올 때까지 신문기자들은 거의 감상적으로 슬픔을 표했다. 「에딘버러 위클리 저널」의 기자들은 다음과 같이 보도하기 시작했다. "우리가 소위 '명예'의 문제라고 부르는 불행한 결투 중 하나의 치명적인 결과를 기록해야 하는 것은 일반적인 유감의 감정 때문은 아니다." 빈정거림이 거의 분명하게 드러나고 있다. 한 주가 지나고 결투에 대한 소식은 「더 타임스」가 기사를 게재한 런던에까지 전해졌다. 당시에도 「더 타임스」의 3면은 외설적인 범죄 이야기의 보고였다. 결투가 일어난 다음 주 월요일인 8월 28일 신문은 그 이야기의 간략한 윤곽을 보도했다. 다음날 신문은 「칼레도니아 머큐리」에 처음으로 발표된 사건 설명을 다시 게재했다. 그것은 결투를 "슬픈 조우"로 묘사했다. 결투에 대한 여론이 더 이상 과거처럼 찬양조가 결코 아니었다는 점은 분명했다.

아론 부어는 그 시대의 앨 고어였다. 1800년 그는 몇 표 안 되는 차이로 미국 대통령 선거에 낙방했다. 당시 법률에 따라 승리한 토머스 제퍼슨은 상처를 치유하고 국가를 통합할 수 있도록 부어를 부통령으로 임명해야 했다. 하지만 부어는 괴로워했고 늘 알렉산더 해밀턴 때문에 패배했다고 그를 비난했다. 알렉산더 해밀턴은 미국 혁명의 위대한 인물 중 한 사람으로 조지 워싱턴의 친한 친구이자 헌법의 공동기초자, 유력한 연방주의자이자 전직 군총사령관이었다. 그는 선거단이 제퍼슨을 지지하도록 설득하는 데 성공했다. 결국 몇 년 후 해밀턴이 편지에서 자신을 중상했다는 사실을 알게 된 부통령 부어는 즉시 결투 신청을 했다. 당시 정계에서 은퇴했던 해밀턴은 도덕적, 종교적 이유로 결투를 거부했다. 하지만 명예에 대한 의무감이 그의 윤리적 믿음보다 컸기 때문에 1804년 7월 11일 현재의 뉴저지로 입회인들과 함께 강을 건넜다. 부어는 상대를 쏘아 죽이기로 결심했고 결심한 것을 실천했다. 총에 맞은 해밀턴은 상대가 부상을 당하지 않도록 총을 쏘았다. 여론은 해밀턴과 같은 인기 있는 인물의 죽음에 대해서만이 아니라 결투의 관행에 대해서도 엄청난 혐오감을 표했다. 미국 결투 전문가인 메이저 벤 트루먼은 "이 사건은 북부 주들에서 국민에게 결투의 실제적 혐오감을 불러일으켰다"고 쓰고 있다. "링컨 암살과 워싱턴과 가필드의 죽음을 제외하면, 공적으로든 사적으로든 불행한 이 사건의 슬픈 종말이 불러일으킨 것보다 더 깊고 일반적인 슬픔을 불러일으켰던 사건은 없었다." 언론은 부어에게 혹평을 가했으며 그는 뉴욕 시민권을 박탈당하고 살인죄로 기소되어 몸을 숨겨야 했다. 부어는 사회의 기피인물이 되었다. 그의 전기 작가들 중 한 명은 "뉴욕은 부어에게 안전한 장소가 아니었다. 그는 목숨을 부지하기 위해 달아났고 겁에 질린 그의 수행원들은 서둘러 아무도 모르는 곳으로 피신했다. 살인을 저지른 부어는 역사 속에서 다시는 자신의 명성을 되찾지 못했다. 이 결투는 희생자보다는 살아남은 자에게 훨씬 더 가혹했다"라고 회상하고 있다. 부어는 변호사 업무를 재개하려 했지만 1836년 스테이턴 아이슬랜드에서 가난하게 사망했다. 반면 해밀턴은 건국의 아버지로 존경받으며 현재 그의 얼굴은 10달러 지폐를 장식하고 있다.

결투는 도덕적 이야기가 아니었다. 적어도 미국에선 그랬다. 하지만 무모한 결투에 대한 여론의 비난은 영국에서도 일어나기 시작했다. 1809년 9월 대 프랑스 전쟁이 절정에 이르렀을 때, 토리당의 국방장관 카슬레이는 동료 외무장관 조지 캐닝에게 결투 신청을 했다. 카슬레이는 캐닝이 자신에게 불리한 음모를 꾸미고 있다고 믿었다. 두 사람은 결투 며칠 전 정치적 위기 속에서 자신들의 직위를 사임하고 새벽에 푸트니 헤스에서 결투했다. 평생 한 번도 총을 쏴본 적이 없는 캐닝은 두 번이나 맞추지 못했지만 카슬레이는 그의 두 번째 총격에서 상대의 다리에 가벼운 상처를 남겼다. 여론은 저명한 두 명의 정치인들이 이런 식으로 행동할 수 있다는 사실에 분노했다. 「모닝 크로니클」은 "혼란에 빠져 흩어진 상류 사회에서 지속할 정부를 형성할 수 있으리라는 생각은 극히 어리석다"라고 쓰고 있다. 이 두 사람은 많은 비난을 받았고 그들의 성공은 단기간 이어지기는 했지만 이 결투는 빈번하게 그들에게 불리하게 작용했다. 결투 직후 캐닝은 병든 포틀랜드 공작이 사임했을 때 수상이 되고 싶었다. 하지만 그의 바람은 헛된 것이었다. 조지 3세는 대신 스펜서 퍼시발을 선택했다. 스펜서 퍼시발은 3년 후 불만을 품은 상인에 의해 하원에서 총을 맞아 암살당한 최초의 유일한 영국 수상이라는 의심스러운 명예를 얻게 된다. 캐닝은 수상이 되기 위해 다시 18년의 세월을 기다려야 했다. 짧은 기간 수상으로 있었던 사실을 고려하면 너무 오랜 기다림이었다. 캐닝은 수상이 된 지 4달 만에 병에 걸려 사망했다. 카슬레이는 더 성공적인 삶을 살았다. 그는 이어 비엔나 회의에서 나폴레옹 이후의 유럽을 설계한 사람들 중 한 명이 되었다. 하지만 인기를 얻진 못했다. 위대한 토리당 귀족이자 정치가였던 그는 동성애자라는 주장 속에 1822년 자살했다. 그의 장례행렬은 웨스트민스터 성당으로 들어갈 때 야유를 받았다.

하지만 캐닝과 카슬레이의 결투에 대한 비난 여론은 당시 수상 못지않은 인물이었던 웰링턴 공작과 관련된 1829년 결투로 야기된 여론의 비난에 비할 바가 아니었다. 워털루 전투가 있은 지 10년도 더 되어 수년간의 정치 불안이 이어지자 조지 4세는 토리당과 국가 질서를 재확립하기 위해 늙은 전쟁 영웅에게 의지했다. 웰링턴이 먼저 착수한 일들 중 하나는 아일랜드에서의 불안을 피하기 위해 공적 생활에서 영국 가톨릭에 더 큰 역할을 부여한 것이었다. 이 정책은 토리당을 양분시켰고 강경파 프로테스탄트인 윈칠시 경이 웰링턴의 동기에 의문을 제기했다. 많은 편지가 오가고 결국 공작은 결투로 해결할 것을 요구했다. 웰링턴은 결투에 반대한 것으로 알려졌다. 그는 결투가 무질서를 조장하고 훌륭한 젊은 장교들을 허비하게 한다고 주장하며 공개적으로 결투를 비난했다. 하지만 웰링턴은 윈칠시의 주장에 너무 화가 나 그에게 결투 신청을 해야 한다고 느꼈다. 61살이고 수상이라는 사실은 전혀 고려하지 않은 것처럼 보였다. 결국 1829년 3월 21일 새벽 나폴레옹에게 승리한 노장군과 거의 알려지지 않은 동료 의원이 서로를 죽이려는 목적으로 배틀씨 필드에서 만났다. 결국 윈칠시는 자신의 성공 가능성이 전혀 없다는 사실을 깨달았다. 자신의 대의명분이 아무리 옳다하더라도 웰링턴을 죽인 사람으로 알려지고 싶지는 않았다. 그는 총구 겨누기를 거부하고 대신 허공을 향해 총을 쏘았다. 웰링턴 역시 의도적으로 빗나가게 총을 발사하고 서면 사과를 받았다. 어떤 사람은 용감하고 명예로웠다고 말했다. 하지만 여론은 감명 받지 않았다. 그들은 사소한 문제로 죽거나 불구가 될 수도 있는 위험을 감수하려 한 수상을 이해할 수 없었으며 언론은 공개적으로 웰링턴을 조롱했다. 신문들 중「모닝 헤럴드」는 극히 경멸적이었다. 「모닝 헤럴드」는 런던이 전혀 있을 법하지 않은 결투 이야기로 "들끓었으며 그것은 기껏해야 남의 연애사나 시시콜콜 얘기하기 좋아하는 수다쟁이나 늙은 여인들의 취향에나 맞는 꾸며낸 이야기에 불과하다"고 말했다. 이어 두 명의 동료의원이 "배틀씨 필드의 양배추들 속"에서 어떻게 만났는지에 대한 있을 법하지 않은 이야기를 자세히 설명하고 있다. 신문은 이상하기는 하지만 진실이라고 선언했다. 즉 "독자 여러분 그렇습니다. 알렉산더나 카이사르보다 더 위대한 정복자처럼 보이는 정복자, 그의 시대 최고의 전사, 수백 번의 전투에서 승리한 사람이자 대영제국의 수상인 웰링턴 공작은……이 모든 것을 무시하고 스스로 자신이 살인자가 될 수도 있고 죽음과 관련된 범죄를 저지를 수도 있는 상황을 자초했습니다. 그렇게 되면 그는 법정에 서서 극악한 범죄인으로서 처형을 면하도록 간청해야 될지도 모릅니다. 참으로 이 모든 사악함을 저지를 예정이었으며 겨우 어떤 귀족 상원의원이 홧김에 가장 좋은 친구들과 열렬한 찬미자들조차 일소에 부칠 토라진 편지를 썼다는 이유로 그 모든 위험을 감수했습니다. 따라서 사실상 우리가 입법자인 위대한 사람들, 권력자들, 그리고 유명한 사람들이 공개적으로 법을 무시하고 있는 것을 볼 때 대중이 법을 위반한다는 사실이 새삼스러운 일은 아닙니다." 과거에 결투가 찬미되던 곳에서 이제는 비난을 받고 있다. 매혹은 공개적 비난이 되었다.

결투에 대한 여론이 좋지 않았기 때문에 데이비드 랜달은 오명을 씻고 명예를 지키려면 당연히 많은 노력을 해야 한다는 사실을 알고 있었다. 이 일에 적임자로 그가 선택한 사람은 자신의 방적사 취급인인 존 앤더슨이었다. 존 앤더슨의 일은 데이비드가 도망치고 있는 동안 데이비드 랜달의 대변인으로 활동하며 그의 입장에서 설명하고 결투가 어떻게 비춰지는지에 대해 데이비드가 추정할 수 있게 해 주는 것이었다. 결투 당일 저녁 글래스고우에서 앤더슨에게 보낸 편지에서 데이비드는 대리인에게 지시를 내려 "동료 시민들이 내가 없는 동안 나의 명예를 지켜줄 수 있도록" 보장해 달라고 역설했다. 이어 그는 앤더슨에게 첫 번째 임무를 맡겼다. 데이비드가 법정에 설 준비가 되어 있다는 사실을 사람들에게 알리라는 것이었다. 그는 "며칠 후 그 사건을 신문에서 보게 되면 검찰 총장에게 기꺼이 고소를 받아들일 준비가 되어 있다고 편지를 보내겠다"고 쓰고 있다. 앤더슨은 일을 잘 처리했다. 며칠 후 신문은 데이비드의 견해를 반영했다. 「피프 헤럴드」「스코츠맨」「더 타임스」는 모두 다음과 같이 보도했다. "최근 키르컬디에서 벌어진 결투 생존자의 친구인 정통한 소식통에 따르면 법원의 여건이 허락하는 대로 조속히 그의 재판을 진행할 조치를 취하고 있는 중이다. 랜달 씨는 재판일이 결정되는 대로 기꺼이 법정에 출두할 것이며 일시적인 도피는 불필요한 구금을 피하려는 의도일 뿐이라고 전했다."

그것이 데이비드의 가장 시급한 관심사였기 때문이다. 여론은 한결같았지만 법적 구속을 피하는 것은 또 다른 문제였다. 당시 영국엔 정규 상설 경찰력이 존재하지 않았지만 당국은 대기 중인 치안관을 얼마든지 보유하고 있었다. 사법당국은 아주 신속하게 행동에 들어갔다. 결투가 벌어진 지 몇 시간 후 지역 검찰관인 앤드류 갤러웨이는 공식적으로 키르컬디 치안판사에게 체포영장을 발부해 줄 것을 요청했다. 그는 소장에 다음과 같이 기록하고 있다.

각하께서 상기한 데이비드 랜달, 윌리엄 밀너 중위와 윌리엄 밀리를 수색해 체포할 수 있도록 검찰관과 경관들에게 영장을 발부해주시면 각하께서 조사하실 수 있도록 그들을 데리고 온 후 상기한 데이비드 랜달, 윌리엄 밀너 중위 그리고 윌리엄 밀리를 큐파에 있는 교도소나 다른 믿을 만한 감옥에 수용해 그들이 혐의를 받고 있는 범죄에 대해 적절한 법 절차에 따라 석방될 때까지 그곳에 구치하겠습니다.

사건이 일어났을 당시 당직 치안판사는 키르컬디의 관세사이자 시장인 조지 밀러였다. 그 역시 우연히 데이비드 랜달의 친구이자 상공회의소 동료였다. 하지만 그날 공적 역할에서 조지 밀너는 선택의 여지가 없었다. 그는 갤러웨이에게 즉시 다음과 같이 답했다.

상기한 소장을 심리한 후 검찰관이 월터 그랜트와 경관들에게 그들이 피프 카운티 내 어디서 발견되든 상술한 데이비드 랜달, 윌리엄 밀너 중위와 윌리엄 밀리를 수색, 체포해 한명 이상의 치안판사들이 카운티에서 심문할 수 있도록 그들을 데리고 올 수 있는 영장을 발부한다.

월터 그랜트와 그의 검찰관들이 카운티 전역을 뒤지고 있을 무렵 조지 밀너 치안 판사는 일어난 일에 대해 진술할 수 있도록 모든 유력한 목격자들을 소환하라고 지시했다. 스코틀랜드에서 이것은 재판할 수 있는 일반증명이 된 확실한 사건 prima facie case의 존재 여부를 분명히 하는 법적 진상 조사 절차인 예비심문으로 알려져 있다. 이 임무는 피프 카운티 장관으로 키르컬디의 큰 선박 소유 가문의 일원 앤드류 올리펀트에게 맡겨졌다. 그와 소수의 직원들은 수요일 하루 종일 29명에게서 목격 진술서를 받아냈다. 진술서를 작성한 사람들 중 일부는 직접적으로 결투와 관련이 있었고 다른 사람들도 데이비드와 조지를 잘 알고 있는 사람들이었다. 이튿날인 8월 24일 목요일 올리펀트는 에딘버러의 왕실 대리인 애덤 롤랜드에게 결투의 모든 세부사항을 기록한 편지를 보냈다. 오류로 밝혀졌지만 그는 데이비드 랜달과 윌리엄 밀리가 에딘버러에, 밀너 중위는 번티스랜드에 은신해 있을 것이라고 결론짓고 있다.

하지만 올리펀트의 편지는 그것이 조사 당국의 분위기를 반영하고 있기 때문에 중요하다. 우선 그는 밀리와 밀너를 위해 그 사건을 변호하고 있다. 올리펀트는 "입회인들 특히 밀너 씨는 그 문제를 조정하기 위해 최선을 다했지만 효과가 없었던 것처럼 보인다"라고 기록하고 있다. 그리고 그들이 자진 출두했을 때 그들에게 보석을 허가해야 할지 물었다. "피프에서의 최근 불행한 사건에서 두 명의 입회인들은 이러한 권리를 허용받아야 한다고 믿고 있습니다." 하지만 두 번째로 그리고 가장 중요한 것은 올리펀트가 그 이야기를 데이비드 랜달의 관점에서 말하고 있다는 사실이다. 그는 싸움이 어떤 은행 거래 때문에 일어났으며 "모건 씨는 공개된 거리에서 랜달 씨의 어깨를 자신의 우산으로 가격한 공격자로 보인다"고 쓰고 있다. 올리펀트는 데이비드 모건이 결투를 막기 위해 충분한 노력을 기울이지 않았다는 점도 암시하고 있다. "사망자의 형인 데이비드 모건 씨도 합의에 대해 모두 알고 있었던 것처럼 보이지만 그는 그 문제에 대해 어떤 정보도 제공하지 않으려 하고 있습니다." 이어 결정적으로 올리펀트가 '개인적'이라는 단어 다음에 쓴 편지의 마지막 문장에서 그는 다음과 같이 강조하고 있다. "랜달은 이곳에선 대단히 존경받고 있는 인물이라 말할 수 있습니다. 상대는 전혀 그렇지 못합니다." 그것은 결정적인 편지였다. 데이비드 랜달의 친구들은 그가 없는 동안 그를 잘 보호하고 있었다.

하지만 정의의 톱니바퀴는 돌기 시작했고 검찰관들은 피프와 에딘버러 전역에서 수색을 벌이고 있었기 때문에 데이비드 랜달은 더 멀리 달아났다. 결투 다음날인 8월 24일 목요일 그는 다시 자신의 대리인인 존 앤더슨에게 편지를 썼다.

　　데이비드 랜달은 아직 글래스고우에 있었지만 오래 머물지는 않았다. 그는 "곧 캐리슬로 출발할 것이며 D.L. 린드세이라는 이름으로 나에게 편지를 보내주게"라고 쓰고 있다. 데이비드 랜달은 도피했을 뿐 아니라 가명으로 살아가고 있었다. 그는 앤더슨에게 옷과 다른 필수품이 담긴 소포를 보내달라고 부탁했다. "푸른 캠블렛 망토, 모자와 어두운 갈색 외투, 평범한 짧은 바지, 어울리는 긴 장화, 부드러운 가죽 옷, 구두 두 컬레, 글 쓰는 책상, 옷 상자." 번민하고 있던 데이비드 랜달은 잉글랜드로 도주할 준비를 하고 있었다. 그의 목적지는 컴브리어의 황무지였다.

　　이론상으로 결투에서 살아남은 사람은 축제 기분에 젖는다. 그는 자신의 용기를 증명하고 명예를 지켰다. 죽음을 감수했지만 살아 있다. 상류 사회에서 고개를 높이 쳐들고 다닐 수 있으며 그의 이름은 용기와 명예를 구비한 사람으로 존경받게 된다. 그의 행동은 신문에 자세히 게재될 것이다. 친구들은 그를 존경하게 되고 그를 다소 두려워하기까지 할 것이다. 여인들이 그의 집 앞에 몰려들게 될 것이다. 속담대로 결투는 두 명을 위해 커피를, 한 사람을 위한 샴페인을 필요로 한다. 하지만 흔히 샴페인 마개는 병에 닫힌 채 남아있게 된다. 사회는 결투를 수용하지만 법은 결투를 인정하지 않으며 많은 결투자들은 범법자이기 때문이다. 결투자들은 개인적으로 자신들의 살인 관습에 빠져들어 상대의 생명을 빼앗았기 때문에 법의 손길을 피해 일반적인 중죄인처럼 달아나야 했다.

일부 결투자들은 결투 전에 떠나 해외에서 결투를 하곤 했다. 오랫동안 영국의 결투자들은 영국해협을 건너 국왕의 지배가 미치지 않는 칼레나 불로뉴 같은 장소에서 결투를 벌였다. 적어도 법이 바뀌어 영국 검시 배심원이 해외 영국 국민의 살인을 조사할 수 있는 권한을 부여받은 1829년까지 결투자들은 해외에서 결투를 하기도 했다. 다른 결투자들은 입회인들이 증언을 하지 않으면 기소되지 않는다고 믿고 전혀 피하지 않았다. 비양심적인 결투자들은 더 나아가 죽은 상대 결투자들의 신원을 확인할 수 있는 모든 표식들을 제거했다. 앤드류 스타인메츠는 이런 경우를 기술하고 있다. "고통스러워하는 임종전의 가래 끓는 소리가 발작적 경련을 일으키며 끔찍하게 숲에 울려 퍼지는 동안 입회인들이 계속해서 죽어가는 사람의 주머니를 뒤진다. 그들은 끔직한 비극의 행위자들에 대한 어떤 실마리가 될 수 있는 시계, 문서 따위와 같은 모든 것을 제거하고 살인을 저지른 살인자들처럼 모두 사라지며 이미 양심의 가책에 따른 고통이 이어진다."

하지만 대부분의 결투자들은 일단 스캔들이 가라앉은 후에 되돌아올 수 있기를 바라며 체포당하지 않기 위해 도피한다. 1790년 5월 어느 날 저녁 제임스 맥크레이 대위는 숙녀를 에딘버러 극장에서 집으로 에스코트하고 있었다. 그때 의자식 가마에 누가 우선권이 있는지에 대해 조지 램세이 경의 술 취한 하인과 싸움이 붙었다. 서신교환과 결투가 이어지고 램세이는 총에 맞아 죽었으며 맥크레이는 프랑스로 도피해 유죄판결과 감옥을 피하기 위해 그곳에서 26년 동안 머물러야 했다. 1807년 8월 존 설전트 중위라는 젊은 장교가 두 명의 동료 장교 간에 벌어진 결투에서 입회인으로 참관했다. 결투자 한 명이 사망했다. 강렬한 항의 때문에 그는 미국으로 피신해 그곳에서 유배자를 자임하며 여생을 보내다 나이든 아버지를 보기위해 단 한 번 귀국했다.

하지만 데이비드 랜달의 도피에는 다른 이유들이 있었다. 다른 나라에서의 새로운 삶을 원했다기보다는 단지 재판을 기다리는 동안 일시적인 구금을 피하고 싶었다. 데이비드 같은 사람에게 이러한 도피가 편할 리 없었다. 도피를 위해서는 품위 있고, 경건하며 사회에서 법률을 가장 잘 준수하는 구성원도 범법자처럼 숨어야 했고 이상하게 설득력이 없는 가명으로 은밀히 호텔에 몸을 숨겨야 했다. 하지만 그는 그렇게 할 계획이었을 뿐 아니라 그것이 치룰 만한 가치가 있는 일이라고 생각했다. 결투 현장에서 몸을 피하는 것이 불명예로 생각되지 않았다는 사실은 역설적이다. 명예가 걸린 사건은 결투자들이 법적 구속을 피하기 위해 도피하는 것을 허용했다. 그것이 데이비드 랜달이 덜컹거리는 마차를 탄 채 국경을 넘어 잉글랜드로 남하한 이유였다.

조지 모건의 시신이 키르컬디 가족묘에 안치될 때 묘비에는 아무것도 기록되지 않고 교회 관리인의 장부에만 신중하게 기록되었다. 당시 데이비드 랜달은 레이크 디스트릭트 북쪽에 있는 캐리슬을 향하고 있었고 그곳에서 결투 이후 첫 번째 주말을 보냈다. 그곳에서 그는 다시 존 앤더슨에게 편지를 보내 자신의 재무 상태를 정리하게 했다. 도망자에겐 돈이 필요했고 데이비드 랜달은 자신의 은행가에게 앤더슨이 자기 계좌에서 돈을 인출할 수 있게 하는 "대리인 임명장"을 보내야 했다. 윌리엄 밀리가 아직 데이비드와 동행하고 있었고 밀리는 충실하게 랜달의 옆에 머물렀다. 월요일, 그들은 더 남쪽의 산맥 정 중간에 있는 케스위크로 향했다. 결투가 벌어진 지 거의 일주일이 지난 이튿날인 8월 29일 화요일 데이비드는 모건의 죽음으로 아주 혼란스러워하고 있는 앤더슨에게 다시 편지를 썼다.

친애하는 존,

25일자 자네의 편지를 받았네. 최근 일에 대한 자네의 감정은 무척 혼란스럽고 슬픔에 잠긴 것처럼 보이는군. 지난 일에 대해 이미 내가 마음에 두지 않는 것처럼 자네도 잊어버리고 평소처럼 나의 사업을 계속 관리해주게. 도무지 자네가 걱정할 것은 아무것도 없으며 특히 내가 영국에 머물겠다고 결심했기 때문에 며칠 후면 자네도 모든 일에 대해 알게 될 것이며 한 주나 두 주 후엔 저녁에 은밀히 자네를 방문하겠네.

밀리 씨는 산과 호수 등을 둘러보곤 지금 막 돌아왔으며 우리는 대부분의 시간을 여행으로 보내며 정신없이 보내고 있지.

내적으로는 어떻게 느끼고 있든 데이비드는 어느 정도 상당한 침착성을 보여주고 있다.

결투자들이 모두 그렇게 냉정한 것은 아니었다. 어떤 사람들은 자기 행동에 대한 죄책감으로 괴로워했다. 많은 사람들이 총에 맞는 것에 대해선 충분히 강인하게 무장되어 있었지만 또 다른 인간의 죽음에 대해 책임이 있다는 심리적 충격에 대한 준비는 거의 되어 있지 않았다. 1815년 저명한 아일랜드 정치인 다니엘 오코넬은 아일랜드에서 가장 악명 높은 결투 중 하나에서 존 데스터라는 더블린 시의회 의원을 총으로 쏘아 죽였다.

"오코넬은 자신의 입회인과 함께 교회를 수리하고 다시는 결투를 하지 않겠다고 엄숙하게 맹세하고 하늘에 서약했다. 그는 또한 불행한 상대의 미망인에게 남편이 벌어다 주던 것과 같은 액수의 연금을 지급했다." 그는 "자신이 동료 인간의 생명을 빼앗은 손을 드러내고 자신의 구세주에게 다가갈 수 없다고 선언하며" 손수건으로 먼저 "죄 많은 손"을 감싸지 않고는 예배에 참석하는 법이 없었다. 1804년 캐멀포드 경을 쏘아 죽인 베스트 대위는 그 뒤 자기 상대자의 유령이 찾아왔다고 주장했다. 그는 언젠가 "내가 그 사람을 죽인 후로 내 인생에서 진정으로 행복했던 적은 한 번도 없었다"고 말했다. "종종 불쌍한 캐멀포드가 내 앞에 서 있는 모습을 본다." 훨씬 더 고통을 받았던 사람들도 있었다. 타고난 미국인 결투자 알렉산더 맥클렁은 자신의 많은 희생자들에게 너무 괴롭힘을 당해 결국 스스로 머리에 총을 쏘아 자살한 것으로 전해지고 있다. 뮤슈 S라고만 알려진 어떤 프랑스 외교관은 언젠가 칠레 해안의 발파라이소에서 동료 영사를 총으로 쏘아 죽였다. 앤드류 스타인메츠는 "그가 광포한 눈으로 머리칼을 쥐어뜯으며 미친 사람처럼 달아났다"고 회상하고 있다. 만족하리라 생각하고 일년간 복수를 열망했던 그 남자는 자신이 그렇게 능숙하게 활용할 수 있는 기술을 저주했다. 그는 몇 년 후 양심의 가책으로 죽는다. 임종 전 그는 아들을 침대 옆으로 불러 검은 상장에 덮여 벽에 걸려있는 운명의 권총을 가리키며 다음과 같이 말했다. "저 무기를 너의 최고의 가보로 보관해라. 저것이 너의 마음에 불러일으킬 기억은 내가 명예라는 측면에서 잔인한 법칙의 노예가 되었던 것보다는 너를 덜 얽매이게 할 것이다. 어쨌든 저 권총은 사람을 죽인다는 것이 어떤 대가를 치루어야 하는 일인지를 가르쳐 줄 것이다." 1850년 경 프랭클린 엘리어트라는 캔자스 정치인은 결투에서의 자기 역할 때문에 너무 혼란스러워 남은 삶은 은둔자로 살았다. 여자 친구 올리브가 또 다른 남자와 사랑에 빠졌기 때문에 프랭클린 엘리어트는 그에게 결투 신청을 해야 한다고 생각했다. 20보폭 밖에서 엘리어트는 상대를 쏘아 죽였지만 너무 혼란스러워 공적인 생활에서 은퇴했다. 그는 도시에서 수마일 떨어진 언덕 위의 작고 외진 동굴에서 살면서 밀가루, 총알, 소금을 구입하기 위해 일년에 한 번 도시를 방문했다. 20년 이상 흐른 1871년 11월 폭풍우를 피할 장소를 찾던 사냥꾼들이 이 은자의 동굴로 들어가 그가 옆에 셰익스피어 작품의 복사본과 사랑하는 사람의 초상화와 함께 동물 가죽을 덮고 죽어있는 것을 발견했다.

　어떤 키르컬디 작가는 데이비드 랜달이 비슷한 양심의 가책에 따른 고통을 느꼈다고 믿었다. 제시 패트릭 핀들레이는 "그는 말년에 카덴바른의 비극적인 들판의 환영으로 고통스러워하며 침울하게 침묵을 지킨 채 심한 우울증에 시달렸다"고 주장했다. 하지만 이 같은 멜로드라마가 실제로 일어났다는 증거는 존재하지 않는다. 대신 모든 설명은 데이비드가 결투로 분명 혼란스러워했으며 모건을 죽이지 않았더라면 더 좋았겠지만 그의 양심은 본질적으로 모건의 죽음 때문에 고통받지 않았다고 기술하고 있다. 그는 존 앤더슨에게 자신은 그 일을 "마음에 두지 않고 있다"고 말했다. 또한 사법당국을 피해 레이크 디스트릭트에 머물고 있는 동안에도 데이비드 랜달은 침착하고 냉정했다. 이유가 없는 것은 아니었다. 데이비드 랜달은 앞으로 있을 재판에 대비해 자신이 처리할 일을 하느라 바빴고 간접적이긴 했지만 에딘버러 사법당국과도 의사교환을 하고 있었다. 계획이 있었고 데이비드가 10일 정도 도피하고 있던 9월 2일 토요일 사건은 빠르게 진행되기 시작했다. 그날 오후 윌리엄 밀리와 윌리엄 밀너 중위는 피프의 검찰관에게 자진 출두했다. 데이비드 랜달처럼 이 두 명은 당국에 편지를 보내 자신은 적절한 시기에 자진 출두하겠다고 알렸다. 일단 입회인들을 기소하지 않는다는 데 합의하자 숨어 있을 필요가 없었으며 따라서 큐파에 있는 지역 치안 판사에 따르면 그들은 그날 "자진 출두하기 위해 100마일이나 되는 아주 멀리 떨어져 있는 서로 다른 장소"에서 왔다. 주장관 앤드류 제임슨은 그들이 저지른 범죄에 대해 키르컬디 북쪽의 도시인 큐파에 있는 교도소에 두 사람을 투옥하라는 영장을 발부하고 "적절한 법률 절차로 석방될 때까지 그곳에 구금했다." 적절한 법률 절차는 신속히 진행되었고 밀리는 100파운드, 밀너는 60파운드의 보석금을 지불하고 석방되었다.

같은 날 국가는 조지 4세와 그의 대표자의 형태로 조지 모건을 살인한 데 대해 데이비드 랜달이 없는 가운데 그를 공식적으로 고발했다. 고발장엔 "살인은 가증스러운 본질과 엄격히 처벌될 수 있는 범죄"라고 기재되어 있다. 이 고발장은 "고 조지 모건에 대해 악의와 원한이 있었던" 데이비드 랜달은 "사악하고 악의적으로 상술한 조지 모건에게 결투를 신청했고" 결투 중 그는 "사악하고 악의적으로 상술한 조지 모건에게 총을 발사해" 조지 모건은 "거의 즉석에서 사망했으며 따라서 상술한 데이비드 랜달에 의해 살해된 것이다"라고 주장하고 있다. 고발장에 "상술한 데이비드 랜달은 자신의 죄를 인정하고……재판을 피해 도주했다"고 덧붙이고 있다. 데이비드는 9월 21일 아침 10시 퍼스의 형사법원에 출두하라는 명령을 받았다. 데이비드 랜달이 명령받은 시간에 법정에 출두하지 않을 경우 그리고 15일 내에 자진출두하지 않을 경우 그 결과는 엄중했다. "상기한 15일이 경과한 후에도 데이비드 랜달이 출두하지 않을 경우 그 이후에 그를 우리의 반도로 고발하고 데이비드 랜달의 모욕죄와 불충에 대해 우리가 개입해 그의 모든 유동 자산을 몰수해 귀속하여 우리가 이용할 수 있게 한다." 다시 말해서 데이비드 랜달의 전재산이 국가에 징수되게 되는 것이다.

어쨌든 데이비드는 컴브리어를 떠나 은밀히 에딘버러로 되돌아왔다. 9월 5일 화요일 그는 다시 존 앤더슨에게 편지를 보내 재판에 대한 자신의 속내를 드러내고 있다. 그는 "왕실 법관들이 즉시 모든 범죄 혐의를 벗겨 줄 존경할 만한 배심원들을 따를 것이기 때문에 두려워하지 않고 있다"고 쓰고 있다. 그리고 그는 이상하게도 다음과 같이 덧붙이고 있다. "하지만 이 같은 문제에선 변호사의 조언에 따르는 것이 우리의 의무이기 때문에 나의 진실한 활동적 친구들의 능동적 조치를 높게 인정하고 있다." '능동적 조치'라는 말이 무엇을 의미하는지는 분명하지 않다. 하지만 데이비드가 배심원들을 인위적으로 조작하려 했다거나 법원을 매수하려 한다는 암시로 보기엔 지나친 해석일 것이다. 단지 그가 자신에게 유리한 판결을 이끌어내기 위해 최선을 다하겠다고 말한 것으로 추정할 수 있다. 그는 다양한 목격자들이 자신이 겪었던 일을 분명하게 상기할 수 있도록 그들을 추적할 정도로 세부적인 문제에 주의를 기울였다. 그 다음 주인 9월 11일 월요일 앤더슨에게 보낸 편지에서 그는 자신이 서적상인 커밍 씨와 "그에게서 첫 번째 편지를 받기 전 언젠가 주 거리에서 조지 모건이 나에게 했던 위협에 대해" 논의하기를 원한다고 말하고 있다. "그 일은 커밍 씨의 문 앞에서 동쪽으로 불과 몇 야드 떨어지지 않은 곳에서 일어났기 때문에 나는 그 상황을 그에게 말했고 커밍 씨는 그 일에 대해 분명하게 기억하고 있을 것이다. 모건이 자신을 지나치면서 마치 때릴 듯한 기색으로 자기의 단장을 움켜쥐고 흔들며 '당신이 한 일에 대해 대가를 치르게 하지 않는다면 내가 개새 끼다'라고 말한 것으로 기억하고 있다. 나는 이 일이 일어난 순간 그 모든 일을 커밍 씨에게 말했다."

9월 22일로 연기된 재판이 있기 한 주 전 데이비드는 신문들이 비밀에 붙여진 장소로 불렀던 에딘버러에 도피하고 있었다. 데이비드의 친구들은 그가 서신으로 연락하고 있었기 때문에 데이비드 랜달이 어디 있는지 알고 있었다. 하지만 데이비드는 분명 외출할 수는 없었다. 경우에 따라선 그를 발견하고 알아보는 사람이 있을 수도 있기 때문이었다. 데이비드 랜달은 실내에 갇혀 지냈으며 그것은 분명 그를 불안하게 했다. 퍼스에서 재판이 있기 이틀 전 데이비드 랜달은 에딘버러 은신처에서 존 앤더슨에게 편지를 보냈다. 그는 더 많은 수익을 올려준 데 대해 자신의 아마 대리인에게 감사했다. "많은 요구는 하지 않겠지만 퍼스에서 요구되는 것은 말할 필요도 없으며 그것에 대해 당연히 준비해야 할 걸세." 그리고 언제나처럼 생각을 집중해 사소한 일들을 정리하기까지 했다. "아마 구입은 내가 돌아갈 때까지 중지하는 것이 좋겠네. 지금 던디에서보다 2실링 $2\frac{1}{4}$ 펜스와 2실링 3펜스에 크래이그에서 구입하는 것이 더 좋을 걸세."

데이비드는 앤더슨에게 자기에게 유리하게 친구들의 도덕적 지원을 얻을 수 있도록 자신이 법원으로 가는 길이라는 사실을 전하라고 말했다. "내가 법원에 가기 전인 목요일 저녁이나 금요일 아침에는 자네와 함께 있었으면 좋겠네. 변호사 중 한 명인 조지 델지엘 씨의 직원으로 행동하며 몇 가지 서류를 지참하면 나와 함께 있을 수 있을 걸세."

데이비드는 자신이 불안을 느끼지 않는다고 주장했다. 그는 "나의 마음은 평정을 유지하고 있네. 다만 실내에서만 너무 오래 있어 약간 힘이 빠진 느낌이군." 하지만 어떤 불안감을 드러내기 시작하고 있다. "닥터 스미스 씨가 확실하게 이날 11시 마차로 위장약을 내게 보내지 않으면 이곳에서 갇혀 지내면서 몸이 안 좋아졌기 때문에 자네나 그에게 직접 그곳으로 위장약을 가져다주도록 해주게. 그리고 마음을 아주 혼란스럽게 할 수도 있는 차가운 법원 바닥이 걱정되니 닥터 스미스의 마차 편으로 나의 침실에 있는 신발 한 켤레를 보내주게." 따라서 모든 준비를 하기는 했지만 기소당한 이 남자는 불안해하고 있었다. 그리고 불안해하는 것이 당연했다. 법 규정에 따르면 결투에서 사람을 죽인 것은 고의적인 살인과 별 차이가 없었으며 데이비드는 이 점에 대해 분명 죄책감을 느끼고 있었기 때문이었다.

7
재판

...

고의적인 결투의 경우 명백한 적대감을 가지고 양측은 분명 살해 의도로 만난다. 그것을 신사로서 자신의 의무라고 생각하고 또한 자신들의 권리라고 주장한다.……따라서 법은 당연히 결투자들과 그들의 입회인들에게도 합당한 죄목과 처벌을 정하고 있다.

윌리엄 블랙스톤, 『영국 법에 대한 논평』, 1765~9

...

그들 모두는 자신의 주장에 따라 직접 판결을 내리고 배심원 없이 무례한 자에 대해 유죄판결을 내려 스스로 집행인을 자처한다.

벤자민 플랭클린, 『결투의 기술』, 1836, 에서 인용

에딘버러에 있는 스코틀랜드 국립 도서관의 지하실 깊숙한 곳에 동판인쇄로 자세히 기록된 수천 단어에 이르는 제본 원고가 보관되어 있다. 제목은 간단하게 「데이비드 랜달 사건」이라고 붙어 있다. 이것은 헨리 콕번이라는 유명한 19세기 스코틀랜드인 법률가의 직원이 목격자들의 진술을 수집한 것과 법원 기록 그리고 개인적 회상을 애써 필사한 것이었다. 헨리 콕번은 재판 기록을 자신의 문서 파일로 간직하고 싶었다. 헨리 콕번이 죽었을 때 그의 피신탁인은 안전하게 보관할 수 있도록 원고와 다른 많은 문서들을 도서관에 넘겼고 이것들은 주목받지 못한 채 도서관에 보관되어 있었다. 하지만 먼지를 떨어내자 애써 필사된 이 문서들은 거의 180년 전 9월 어느 따뜻한 날 스코틀랜드 법정에서 다루어졌던 사건들에 대해 세부사항들을 흥미롭게 재창조할 수 있게 해 주었다.

1820년대 퍼스에서의 재판은 리버 테이 제방에 있는 커다란

이층짜리 건축물인 카운티 법원에서 열렸다. 이 건물은 강이 동쪽 스카이라인을 특징 지우며 도시를 보호하고 있는 반면 법을 수호하고 있다고 세상에 말하고 있었다. 이것은 최신 법원 소재지였다. 과감하고 새롭게 당시의 화려한 신고전주의 양식으로 건축되었다. 그리스 식의 부흥은 전적으로 회고적인 경향이었으며 12개의 도리스식 기둥의 열주는 '스코틀랜드에서 가장 훌륭한 형태들 중 하나'로 묘사되고 있는 외관을 연출하며 단단한 사암 박공벽을 떠받치고 있다. 사실상 강이 너무 넓어 좋은 경관을 볼 수 없다는 관광객들의 불평만이 문제가 될 정도로 장관을 연출하며 한동안 관광지로 인기를 누렸다. 제대로 전경을 보고 싶은 관광객들은 "앞에 있는 방파제에서 부분적으로 박공벽을 편하게 볼 수 있는 때"인 썰물을 기다려야 했다. 흔히 그렇듯 새로운 건물에 대해 모두가 기뻐한 것은 아니었다. 당시 안내책자는 주랑 현관이 "기둥 사이에 강철 난간을 도입함으로써 많이 훼손되었다. 카운티 젠틀맨의 고상한 취향은 철제난간 철거를 주문할 것으로 예상되고 있다"고 불평하고 있다. 하지만 대다수 퍼스 시민들은 신축된 법원 건물이 "치장이 부족하지 않으면서도 고상한 취향의 모델로 정확하고, 단순하며 위엄 있다"고 생각했다. 하지만 중요한 목직이 미학적인 측면에서 간과될 수는 없다. 1826년 이곳에 도착한 중죄인들은 위압적인 건물 전면을 쳐다보며 법정에 들어서기도 전에 법의 중압감을 온몸으로 느꼈을 것이다.

　　1826년 9월 22일 금요일 아침 법정은 유명한 재판을 참관하고 싶어하는 사람들로 꽉 찼다. 「퍼스쉐어 쿠리에」는 "법정은……그날 일찍 데이비드 랜달 사건이 다루어질 것이라는 사실이 알려졌기 때문에 문이 열리자마자 도처에서 몰려든 사람들로 꽉 차 있었다"고 보도하고 있다. 사람들로 너무 혼잡해 일단 입장한 사람들은 "어쨌든 입장할 수 있었던 자신들은 행운이었다고 생각할" 정도였다. 그리고 밖에서 끈기있게 줄을 선 사람들은 평범한 시민들만은 아니었으며 이 지역 귀족들도 기다리고 있었다. "많은 인접 지역의 귀족과 저명인사의 아내들이 참석했다." 참석한 저명인사의 아내들 중 그레이, 머레이 부인, 맨스필드 경의 부인, 가스의 스튜어트 장군 아내도 보였다. 그들도 줄을 서야 했지만 일단 안으로 들어서면 판사 왼쪽에 있는 상대적으로 조용한 치안판사석에 앉을 수 있었기 때문에 일반 방청석에 앉는 모욕은 피했다. 판사의 오른쪽엔 판사석에서 그를 보조하는 루스벤과 비스카운트 스토먼트가 앉아 있었다.

법정은 떠들썩하고 시끄러웠으며 담당 판사인 질리스 경이 입정해 재판을 진행하자 그제야 조용해졌다. 질리스 경은 랜달 재판이 그날 가장 중요한 재판이 될 것이라는 사실을 알고 있었기 때문에 첫 번째 사건들은 어느 정도 신속하게 처리했다. 조지 니콜은 가택침입에 대해 자백했고 앤드류 하인드는 절도를 인정했다. 두 사람은 14년간의 유형 판결을 받았다. 울고 있는 엘리자베스 밀러라는 예쁘게 차려입은 12살 짜리 소녀는 던디 야채 시장에서 은화 8실링을 훔친 죄목으로 기소되었다. '유년기의 비행'

에 대해 통렬히 비난한 후 질리스 경은 소녀에게 7년의 유형을 선고했다. 약간의 빵, 책과 수건을 훔친 윌리엄 데이비슨은 무기 유형에 처해졌다. 피프에 소재한 두 집에서 시계, 양말 한 켤레, 의복 한 벌, 은수저 몇 개를 훔친 사실을 인정한 로버트 레케이에겐 사형이 언도되었다. 또 다른 남자는 절도죄로 14년의 유형이 선고된 후 부두를 떠나면서 이 법정엔 "법은 넘쳐나지만 빌어먹을 정의는 거의 존재하지 않는다"라고 불평했다. 불길한 예감이 일반 방청석 전체에 감돌았다. 방청객들이 보기에 질리스 경이 가장 가혹한 형기로 신속하게 판결을 내리고 있는 것이 분명했기 때문이었다.

최신식 건물인 퍼스 법원은 가장 최근에 정교하게 꾸민 조지 왕조시대의 법 집행 기관이었으며 1820년대 이것은 외진 지하도를 계획했다. 법원 길 반대쪽에 두 개의 새로운 감옥들이 있었다. 하나는 극악한 범죄자를 수용하기 위한 것이고 다른 하나는 채무자를 수용하기 위한 것이었다. 그리고 "정문 앞에 있는 교도소로부터 판사 사무실에 있는 죄수들의 대기소에 이르는 은밀한 지하 통로가 있었다." 더 이상 결박된 죄수들이 공개된 현관을 통해 법정으로 들어서는 일은 없었다. 이제 죄수들은 귀빈입장과 같은 주목을 받지 않고 지하 통로에서 곧바로 죄수 대기석으로 나왔고 오늘날 현대의 피고들도 같은 식으로 법정에 서고 있다. 하지만 사실상 사법당국에 굴복하지 않았던 데이비드 랜달은 이 같은 불명예를 감수하지 않았다. 대신 정확히 오전 11시 그는 명예롭게 법정으로 걸어 들어갈 수 있었으며 교도관이 아니라 친구들과 친척들의 에스코트를 받았다. 그의 대리인인 존 앤더슨은 변호사 좌석에 앉을 수 있도록 법률 서류들을 들고 그곳에 있었다. 시장 개빈 헤이던은 멀리 에버딘에서 왔고 관세사 윌리엄 머니페니와 제임스 페터스는 키르컬디에서 왔으며 데이비드의 죽은 아내의 오빠 토머스 스피어스와 그의 아들 토머스 주니어도 와 있었다.

데이비드가 나타나자 법정은 조용해졌다. 그의 오른쪽에 변호사들이 앉아 있었고 왼쪽엔 배심원들이 앉아 있었다. 데이비드의 오른쪽 어깨 위로 일반인 방청석에 있던 사람들은 모두 그의 일거수일투족을 살피며 그의 기분을 알고 싶어 했다. 그리고 데이비드 랜달의 앞 위쪽에 그의 운명을 결정하게 될 질리스 경이 앉아 있었다. 서기가 일어나 무시무시한 세부사항을 낭랑한 목소리로 상술하며 죄과를 소리 내어 읽었다.

그는 "살인은 가증스러운 범죄로 엄히 처벌되어야 합니다. 또한 사실상 그리고 진실로 상기한 데이비드 랜달은 상기한 범죄에 유죄입니다"라고 말했다. 데이비드 랜달은 "1826년 8월 22일 고 조지 모건에게 원한과 악의를 품고⋯⋯상기한 조지 모건에게 그와 결투를 하기 위해 사악하고 악의적인 결투 신청을 했기 때문입니다." 이튿날 카데바른 농장에서 랜달 씨는 "총알이 장전된 권총을 사악하고 악의적으로 상기한 조지 모건에게 발사했고 이로 인해 상기한 조지 모건은 그 총알에 오른쪽을 맞아 가슴을 관통하고 왼쪽 겨드랑이로 총알이 빠져나가는 치명적인 부상을 입어 거의 즉사했으며 따라서 상기한 데이비드 랜달에 의해 살해되었습니다.” 그는 “상기한 데이비드 랜달은 전술한 사항에 자신의 죄를 의식하고 처벌을 피해 도주했습니다”라고 덧붙였다. 서기는 고발장을 내려놓고 법정은 숨을 죽였다. 질리스 경은 데이비드를 내려다보며 이 죄목에 대한 유죄를 인정하느냐고 물었다. ‘단호한 어조’라고 기술된 목소리로 데이비드는 “무죄입니다, 존경하는 재판장님”이라고 대답했다.

　　1808년 6월 23일 북 아일랜드 알마흐 열병장에서 알렉산더 캠벨 소령과 알렉산더 보이드 대위는 명령을 내리는 정확한 방법에 대해 싸움을 벌였다. 그들은 결국 많은 명예 규칙에 반하는 결투 —— 밤에 방안의 7보폭도 안되는 거리에서 입회인도 없이 싸움이 난 지 겨우 12분만에 —— 를 벌였고 보이드는 총에 맞아 치명적인 부상을 당했다. 보이드가 누워 죽어갈 때 캠벨은 그에게 수차례 방에 들어왔던 동료 장교들이 모든 것이 공정했다는 것을 보증해야 한다고 설득했다. 하지만 보이드는 거부하고 캠벨이 입회인도 없이 결투로 서둘러 몰아간 ‘나쁜 놈’이라고 비난했다. 그는 “자네도 알다시피 나는 기다렸다가 친구들이 보는 가운데 결투하기를 원했다”고 말했다. 하지만 죽을 때 보이드는 상대를 용서했다. 캠벨은 영국으로 달아나 첼시에서 몇 달간 가명으로 살다 자진 출두했다. 다음해 그는 재판을 받았다. 캠벨의 훌륭한 인격에 대해 많은 장교들이 증언하긴 했지만 캠벨은 자신이 무죄판결을 받게 될 것이라고 공개적으로 떠벌림으로써 스스로 불리한 상황을 자초했다. 당연한 것으로 받아들이고 싶지 않았고 '결투규칙'이 위반되었다고 결론지은 배심원은 그에게 유죄판결을 내리고 교수형을 선고했다. 이어 자비를 구하는 캠벨 아내의 간절한 조직적 운동이 시작되었다. 그녀는 직접 국왕에게 왕실 사면을 청원하기로 결심했다. 하지만 날씨 때문에 아일랜드해를 건너는 데 어려움을 겪었다. 앤드류 스타인메츠는 "허리케인이 불어닥쳤기 때문에 아무리 많은 보수라 해도 그 어느 선장도 바다로 나가려 하지 않았다"고 쓰고 있다. "거의 정신이 나간 상태로 해안을 뛰어 오르내리는 동안 몇몇 조심스러운 어부들을 만났고 이 가난한 어부들은 이 여인이 고통받는 이유를 듣고는 자신들의 배로 항해할 수 있게 해주었다. 그들의 배를 타고 그녀는 결국 해협을 건넜다." 캠벨의 아내가 늦게 윈저에 도착했을 때 조지 3세는 저녁 자리에 든 후였지만 여왕은 캠벨부인을 불쌍히 여겨 그날 밤 왕에게 서면으로 탄원서를 제출했다. 하지만 왕과 그의 심의회는 법이 정상적으로 집행되어야 한다고 결정했다.

이 경우 캠벨은 참지 못하긴 했지만 많은 사람이 그를 좋아했고 그에 대한 유죄판결은 대체로 평판이 좋지 않았다. 처형되기 전날 밤 캠벨은 자신의 방법이 잘못되었다는 사실을 인정했다. "나는 나의 동포들을 위해 폭력적이고 불명예스러운 죽음을 받아들일 것이다. 나의 불행한 죽음으로 나의 동포들은 결투라는 지나치게 만연하여 유행하고 있는 범죄를 혐오하게 될 것이다." 그는 탈출 기회도 거부했다. 벤 트루먼은 "처형이 있기 전날 밤 캠벨 부인은 가까스로 완벽한 탈출방법을 마련했다. 말하자면 왕실의 자비는 베풀 수 없지만 어떤 경계도 하지 않는다는 것이었다"라고 쓰고 있다. 하지만 캠벨은 부인에게 "여보, 가장 마음 아픈 일은 당신을 떠나야 하는 일이지만 그래도 나는 군인이고 남자답게 나의 운명을 맞겠소"라고 말했다. 결국 캠벨은 경비원이 졸고 있고 감옥 문이 열려 있었으며 말과 공모자들이 가까이 있음에도 더 이상 자신의 명예를 더럽히기를 거부했다.

캠벨은 총살시켜달라고 간청했지만 그의 간청은 거부되었다. 결국 다음날 아침인 10월 2일 몇 시간의 기도 끝에 그는 뉴리의 중앙에 있는 교수대에 올랐다. 벤 트루먼이 아주 그럴듯한 드라마로 묘사하고 있듯이 광장은 군인과 일반인들로 꽉 차 있었다. "캠벨의 앞에 선 1만9천여 명의 사람들이 모자를 벗고 그에게 조의를 표했다. 그들 가운데엔 뜨거운 이집트의 사막에서 캠벨과 함께 용감하게 총을 들고 적과 싸웠던 수발총병들도 있었다. 캠벨이 이야기하는 것처럼 경의를 표하는 군중들의 귀에는 벌 한 마리가 웅웅거리는 소리가 들렸다. 불쌍한 이 군인이 한 말은 '나를 위해 기도해 달라'라는 말 뿐이었다. 침묵 속에서 인상적으로 '아멘'이라는 소리가 울려 퍼지는 가운데 준비가 되었다는 신호로 그 불운한 사나이가 흰 삼베 손수건을 떨어뜨린 순간 그는 끔찍한 구멍 속으로 떨어져 알 수 없는 저 너머로 불확실한 순례를 떠났다." 역사가의 멜로드라마, 어부의 동정, 교도관의 감은 눈, 그리고 무엇보다 처형장에 나온 전례 없는 인파들, 이 모든 것은 한 가지 것을 보여주고 있다. 법이 결투를 인정하지 않듯 국민은 법을 인정하지 않고 있었다.

    헨리 콕번은 일어나서 법정을 둘러보았다. 그는 방청객으로 가득 찬 법정에 만족했다. 그는 결투를 좋아했으며 이번 사건도 좋아했다. 46살의 나이에 콕번은 자기 세대의 가장 뛰어난 변호사들 중 한 명이었다. 데이비드 랜달은 자신의 순간적 선택에 인색하게 굴지는 않았다. 콕번 옆에는 그의 친한 친구이자 동료 변호사인 프란시스 제프리가 나란히 앉아 있었다. 훗날 그들은 상원의원이 되어 각각 스코틀랜드의 법무차관과 검찰총장이 된다. 콕번은 증인에 대한 심문에 집중하지는 않았다. 오히려 그가 심혈을 기울인 것은 시작 연설과 마무리 연설이었다. 콕번의 전기 작가인 칼 밀러는 "사람들은 그를 위대한 변호인으로 생각하고 있었다"라고 쓰고 있다. "콕번과 제프리는 배심원들에게 탁월했으며 스코틀랜드 미들로디언주의 심장을 수없이 녹였다." 퍼스쉐어와 피프 사람들에게 그와 제프리는 모두 잘 알려져 있었다. 1822년 키르컬디 교외에서 벌어진 결투에서 알렉산더 보스웰 경을 죽인 던컨의 제임스 스튜어트에 대한 재판 중 그들이 보여주었던 탁월한 변론 때문만은 아니었다. 다시 말해서 콕번은 휘그당원이었고 계몽주의의 과실을 향유하고 있던 에딘버러에서 그의 토리당 과거를 급진적 현재와 바꾸는 사회 개혁주의자였다. 밀너에 따르면 그는 "작고 강인한 사람으로 이야기꾼이었으며 산책을 좋아하고, 수영을 하고, 스케이트를 타고, 크리켓 선수로 활동한 열성적인 야외활동가였으며……에딘버러의 위대한 빛이자 아주 인기 있었던 존경받는 괴짜이자 현인이었다." 콕번은 "멋쟁이는 아니었다." 그의 모자는 "에딘버러에서 최악"이었으며 "자신의 꼴사나운 구두를 디자인했다." 하지만 콕번은 바로 법정에서 생명과 신체를 지키기로 선택한 사람이었다.

콕번의 앞에 있는 배심원단은 그에게 친숙한 사람들이었다. 지역주민 중 상인계급과 농민계급 가운데서 15명의 배심원이 선출되었다. 옥수수 상인, 목재 상인, 사냥터지기, 주물공, 직공, 여관 주인, 농민 몇 명과 자신의 이름 뒤에 향사라는 명칭을 붙일 수 있는 4명의 신사가 있었다. 콕번은 자신이 원하는 것과 배심원들에게 어떻게 호소하고 재판을 어떻게 진행할지를 아주 분명하게 알고 있었다. 조언이 부족하지도 않았다. 데이비드 랜달은 특히 부지런한 고객이었기 때문이다. 남아 있는 법원 서류들 가운데 데이비드가 콕번에게 자기 사건이 어떻게 보여지기를 원하는지 분명하게 설명하고 있는 상세한 메모가 숨겨져 있었다.

분명한 것은 데이비드가 재판 중 드러날 자신의 업무 관행에 대한 폭로 때문에 사업에 지장을 받게 될까봐 걱정했다는 사실이다. 일반적으로 자신을 제3자로 언급하면서 그는 다음과 같이 쓰고 있다. "사업하는 사람의 신용이나 안정성은 그 사람에게 가장 중요하며 돈거래가 공개되는 현재와 같은 어떤 사건은 당사자의 안정성에 분명 영향을 미치기 때문에 랜달 씨는 특히 그의 변호사가 그러한 돈거래에 대해 우호적인 논조를 제시할 아주 정당한 기회를 가져야 합니다. 그 점이 설명되지 않는다면 돈거래는 특히 그의 은행가들과의 분쟁과 관련해 해외에 아주 유해한 인상을 줄 수 있습니다." 데이비드 랜달의 걱정은 사실상 정당화될 수 있을 것이다. 하지만 데이비드가 자신의 걱정을 표현했다는 사실은 매우 의미심장하다. 그는 결투에서의 승리가 평판을 회복하는 데 더 이상 충분하지 않다는 사실을 인정하고 있기 때문이다. 데이비드 랜달의 개인적 명예는 회복될 수도 있지만 그는 여전히 사업가로서 자신의 평판이 보호되어야 한다는 사실을 보장할 필요를 느끼고 있었다. 20년 전이었다면 결투로 충분했으며 그 이상을 필요로 하지는 않았다.

이를 위해 데이비드 랜달은 데이비드 모건을 증언석에 앉혀 선서를 하게 하고, 반대신문이 있기를 원했다. 데이비드 모건은 그의 고객들 중 누구도 파산하게 되지 않은 이유와 캠벨 씨와 저녁식사에 데이비드 랜달을 초대한 그의 결정, 랜달의 담보를 칭찬하는 그의 편지에 대해 질문을 받을 수 있었다. 데이비드 랜달은 이것이 자신의 체면을 입증하는 데 훨씬 유용할 것이며 "모건 형제가 설명할 수 없는 불안감으로 근거 없이 행동했다는 사실을 증명해 여론을 나에게 유리하게 이끌 수 있을 것"이라고 제안했다. 데이비드는 또한 콕번이 자신이 은행에서 얻은 5천 파운드의 현금 신용 대부나 초과인출은 "내 자신의 필요에서라기보다는 어떤 재난에 대비하기 위한 것"이었다는 사실을 강조해주기를 원했다. 그는 그 돈이 어려움을 겪고 있던 일부 자기 고객들을 돕기 위해 사용되었다는 사실이 그 증거라고 말했다. "우리 지역의 제조업 자들 중 누구도 파산하지 않은 반면 린넨 제조업을 하고 있는 다른 지역에선 도시 전체가 파산하게 되었으며 이 같은 일은 당시 무역업계에선 전례 없는 대격변이었다." 데이비드는 또한 개인적으로 자신의 전 재산을 저당 잡히기보다는 차라리 자기 거래은행에 직접 찾아가는 것이 더 정직한 일이라는 사실을 지적해주기를 원했다.

데이비드 랜달은 콕번에게 스코틀랜드 은행 본사에 보낸 항의 편지에서 주장한 모든 내용을 거론했으며 특히 모건 형제의 '어리석은 무지'와 '비열하고 편협한 생각'에 대한 증거를 제시했다. 데이비드는 자신이 "특히 변호사에게 그 편지는 항의 서한이 아니라 스코틀랜드 은행과 거래를 그만두게 된 점에 대한 해명이었다는 인상을 배심원들에게 주지시킬 것을 요구했다"고 쓰고 있다. 데이비드는 "나의 신용을 위태롭게 하며" 모건 형제가 런던 쿠트 은행에서 자신의 1000파운드 어음 지급을 거부한 일에 대해 여전히 당황하고 있었다. 데이비드는 자신이 "나의 변호사가 데이비드 모건 씨에게 그 문제에 대해 은행에 편지를 보냄으로써 회피적으로 편지를 쓴 것처럼 보였는지와 약속을 이행할 것을 거부한 것이 결별의 궁극적 원인이었는지에 대해 질문하기를 몹시 바랐다"고 말했다.

하지만 무엇보다 이 서류들을 읽음으로써 데이비드 랜달은 콕번이 조지 모건의 급소를 찌르기를 원했다는 사실이 분명해지고 있다. 그는 자신의 변호사들에게 "대체로 대리인 중 한 명이 도시 시민들과 여러 차례 다툼을 벌였고 사무실에서 진행된 은행 거래와 관련해 경솔하게 떠벌리는 데 대한 악명으로 그들에 대한 공적 신뢰가 완전히 흔들렸다는 사실"을 강조해야 한다고 말했다. 데이비드 랜달은 자신은 법정이 "어떤 은행 업무에 대한 모건 형제의 거부는 최소한 분별없고 경솔하며 사망자의 행동은 비열하고 악의적이어서 은행가의 행동을 규제해야 하는 어떤 통찰력을 갖거나 주의를 하며 처리하지 않았다"는 사실을 알게 하고 싶었다고 말했다. 데이비드는 이제 완전히 자기 정당화의 논조에 흐르고 있었다.

사회의 아주 조심스러운 구성원이 의문을 표하고, 위험한 추측을 하며 존경할만한 이웃들의 사적인 거래를 언급한 것은 어쨌든 결과적으로 사회에서의 그의 신용과 존경을 손상시키기에 충분하며 그것은 언제든 회복되기 어렵습니다. 하지만 랜달 씨 같은 사람이 받은 상처에 대해 고려해야 할 점은 그가 상인이자 제조업자로서 그의 일반적인 사업 이외에도 중개상으로서 영국 최초의 상인 평의회 일부 회원들이 상당한 정도의 재산을 거의 20년 동안 그에게 위탁해왔다는 사실입니다. 사망자의 중상이 널리 퍼지고 은밀한 거래가 폭로

된 때는 상업 세계에 종사하는 우리 중 누구도 거의 잊지 못할 정도로 어려운 시기였습니다. 모건은 당연한 의무인 랜달 씨의 신용을 지원하는 대신 거의 10년간 자기가 알고 있는 그의 모든 은행거래를 밝혔다는 사실에 대해 랜달 씨는 모건이 상인인 자신을 파멸시키려는 악의적인 계획을 품었다고 인식했습니다. 모건이 왜 그런 짓을 했는지는 알 수 없습니다. 랜달 씨는 언급한 거래의 시작이 그를 화나게 하리라는 생각은 전혀 하지 못했고 상당한 재산가도 아니었기 때문에 키르컬디 같은 지역에서 그런 소문이 퍼지면 분명 망했을 것입니다.

이런 상황에서 랜달 씨가 은행 관리자들에게 보낸 편지에서 아무리 심한 말을 해도 지나치진 않을 것입니다. 존경할 만한 은행이 지역의 매우 존경받을 만한 사람에게서 그런 편지를 받은 후에도 신뢰할 수 없는 은행 대리인을 계속 고용해야 했다는 사실이 놀라울 뿐입니다. 모건 씨와 랜달 씨의 인품에 대해 두 가지 해명 증거는 아주 완벽합니다. 모건의 인격에 대한 이전의 악명을 고려할 때 이 공격은 랜달 씨가 조지 모건의 손이 미치는 곳에 있다면 하루도 편히 살 수 없다는 사실을 분명하게 했으며 랜달 씨가 모건에게 결투 신청을 했다 해도 결투 장소에서 모든 것이 공정하게 진행되었기 때문에 그의 아주 설득력 있는 의도를 고려할 때 배심원들이 만장일치로 그에게 무죄석방을 선언해야 할 것입니다.

헨리 콕번은 더 이상의 격려를 필요로 하지 않았다. 그는 일어나 피고의 공식적인 주장을 읽어내려 갔다. 콕번은 데이비드 랜달이 조지 모건과의 싸움을 인정하고 있으며 "그 결과에 대해 몹시 슬퍼하고 있습니다." 하지만 "싸움을 일으킨 측은 모건이기 때문에 그 모든 결과에 대한 책임은 그에게 있습니다." 콕번은 모건이 "경솔하고 싸움을 좋아하는 습관 때문에 피고의 일을 모르는 사람에게도 말했을 뿐 아니라 그의 신용을 파괴하려 했습니다"라고 말했다. 스코틀랜드 은행에 대한 데이비드 랜달의 항의 편지는 "전적으로 사실에 근거"해 있다. 모건의 공격은 "피고가 다른 선택의 여지가 없게 했지만 마지막까지 피고는 사과를 받아들이고자 했습니다. 이는 피고의 상황에 처한 대부분의 사람들이 적절하거나 무난하다고 생각하게 될 것보다 화해를 향해 훨씬 더 나아가고 있습니다." 모건은 사과하기를 거부했고 따라서 "모건 씨가 피고의 손에 쓰러졌다 해도 이는 그가 자초한 재난일 뿐입니다."

콕번은 서류를 내려놓고 생각을 정리하며 배심원들을 바라보았다. 그의 전략은 분명했다. 콕번은 데이비드가 법을 위반했다는 사실을 인정하고 그에게 그렇게 할 수밖에 없게 한 모건을 비난하며 사과를 받아들이려는 데이비드의 의지를 강조하려 했다. 하지만 우선 그는 배심원들이 데이비드 랜달의 인품에 대해 어느 정도 알아야 한다고 말했다. "데이비드 랜달 씨가 계승한 그의 아버지의 명성은 물론 그의 평판은 이 나라의 어떤 상인 신사들의 평판에 못지않게 높은 평가를 받고 있습니다." 증거가 필요했다면 바로 조지 모건 자신에게서 확인할 수 있을 것이다. 콕번은 자기 서류철에서 조지와 그의 형이 그해 1월 데이비드 랜달의 신용에 대해 쓴 편지를 꺼내 큰 소리로 읽어내려 갔다. 데이비드 랜달의 담보는 '아주 양호' 하며 그는 적극적으로 은행의 어음 유통을 많이 하고 있다. 데이비드 랜달의 사업은 "대단한 가치가 있는 융통 어음"이며 그는 은행으로부터 "꾸준히 금전상의 원조를 받고 있다." 그러면 조지 모건의 인품은 어떨까? 콕번은 다음과 같이 선언하고 있다. "신사 여러분, 그의 좋은 친구들이 원하듯 죽은 자의 죽음에 대해 신중히 다루는 것이 저의 바람이며 그것이 산 자의 탓으로 돌려야 할 재판에 부응할 것입니다." 이것이 콕번의 바람이었지만 재판 기록은 그가 계속해서 거리낌 없이 모건의 평판을 짓밟았다는 사실을 보여주고 있다. 콕번은 "많은 중요한 거래의 수탁자"로서 은행가는 "가장 엄격한 비밀을 요구하는" 직무를 수행해야 한다고 말했다. 일상적인 뒷공론은 문제가 되지 않는다. 하지만 은행에서 뒷공론이 흘러나와서는 안 된다. "이제 사망한 사람의 행동을 지적해보겠습니다. 공황으로 증폭될 만큼 사업적으로 아주 어려운 시기에 사소한 말 한마디가 가장 고귀한 인품과 가장 견고한 신용을 전복시킬 수 있습니다. 사망한 사람은 랜달 씨의 사업과 관련된 문제를 아주 부적절하게 누설했을 뿐만 아니라 그의 신용에 깊은 손상을 줄 수 있는 암시들을 탐닉했습니다." 이런 행동 때문에 데이비드는 은행과의 거래를 중단하지 않을 수 없었다. 본사에 보낸 그의 설명 편지는 "분명 모건 씨를 화나게 할 수 있겠지만 그래도 사실에 의해 정당화됩니다." 하지만 에딘버러가 "경솔하고 불합리하게" 데이비드 편지의 복사본을 모건 형제에게 보내자 조지의 반응은 비정상적이었다. 그는 "자신이 한 일에 대해선 어떤 유감의 표현도 하지 않고, 자신의 잘못된 암시에 대한 사죄도 없으며 자신의 설명할 수 없는 행동에 대해 해명하지도 않는" 편지를 보내며 "조지 모건, 보병 77연대, 휴직 중위!"라고 서명하고 있다. 콕번은 의심하는 듯했다. "여기 은행의 대리인으로 알려져 자신의 중상적인 암시를 옹호하고 모든 설명을 거부한 채 어떤 사과도 거부한 사람으로 자신에게 위임된 신뢰를 배신한 책임이 있는 사람이 있습니다. 그는 자신이 인정받은 유일한 신분을 던져 버리고 자신이 수년 동안 내버려두었던 신분을 채택했습니다." 콕번이 법정에 물은 것은 어떤 유형의 답변이었을까? 그것은 데이비드 랜달이 자신에게 결투를 신청하게 하기 위한 모건의 시도에 지나지 않았다. 그가 자신의 군 계급을 사용한 것은 "사망자가 이 신사에게 자신에게 결투 신청서를 보내도록 도발하려 했다는 사실"을 분명하게 보여주고 있다. 콕번은 배심원들에게 모건이 결투를 신청한 사람만이 추방되는 경향이 있다고 얼마나 부정확하게 믿고 있었는지, 그가 데이비드를 구타할 것이라고 사람들에게 어떻게 말했는지, 그가 자기 권총에 사용할 총알들을 어떻게 주문했는지 말했다.

퉁명스럽게 닥치는 대로 모건의 명성을 짓밟은 콕번은 이제 자신도 흥분할 수 있다는 점을 법정에 입증했다. 그는 이 모든 것

303

에 대한 데이비드 랜달의 반응을 비난할 수 없다고 선언했다. "저의 의뢰인인 랜달 씨는 모건 씨의 행동에 대해 경고를 받았지만 그들을 믿지 않으려 했으며 친구들의 충고에도 무장하려 하지 않았습니다. 법정에 선 이 신사는 어떤 재충돌도 자초하지 않았으며 절대적으로 강요받지 않았다면 원한이나 개인적 충돌을 생각하지 않았을 것입니다. 또한 명예가 심하게 훼손당한 후에도 여전히 사과를 받아들이려 했습니다." 콕번은 그런 공격이 있은 후 사과를 받아들일 수 있는 용기를 가진 사람은 거의 없을 것이라고 말했다. 하지만 모건은 모든 사과를 거부했고 따라서 데이비드에겐 다른 선택의 여지가 없었다. "오점이 남은 채 불명예스럽게 사회에서 추방된다면 용기 있는 사람이라면 당연히 자신의 불명예가 무력으로만 회복될 수 있다고 생각할 것입니다. 따라서 결투는 그에게 강요된 것입니다. 하지만 행동의 마지막 단계에서 결투장소에서 그들의 친구들이 이해와 화해를 위해 협상을 개시했을 때에도 법정에 선 이 신사는 사과를 받아들일 용의를 표했습니다. 다시 이 제안은 거만하게 거부당했습니다. 그리고 저는 이제 고발장과 관련해 누가 저의 의뢰인이 사전에 악의를 갖고 행동을 취하게 되었다는 결론을 내릴 수 있는지 묻겠습니다. 아니 사전에 악의에 차 있었던 측은 상대 쪽이 아니었을까요?" 콕번은 다음과 같이 자신의 변론을 마무리했다. "물론 슬픈 파국이 일어났으며 불행한 생존자는 그 결과를 감수하며 오늘 이곳에 있습니다. 저는 그를 불행한 사람이라고 부르겠습니다. 아무리 강한 도발을 해도, 아무리 절박한 필요가 있다 해도, 이 사건에서 그의 행동이 처음부터 끝까지 아무리 비난할 수 없는 것이라 해도 흔히 그날 일어난 일처럼 그의 손으로 인간의 생명을 빼앗은 것에 대해선 그가 죽는 날까지 굴욕과 고통의 감정을 안고 살아야 할 것이기 때문입니다. 대안이 없다는 의식, 그가 따르지 않을 수 없는 과정을 강요받았다는 의식은 그 슬픈 사건 이후 그가 행했던 행로를 명령하고 있습니다. 그는 재판을 피했던 것이 아니라 단지 불필요한 구금의 불명예를 피하고 싶었으며 즉시 재판에 기꺼이 출석하겠다는 의사를 밝혔습니다. 저는 다시 한 번 랜달 씨에게 다른 대안이 있었는지 여부에 대해 배심원들에게 묻겠습니다. 여자, 어린아이, 판사와 성직자를 제외하면 명예를 중시하는 사람이 저의 의뢰인이 했던 것 이외에 다른 선택을 할 수 있는 사람은 거의 없을 것입니다. 여자와 어린아이, 판사와 성직자도 그들이 처한 상황이나 약함이 그런 행동을 막거나 피하게 할 뿐입니다." 변론을 마치고 콕번은 자리에 앉았으며 그의 변론은 설득력이 있었다. 질리스 경은 콕번에게 "법정과 배심원은 유창하고 통찰력 있는 변론에 대해 귀 변호사에게 심심한 감사를 전한다"고 말했다.

물론 결투의 많은 원인들 중 하나는 법 그 자체다. 사법적 결투는 두 사람 사이의 분쟁을 해결하는 방법으로 1대1 대결을 인가하고 있다. 하지만 16세기에 와서는 사법적 결투가 극히 드물었으며 "사람들은 결투의 개인적인 만족을 위해 공개적 변호를 외면하고 있었다." 그리고 개인적 만족은 오로지 법률 밖에서만 얻어졌다. 후에 남부로 내려가 잉글랜드의 제임스 1세가 된 스코틀랜드의 제임스 6세는 1600년 왕실의 인가를 받지 않은 결투를 교수형에 처할 수 있는 범죄로 규정했다. 거의 100년 후 이 법률은 더욱 강화되어 결투 신청을 하거나 받아들이는 것도 결투가 벌어졌는지 여부와 무관하게 추방이나 재산 몰수로 처벌하게 했다. 사실상 이 두 가지 법률이 집행되는 경우는 거의 없었으며 결국 폐지되었다. 하지만 이 법률 대신에 명료한 새로운 법률이 만들어졌다. 18세기 거의 대부분에 걸쳐 결투 신청을 하거나 결투에 대한 어떤 선동은 보통법에서 약식 기소 범죄였다. 에렌버러 경 법령으로 알려지게 된 법안이 통과된 1803년부터 결투는 결과에 관계없이 법적으로 교수형에 처해질 수 있는 범죄였다. 결투의 결과 당사자 중 한 명이 죽게 되면 살아남은 사람과 그 입회인은 살인죄에 해당되었다.

법은 결투가 분명 살의 없는 살인일 수는 없기 때문에 이 점에 대해 아주 명확했다. 살의 없는 살인이 순간적인 행위인 반면 모살(謀殺)은 사전에 원한을 품고 저지르는 의도적이고 계획된 행동이다. 역사가 앤소니 심프슨은 "이 때문에 결투에서의 죽음은 논리적으로 살의 없는 살인으로 해석될 수 없다"고 쓰고 있다. "결투자들은 자신들의 범죄를 경감하기 위해 격정을 변론하려 할 수 없다. 이는 결투장소에서의 부적절한 행동에 대한 공개적 비난을 받게 될 수 있기 때문이다." 따라서 데이비드 랜달은 극단적인 도발에 직면해 일종의 분노 때문에 조지 모건을 살해했다고 주장할 수는 없었다. 아이러니한 것은 결투자들이 결투 신청과 결투 사이에 일반적으로 하룻밤 정도 생각해 볼 시간을 보장하고 있는 명예의 규칙을 고수하면 고수할수록 그는 더욱더 모살의 혐의로 고발될 수 있다는 사실이었다.

결투에 의한 살인과 살의 없는 살인 간의 차이는 영국 법에서 명확할지 모르지만 유럽대륙에서는 분명하지 않았다. 아무리 비합리적이라 해도 프랑스, 이탈리아, 오스트리아 법은 결투에 의한 살인을 계속해서 살의 없는 살인으로 다루었다. 또한 영국에선 많은 판사들이 혼란스러워했다. 동료 귀족들이 계획적 살인죄로 유죄판결을 받는 것을 막기 위해 그들은 흔히 배심원들에게 우스꽝스러울 정도로 가벼운 처벌이 규정된 살의 없는 살인죄로 유죄판결을 내리도록 했다. 앤소니 심프슨은 "가장 심한 처벌이 형식적 벌금, 손에 낙인을 찍는 것과 일년간의 투옥이었다"고 쓰고 있다. "18세기 말부터 결투자들이 유죄판결을 받아 투옥되는 경우는 거의 없었으며 실제적 처벌은 문자 그대로 가벼운 꾸지람 정도로 경감되었다." 1712년 모훈 경과의 악명 높고 치명적인 결투에서 해밀턴 경의 입회인이었던 육군 중장 매카트니는 "계획적 살인죄로 재판을 받아 무죄판결을 받고 항소 되지 않도록 낙인이 찍혀 살의 없는 살인으로 석방된다." 하지만 데이비드 랜달의 결투가 있기 4년 전인 1822년 법이 강화되었다. 살의 없는 살인은 법률상으로 더 심각한 범죄가 되었으며 그에 대한 처벌은 자동 투옥이나 유형을 포함하는 것으로 강화되었고 결투에 살의 없는 살인을 적용하는 요건이 엄격해지게 되었다. "따라서 배심원들의 선택은 제한되어 있었고 무죄석방이 교수형이라는 유죄판결에 대한 유일한 대안이 되었다." 따라서 데이비드 랜달에게 가능한 유일한 탈출구는 막혀 있었다.

현실적으로 이 법이 철저하게 적용되는 경우는 거의 없었다. 하지만 이 법이 적용된 몇 가지 경우에 그 결과는 강경했다. 1786년 조지 레이놀드라는 아일랜드인이 어머니에게 로버트 키언이라는 어머니의 변호사를 해고하라고 충고했다. 변호사는 너무 화가 나 카운티 레이트림 순회재판지에서 레이놀드에게 채찍질을 했다. 결투를 꺼렸던 레이놀드는 결투 신청을 하지 않을 수 없다는 사실을 알고 있었다. 결투 당일 아침 레이놀드는 결투장소에 도착해 키언에게 걸어가 그와 대화를 시도했다. 하지만 입회인들이 거리를 측량하거나 권총을 장전하기도 전에 키언은 "빌어먹을 놈, 왜 나를 여기까지 오게 한 거야?"라고 소리치고 레이놀드의 머리에 총을 쏘았다. 이것은 명예에 대한 법규를 극단적으로 위반한 것이었기 때문에 키언은 아일랜드 법의 최고 처벌을 받았다. 1788년 초 그는 모살로 유죄판결을 받고 반역자의 죽음이 선고되었다. 말하자면 교수형에 처해진 후 산 채로 창자가 꺼내지고 목이 베이고 사지가 찢겨졌다.

법정 밖에선 목격자들이 자기 차례를 기다리며 말없이 앉아 있었다. 검사가 첫 번째로 소환한 사람은 데이비드의 입회인인 윌리엄 밀리였다. 그는 무엇보다 자신과 모건의 입회인인 밀너 중위가 "우호적으로 해결할 수 있기를 간절히 원했지만 그 같은 해결이 불가능하다는 사실을 얼마나 두려워했는지"를 강조하며 결투에 대해 차분하고 상세히 설명했다. 윌리엄 밀리는 모건이 결투 장소에서 "사과는 없다"고 어떻게 외쳤는지 그가 어떻게 자신의 권총을 너무 일찍 들어 올렸는지, 그가 어떻게 곧 죽었는지를 묘사했다. 재판 자료 사본은 데이비드의 변호사들이 전혀 충분하지 않다고 분명하게 느끼고 프란시스 제프리가 일어나 반대신문을 한 사실을 분명히 하고 있다. 그는 밀리에게서 데이비드 랜달이 구타를 당하지 않았다면 "결투를 신청할 의사를 표현하지 않았으며" 데이비드는 원칙적으로 서면 사과를 받아들일 용의가 있었다는 사실을 이끌어 냈다. 더 중요한 것은 프란시스 제프리가 밀리에게 법정에서 데이비드가 결투 장소로 가는 마차 안에서 다시 모건의 목숨을 빼앗고 싶지 않으며 결투 장소에서 사과를 받아들이겠다고 어떻게 말했는지 말하게 한 것이었다. "나는 나의 손상된 명예를 회복하고 싶을 뿐이다." 밀리 또한 자신이 "랜달 씨가 서신을 교환하면서 사과를 받아들이는 해결과 불일치한 표현을 한 것을 한 번도 들어 본 적이 없다"고 선언했다. 제프리는 이 말에 진심으로 기뻐했으며 더 이상 질문을 하지 않았다.

　윌리엄 밀너가 불려졌다. 그는 다소 불편해 보였다. 그는 어렵게 자신이 데이비드 랜달과의 싸움의 본질을 알기 전 어떻게 조지 모건의 입회인이 되는 데 동의했는지, 키르컬디로 오는 길에 마차 안에서 싸움의 본질을 알게 되었을 때 자신이 "채찍질을 하는 것은 신사라면 다른 신사에겐 결코 해서는 안 되는 일이기 때문에 결투에 그의 입회인이 되기를 얼마나 강력히 거부했는지" 강조했다. 밀너 자신은 단지 "원칙적으로 그가 우호적으로 합의할 수 있도록" 모건의 입회인이 되는 데 동의했다고 말했다. 그는 모건에게 거듭해서 사과하라고 권유했지만 소용이 없었다. 밀리처럼 밀너 중위는 양측이 중간에서 만나 싸움을 해결하게 하려 얼마나 노력했는지를 강조했다. 프란시스 제프리는 그의 말에 아주 만족했다. 모건의 입회인이었던 밀너는 방어적이었고 자기 결투자를 보호하려 하기보다는 자기 변명에 급급해 있었다. 하지만 제프리는 그래도 밀너가 법정에서 데이비드 랜달이 "어떤 계획"도 갖지 않았으며 "모든 일이 아주 공정하고 명예로웠다"는 점을 말하도록 했다.

이어 의사들이 나왔다. 닥터 존스턴은 자신이 결투를 중단시키기 위해 노력했지만 어떻게 실패로 끝났는지, 자신이 소문을 어떻게 들었는지, 어떻게 호출되었는지, 피를 흘리는 조지 모건이 죽었다는 사실을 어떻게 알게 되었는지 묘사하고 있다. 닥터 스미스는 사건의 추이를 확인했다. 프란시스 제프리는 다시 일어나 데이비드 랜달을 옹호하는 주장을 다시 강조했을 뿐이었다. 결투 장소로 가는 길에 랜달 그리고 밀리와 함께 했던 사람인 닥터 스미스는 사과를 받아들이고자 하는 데이비드의 의지를 확인할 수 있는 입장에 있었다. 스미스는 데이비드가 사과를 받아들이고자 했다는 점은 사실이라고 확인했다. 즉 그는 데이비드 랜달이 "모건 씨가 사과를 한다면 결투장소에 있는 그들 앞에서 사과를 받아들이겠다.……자신은 손상된 명예를 회복하는 것 이외에 어떤 목적도 갖고 있지 않다"고 말하는 것을 들었다고 확인했다.

이어 피고 측 목격자들이 불려졌다. 재미있게도 데이비드 모건은 증인석에 불려지지 않았다. 검사측은 분명 데이비드 모건을 증인석에 세우고 싶었다. 검사측은 데이비드 모건이 동생의 죽음 막기 위해 최선을 다하지 않았다고 믿기 때문이었다. 결투가 있고 며칠 후인 8월 26일 왕실 법률가 중 한 명이 동료에게 다음과 같은 편지를 보냈다. "데이비드 모건은 부분적으로 비난받아야 하며 그는 사실상 동생의 죽음에 책임이 있는 것처럼 보인다. 데이비드 모건은 커밍 씨가 준 정보로 기회가 있었는데도 위해를 막기 위해 그 정보를 이용하지 않았다. 그는 자신의 행동에 대해 분명히 해명할 수 있도록 재판에서 증언을 하고 심문받아야 한다." 데이비드 랜달도 데이비드 모건을 증언석에 세우고 싶어했다. 특히 그는 자신의 신용과 재정적 책임에 대해 증언할 수 있기 때문이었다. 하지만 데이비드 랜달이 악의를 갖지 않았다는 사실을 되풀이해 역설하는 것이 헨리 콕번과 프란시스 제프리의 결심이었기 때문에 그들은 자기 의뢰인의 바람과는 반대로 데이비드 모건을 증인으로 부르지 않기로 결정했다. 그들은 데이비드 랜달의 재정에 대한 싸움의 원인인 누가 무엇을 누구에게 말했는지와 같은 분명하지 않은 복잡한 문제에 휘말리고 싶어 하지 않았다. 대신 그들은 법정이 데이비드 랜달이 얼마나 명예를 중시하는 사람이며 그가 얼마나 거듭해서 조지 모건에게서 사과를 받도록 제안했는지에 대한 증언을 원했다. 피고측 증인들은 그들을 실망시키지 않았다.

회계원인 제임스 플레밍은 친구인 조지 모건이 자신에게 "다음에 만나게 되면 랜달 씨의 어깨를 단장으로 후려치고 싶다"고 말했다고 증언했다. 그는 모건이 데이비드에게 결투 신청하기를 꺼렸다는 사실도 확인해주었다. "조지 모건은 법률상 결투 신청을 한 사람은 추방될 수 있다고 이해하고 있었기 때문에 결투 신청을 두려워했으며 따라서 그는 데이비드 랜달을 공격하는 다른 수단을 취했을 것이다." 모건이 데이비드의 지불능력에 대해 처음으로 의심스럽다고 말한 린넨 상인 로버트 스토크는 모건의 입이 가볍다는 주장을 확인해주었다. 그는 25년 이상 친구로 지낸 데이비드 랜달을 "내가 아는 사람들 중 가장 질서를 잘 지키는 올바른 신사 가운데 한 명"으로 칭찬하고 "그는 결코 싸움을 좋아하지 않는다"고 말했다. 하지만 스토크는 다소 부끄러워하며 모건이 데이비드의 지급 능력에 의문을 제기한 순간 사실상 데이비드에게 1000파운드의 채권 상환을 요구했다는 사실을 인정했다. 서적상인 제임스 커밍은 증인석에서 대부분의 시간을 모건이 데이비드 랜달을 공격한 것으로 정점에 이르며 자랑스럽게 자기 상점의 안팎에서 일어난 사건 전체를 법정에 거론했다. 대장장이인 토드는 모건이 자신에게 권총에 사용할 33발의 총알을 만들어 줄 것을 부탁했다고 확인해주었다. 헤이딘 시장은 데이비드를 "가장 정직하고 명예를 중시하는 사람이자 온화하고 신사다운 예절을 지키며 가장 싸움을 도발하지 않을 것 같은 사람"이라고 지칭했다. 키르컬디 전 시장이자 오랜 가족 친구인 월터 퍼거스는 자신이 데이비드가 어린아이였을 때부터 알고 지내왔으며 "데이비드 랜달은 명예를 중시하는 사람으로 어느 모로 보나 신사로 평가한다"고 말했다. 그는 "데이비드가 화를 내는 일을 거의 본 적이 없었다." 관세사 윌리엄 머니페니는 데이비드가 "매우 친절하고 명예를 중시하는" 사람이라고 칭찬했다.

하지만 살인은 살인이고 법 앞에서 몇몇 친구들의 침에 발린 칭찬이 죽음에 이른 결투에 면죄부를 주기엔 충분치 않았다. 대리변호인인 알렉산더 우드가 일어나 배심원들에게 연설했다. 그는 분명 자신의 역할에 불편해 하는 사람처럼 보였다. 우드는 당시 그들 앞에 선 남자가 사실상 "고귀한 인품과 존경을 받는" 사람이라는 모든 증인들의 주장에 동의했다. 그는 배심원들이 어떤 평결을 내리든 "이 불행한 남자는 자신이 모건 씨의 생명을 빼앗은 운명적인 날을 고통스럽게 기억하며 살아야 할 것"이라는 사실을 인정했다. 하지만 데이비드 랜달은 "불행하게도 동료 인간의 생명을 빼앗고 결국 살인죄에 대한 비난에 답하기 위해 법정에 섰습니다." 우드는 데이비드를 기소하는 "어렵고 불쾌한" 임무를 맡았다는 사실을 인정했지만 그에겐 선택의 여지가 없었다. "제가 이 문제의 본질에 대해 이 땅의 법은 사회 관습과 감정에 불일치하고 있다는 사실을 자신이나 배심원에게 감출 수는 없을 것입니다. 하지만 동시에 법 앞에서 결투에 의한 살인 행위는 살인죄에 해당된다고 말하는 것이 저의 의무입니다." 그는 증거를 들 필요도 없다고 말했다. "모건 씨가 법정에 선 이 불행한 신사의 손에 죽음을 맞았다는 사실은 분명히 입증되고 있으며 부정될 수 없을 것입니다." 배심원들은 어떻게 반응해야 했을까? 우드는 "배심원들이 판단해야 할 것은 법률상 나타난 필요한 결과들을 피할 수 있는 평결을 내릴 수 있도록 이 사건에서 정상 참작을 할 수 있느냐 하는 것입니다"라고 말했다. "하지만 법이 고수하고 있듯이 그는 유죄 평결을 열망할 때만 정당성이 입증됩니다." 우드는 자리에 앉았고 법정은 정적에 싸였다.

진실은 결투에 불리한 법이 일반적으로 무시되고 회피되며 의도적으로 잘못 해석되었다는 사실이다. 기소되는 경우는 거의 없었다. 치명적이지 않은 결투에 불리하게 이용될 수 있는 많은 법이 제정되었다. 1604년의 스태빙 법, 1682년의 코벤트리 법, 1723년 블랙 법은 모두 법전에 기재되어 있으며 적용될 수 있었다. 하지만 이 법률들 중 일찍이 결투자들에게 불리하게 적용된 경우는 거의 없었다. 결투, 공격 범죄, 벌금과 투옥으로 처벌할 수 있는, 난투에 불리하게 이용될 수 있는 보통법도 있다. 이 법률들이 집행된다면 유효하다. 실제적이고 현실적인 벌금의 위협은 늘 거의 집행되지 않는 교수형 기소에 대한 예상보다 훨씬 더 많은 억제력을 갖고 있었다. 하지만 이러한 법률들도 또한 거의 집행되지 않았다.

　치명적인 결투에 대해서 극히 적은 기소가 이루어졌다. 결투에 대한 통계는 부정확한 것으로 악명이 높다. 결투에 대한 통계는 분명 사적인 개인적 사건들에 대한 기록이다. 하지만 대중적 관심을 끈 이 결투들에 대한 기록을 분석함으로써 어떤 결론을 도출할 수는 있다. 그리고 정확한 수치는 변할 수도 있지만 대체적인 요지는 확인할 수 있다. 앤드류 스타인메츠는 조지 3세의 60년에 걸친 통치 기간 중 172건의 결투가 있었으며 그 중 91건은 치명적인 결과를 낳았다고 주장했다. 이 결투들 중 18건만이 재판에 회부되었으며 그 중 겨우 2명이 처형되었다. 험프리 울리치라는 19세기 역사가에 따르면 1803년에서 1832년 사이에 런던 중앙 형사 재판소는 반결투법을 적용해 겨우 11명에게 유죄판결을 내렸고 그들 중 6명만이 처형되었다. 처형된 사람들 중 누구도 진정한 결투자로 받아들여지지 않았다. 빅터 키에넌은 불연속적이긴 하지만 그 경향은 분명했다고 말했다. "어떤 가난한 사람이 몇 실링을 훔쳤다는 이유로 교수형당할 수 있었던 당시 결투자들은…… 서로를 죽이고 빚에서 벗어날 수 있었다."

　결투자들은 법정이 그들의 행동에 관대했기 때문에 처벌받지 않았다. 당시 대부분의 배심원들은 철저하게 중간계급으로 상인, 상점 주인, 농장주 등이었다. 대체로 그들은 귀족적인 윗사람들에게 유죄를 선고하려 하지 않았다. 앤소니 심프슨은 "재판을 받은 결투자들은 대체로 처벌을 받지 않았다. 낮은 사회적 지위의 사람들이 그들을 무죄 방면했기 때문이었다. 결투자들을 무죄 방면함으로써 제도로서의 결투에 대해 상당한 관용을 증명했다"고 쓰고 있다. 배심원들은 결투가 성인들 간에 합의한 행동이며 따라서 공정한 결투가 입회인에 의해 보장된다면 그것은 더 이상 국가가 개입할 문제가 아니라는 당시의 일반적 견해를 반영하고 있다. 그들은 또한 결투에 대한 처형은 범죄에 비해 가혹하고 부적절한 처벌이라고 생각했다. 오히려 서로 동의한 성인 두 사람 간의 의식화된 1대1 대결과 의도적 살인을 구분하지 못하는 법이 어리석은 것으로 보았다. 동시에 배심원들은 종종 평결을 내릴 수 있는 충분한 증언을 들을 수 없었다. 입회인들, 의사와 다른 증인들은 증인석에 서지 않아도 되었기 때문이었다. 그들이 증인석에 설 의무를 면제한 것은 그들 자신이 방조자로 고발당할 수도 있고 자기 방어에 해가 될 수도 있는 증언을 할 수도 있었기 때문이었다. 따라서 배심원들은 증인이 스스로 죄가 있음을 드러내도록 강요받을 수 없다는 오랜 보통법의 원칙을 받아들이는 경향이 있었다. 이처럼 배심원들은 흔히 평결에 불충분한 증거를 갖고 있었다. 결투자가 당시 결투 장소에 있었다는 사실조차 증언하지 않는다면 어떻게 어떤 사람이 결투를 한 데 대해 유죄일 수 있겠는가? 19세기 중엽 인도의 한 법정이 이에 대한 해법을 찾았다. 일단 결투자들이 증거부족으로 무죄판결을 받게 되면 두 명의 입회인들을 방조범으로 고발하는 것이었다. 결투자들은 증인으로 재소환 된다. 하지만 이제 '그'는 자신이 죄가 있다는 사실이 드러날 위험은 없다. 법적으로 결투자는 같은 범죄에 대해 두 번 기소되지 않는다는 일사부재리 원칙을 적용받기 때문이다. 따라서 그는 더 이상 침묵을 지킬 필요가 없다. 결투자는 입회인의 역할을 고백하도록 강요되며 입회인들은 고의 없는 살인으로 유죄판결을 받는다. 하지만 이런 산뜻한 법률적 발놀림은 규칙이라기보다는 예외였다.

배심원들이 유죄 선언을 꺼렸듯이 판사들도 마찬가지였다. 판사들 중 많은 수가 결투자들과 같은 귀족적 배경을 가지고 있었다. 일부는 오래 전 젊은 시절 직접 결투를 하기도 했었다. 자기들 계급이 위법이라고 생각하는 법률을 집행하는 데 열성적인 판사는 거의 없었다. 따라서 그들은 법을 굽혔다. 많은 판사들이 배심원들에게 올바른 법의 입장을 충고했지만 배심원들이 그것을 거부하도록 고무하는 방식으로 충고했다. 또 다른 판사들은 더 공개적이고 솔직하게 소위 결투에 대한 법은 일반인들의 법 감정과 충돌한다는 사실을 인정했다. 어떤 판사는 배심원들에게 다음과 같이 말했다. "배심원 여러분, 여러분에게 법을 제시하는 것이 저의 일이며 저는 그렇게 할 것입니다. 두 사람이 결투를 해 그들 중 한 명이 쓰러졌다면 법은 그것을 살인이라고 말하고 있으며 저도 법률상으로 그것이 살인이라고 말합니다. 하지만 동시에 이보다 더 공정한 결투를 평생 들어 본 적이 없습니다." 어떤 이탈리아 판사는 더 나아가 솔직하게 법을 무시했다. 그의 앞엔 자신의 『햄릿』 공연을 무례하게 중단시킨 남자와 결투하여 부상을 입힌 세뇨르

로시라는 배우가 있었다. 판사는 "당신은 5년형에 처할 만하다" 는 불길한 말로 시작했다. "하지만 법관으로 말했지만 연극을 좋아하는 사람으로서 한마디 더 해야겠습니다. 어제 저녁 나는 극장에 갔습니다. 당신은 신처럼 행동했고 이것은 아무짝에도 못 쓴다고 아주 훌륭하게 질책했습니다. 밀란에서 공연이 예정되어 있다는 사실을 알고 있으며 내가 당신의 행동을 얼마나 존중하는지하는 기념물로 이 반지를 받아 주시오." 앤소니 심프슨의 결론은 "결투를 억제하는 데 형사 재판 시스템은 전혀 효과적이지 못하다.……이는 법적인 결함 때문이라기보다는 법 적용에 모든 사회 계급이 협력하고자 하지 않기 때문이다"라고 기록하고 있다.

때로 판사와 배심원들은 유죄판결을 내리곤 했다. 하지만 법률적 근거에서가 아니라 명예규칙과 악명 높은 결투 규칙에 근거한 것이었다. 심프슨은 "결투의 공정성이 법정의 관심사가 되었으며 문제가 되는 것은 법적인 문제가 아니었다"라고 쓰고 있다. 이것이 분명 캠벨 소령을 재판했던 근거였다. 그는 입회인 없이 상대를 서둘러 결투로 몰아감으로써 결투 규칙을 위반했기 때문에 유죄판결을 받고 처형된 것이었다. 이러한 결투 규칙의 위반은 다소 높은 계급이긴 했지만 또 다른 군인에게도 적용되었다. 영국에서 결투가 사라져가던 침체기인 1840년 9월 7연대 카디건 백작은 동료 장교인 레이놀드 대위와 싸움에 휘말리게 되었다. 기병 10연대 중령이라는 현재 계급으로 진급하기 위해 수천 파운드를 쓴 거만한 사람인 카디건 백작은 레이놀드를 모욕했고 그는 결투 신청으로 대응했다. 카디건은 당연히 결투 신청을 거부했다. 서로 다른 계급의 장교들이 결투를 하는 것은 육군 규칙에 명백히 위배되기 때문이었다. 결국 레이놀드의 친구들 중 한 명인 하비 터킷 대위가 이 사건을 취급해 「모닝 크로니클」에 카디건을 모욕하는 기사를 쓴다. 카디건에 대한 많은 비난들 중 하나는 그가 와인은 늘 식탁용의 마개 있는 유리병으로 서비스되어야 한다는 강박관념을 갖고 있었다는 사실이었다. 백작은 분명 장교들의 음식에 모젤 포도주를 병에 따라 서비스하지 않았다고 레이놀드를 질책했었다. 이번엔 카디건이 규칙을 무시하고 터킷에게 결투 신청을 했다. 그들은 윔블던 커먼에서 결투를 벌였고 터킷이 부상당했다. 지역 경찰은 그들을 모두 체포했고 치안 판사는 상원에 있는 그의 동료들에게 재판받도록 카디건을 급송했다. 카디건이 유죄 판결을 받을 것으로 기대한 사람은 거의 없었지만 동료들은 그에게 호의를 보이지 않았다. 재판 중에 그가 결투 규칙을 위반했다는 사실이 드러났기 때문이었다. 앤소니 심프슨은 "그에게 불리한 가장 심각한 증언은 당시 받아들여진 관행을 위반하고 강선이 있는 권총을 사용했다는 사실이 밝혀진 것이다"라고 기록하고 있다. 강선이 있는 권총은 규칙이 요구한 총선에 강선이 없는 총보다 더 강력하고 정확했으며 따라서 신사에게 어울리는 무기로 생각되지 않았다. 하지만 결국 재판은 한편의 재미난 연극이었다. 법무장관인 존 캠벨 경은 증인들에게 스스로 죄를 드러낼까 두렵다면 어떤 질문에도 답하기를 거부하라고 충고했다. 캠벨은 또한 백작이 강선이 있는 권총을 사용함으로써 어떤 규칙도 위반하지 않았다고 주장했다. 백작은 적어도 이론상으로는 분명 터킷에게 강선이 있는 권총을 사용하도록 하고자 했기 때문이었다. 카디건은 무죄 방면되어 15년 후 크리미아에서 러시아군의 총격을 받으며 불운한 돌격 경여단을 지휘한다. 그는 경미한 부상만 입고 살아남았다. 그는 노드엠프턴쉐어에 있는 자기 집으로 은퇴했으며 그곳에서 오랜 세월이 지난 후 말에서 떨어져 71살의 나이로 사망했다.

프란시스 제프리가 일어섰다. 헨리 콕번은 그날 개정 연설로 시작했고 이제 제프리는 폐정 연설로 일을 마무리해야 했다. 제프리는 많은 방식에서 그 임무에 적합한 사람이었다. 그는 법정에 자신의 분명한 주장뿐 아니라 거의 결투자로서 자신의 경험을 제시하기도 했다. 20년 전 제프리는 토머스 무어라는 화난 시인의 결투 신청을 받았었다. 제프리는 「에딘버러 리뷰」에서 그의 작품을 조롱했다. 실제론 어떤 치안관이 결투를 중단시켜 두 사람은 결투를 종결해야 했다. 하지만 두 사람이 결투의 어리석음을 깨닫고 은밀하게 치안관에게 정보를 흘린 다음 자신들의 권총에 종이 총알을 장전했다는 소문이 이어졌다. 9월의 그날 오후 제프리의 웅변은 길었고 표현은 통속적이었으며 같은 말을 반복하곤 했다. 하지만 재판 문서 복사본을 보면 그가 명쾌하고 매우 날카로운 전략을 갖고 있었던 것이 분명하다. 제프리는 데이비드 랜달이 원한을 갖고 행동하지 않았다는 사실을 분명히 해야 했다. 제프리는 일찍이 유죄판결을 받은 결투자들이 거의 없다는 사실을 강조하며 부끄러움이나 거리낌 없이 배심원들의 비위를 맞추었다. 그는 예외 없이 거의 이백년 전 자신의 목적을 성취했다고 말할 수 있다. 제프리는 데이비드 랜달이 "명예와 동기의 순수성이 머지 않아 세상에 공개되어" 축하받게 될 것이라고 말했다. 그는 배심원들에게 "평소 데이비드 랜달 인격의 오점이 없는 순수성, 그가 견뎠던 애초의 심한 잘못들, 처음에 그리고 한동안 시정받으려 노력했던 온화하고 절제하는 사업가다운 태도, 무절제하고 비합리적인 태도를 자제했던 그의 인품, 그가 최후의 극단적인 수단과 고통스러운 대안을 얼마나 꺼려했는가 하는 사실, 운명적인 재앙의 장소에서도 구두 사과라도 받아들이려 한 침착하고 관대한 태도, 이 모든 것이 데이비드에게 용서와 석방을 부여하도록 강하게 요구하고 있다는 사실"을 고려해달라고 말했다. 제프리는 지금은 허풍을 떨고 있는 것처럼 보이지만 당시엔 바람직한 효과를 주었다. "최종적인 일에서 데이비드 행동의 모든 부분은 모든 사람이 냉정하고 공정하며 명예로울 수 있게 했습니다. 또한 모든 것이 그의 동기가 부당하게 훼손당한 명예의 회복으로 상처 입은 감정을 회복하고자 했다는 것을 입증하고 있습니다." 따라서 제프리는 첫 번째 핵심 사항을 지적했다. 그는 "어떤 형태의 살인도 악의가 증명될 수 없다면 고의적 살인이 될 수 없습니다"라고 말했다. "결투에서 생명을 빼앗는 단순한 사실은 그가 부인하고자 하는 고의적인 살인이 될 것이다. 그는 그것이 법일 수 있다는 점을 부인했고……오히려 결투는 법정이 시정할 수 없는 명예훼손에 대한 하나의 구제책이다."그의 주장은 단순했다. 데이비드는 원한을 갖고 행동하지 않았으며 따라서 살인에 대해 유죄일 수 없다는 것이다. 제프리는 "배심원들께서 사실들을 통해 그 행동이 악의적으로 행해졌다고 확신할 수 없다면 상대가 법을 무엇으로 지칭하던 중요하지 않습니다"라고 말했다. "사실을 확인할 수 있고 결투를 범죄가 되게 할 수 있는 것은 원한에 대한 증언뿐입니다."

제프리는 과거에도 결투에 대해 거의 유죄판결을 내리지 않게 된 것은 이 때문이라고 주장했다. 그는 낭만적 기사도 정신이 유행했기 때문에 결투가 14세기와 15세기엔 '빈번하고 일상적'이었다고 주장했다. 하지만 당시 제프리는 결투가 실제적으로 놀랄 만큼 적었다고 지적했다. "조지 3세의 통치 기간 동안 잉글랜드, 스코틀랜드와 아일랜드에선 법적으로 인정된 결투가 200건도 일어나지 않았습니다. 이들 중 20건에서 23건의 재판이 실시되었으며 살인이라는 목적을 이루기 위한 구실로 결투 신청을 함으로써 그 관행이 남용된 것이 명백해 보이는 몇 가지 경우를 제외하고 유죄판결을 받은 경우가 한 번도 없었습니다." 제프리의 통계 수치는 스타인메츠와 약간 달랐지만 둘 다 같은 점을 지적하고 있으며 9월 그 달 법정에서 그것은 올바른 지적이었다. "지난 150년간 스코틀랜드에선 한 건의 유죄판결도 없었습니다. 지금 우리의 피가 더 차가워진 것은 아니며 우리의 명예에 대한 생각이 우리 이웃의 그것들보다 더 무뎌진 것도 아닙니다. 하지만 그 이유는 조사들이 한결같이 생존자들에게 다른 점들에서보다 다소 유리한 상황 전개로 종결되었다는 사실입니다. 따라서 결투 생존자들은 무죄 선고를 받았습니다."

그렇다면 이러한 판결을 내린 사람은 누구였을까? 제프리는 자신의 세 번째 핵심에 도달했다. 그것은 그 같은 양식(良識)을 입증했던 배심원들이라고 말했다. 제프리는 배심원들에게 유죄판결이 거의 없었다는 사실을 말할 때 "나는 결투 생존자들에게 유죄판결이 드문 것은 배심원이 무지하거나 무능해 구별할 수 없기 때문이 아니라는 사실을 납득시킬 수 있었다"라고 말했다. 그는 결투자에 대한 무죄 선고가 배심원의 무지나 무능 때문이라는 말보다 더 터무니없는 주장은 없다고 말했다. "이 나라에서 결투와 관련된 사건에서 배심원 여러분은 뛰어난 지성보다는 남자들로 구성되었습니다. 따라서 법관이나 법률가의 신조와 무관하게 지적이고, 분별 있으며 양식적인 사람들은 결투에서의 살인이 격렬한 적의를 증명하는 상황에서 일어나지 않으면 결투에서의 살인을 고의적인 살인이라 규정하고 있는 원칙에 한결같이 반대하고 있다는 사실이 관습법으로 확립되어왔습니다."

제프리는 자신의 주장을 요약했다. 데이비드는 당연히 자신의 행동에 대해 답변해야 한다. 하지만 제프리는 "저의 의뢰인은 범죄를 저지른 것이 아니라 오히려 슬픈 불운을 감수하고 있습니다. 그는 명예를 손상당했기 때문에 불운하며 그는 이웃의 생명을 빼앗는 매개자였기에 불운합니다"라고 주장했다. 하지만 그는 "적의가 존재하지 않는다는 사실이 입증되었을 때, 이 사건에서 배심원들께서 유죄라고 판단할 수 있는 규칙, 관습, 원칙이 존재하지 않는 상황"이라고 결론지었다. 제프리는 자리에 앉기 전 배심원들에게 동의하지 않느냐는 듯 그들을 도전적인 시선으로 천천히 뚫어지게 바라보았다.

이 같은 과정이 배심원들에게 영향을 미치지 않았다 해도 분명 판사에게는 효과가 있었다. 질리스 경은 다음과 같이 요약하기 시작했다. "지금 제가 여러분에게 말씀드리고자 하는 것은 배심원 여러분이 막 피고를 위해 변호사가 했던 연설의 효과를 약화시키고자 하는 것은 전혀 아닙니다." 판사가 옳았다. 그는 제프리의 연설을 희석시키는 어떤 말도 하지 않았다. 오히려 계속해서 같은 맥락에서 배심원들이 행동하도록 지시한데 불과했다. 그는 "일반적 법규는 결투에서의 살인을 고의적 살인으로 규정하고 있다"는 사실을 인정했다. 하지만 법은 제한을 받아들이고 있으며 "저는 법정의 피고인이 제한된 법규 내에 있다고 생각하고 있습니다." 판사는 "제가 일찍이 주재했던 그 어떤 사건도 결투에서 살아남은 사람에게 이처럼 더 적은 비난을 가할 수 있는 사건은 없었습니다"고 말했다. 데이비드 랜달의 인격에 대한 증언은 "사람이 받을 수 있는 최고의 찬사"였다. 이 사건 내내 키르컬디 상인은 그 같은 평판에 부끄럽지 않게 처신했다. "그의 모든 행동은 남자답고 절제 있으며 공정했습니다. 랜달 씨는 첫 번째 모욕적인 편지를 받았을 때 결투 신청을 하거나 그런 경우에 적용할 수 있는 명예의 법들을 생각하지 않았지만 상대의 생각은 상이하고 명백하게 결투를 강요했습니다." 판사는 계속해서 다음과 같이 말했다. "여러분은 피고가 결투를 꺼려했다는 명백하고 부인할 수 없는 증언을 들었으며 그의 중요하고 유일한 목적은 자신의 명예와 인격의 회복이었습니다. 사실 살인이라는 점에서 법은 적의를 추정한다고 말합니다. 하지만 이것은 증거에 의해 반박될 수도 있는 가정이며 이 사건에서 그런 증거를 충분히 가지고 있는 배심원 여러분은 판사이어야 합니다. 지속된 큰 도발이 또 다른 참작 요소입니다. 지속된 모욕이 세상의 경멸과 멸시로 이어지고 도발이 항구적으로 계속되어 그로 인해 상처가 야기되면 시간의 흐름은 상처를 악화시켜 더 참을 수 없게 할 뿐입니다. 언급된 사건의 모든 것에서 배심원들이 죄수를 무죄방면 하는 것이 정당하고 합리적이라면 이 법정에 있는 피고에게 어떻게 정당하고 합리적으로 유죄판결을 내릴 수 있는지 알 수 없다는 사실을 말하는 것 이상으로 여러분을 혼란스럽게 하지는 않겠습니다. 배심원 여러분, 이제 제가 할 수 있는 말은 모두 했습니다. 여러분께서 이 사건을 일반적인 규칙에 따라 생각한다면 여러분은 유죄판결을 내려야 할 것입니다. 여러분이 이 사건을 이전의 배심원들이 채택했던 더 온건한 해석을 적용한다면 여러분은 무죄 평결로 답하게 될 것입니다."

　법정엔 정적이 찾아오고 모든 시선이 배심원을 향했다. 15명의 배심원들이 자신들끼리 조용히 상의했다. 이제 오후 4시였고 재판은 5시간 동안 계속되고 있었다. 하지만 배심원이 판결에 도달하는 데는 2분밖에 걸리지 않았다. 수석 배심원인 에덴우드의 향사 조지 캠벨은 배심원들이 협의할 필요는 없을 것이라고 선언했다. 그는 배심원단이 만장일치로 데이비드 랜달에게 제기된 혐의에 대해 무죄라고 판결했다고 말했다. 질리스 경은 다음과 같이 답했다. "배심원 여러분, 이것은 제가 여러분에게 기대했던 평결입니다." 그는 몸을 돌려 데이비드를 보았다. "랜달 씨, 이제 저에게 남은 유일한 의무는 오점 없는 평판으로 당신이 이 법정을 떠나게 하는 것이라는 사실을 알아야 할 것입니다. 저는 이러한 의무를 수행하는 것을 가장 큰 기쁨으로 느낀다는 사실을 분명히 하며 오늘 재판 결과에 대해 축하를 드립니다. 저는 이제 저의 판결을 들은 모든 사람이 같은 생각일 것이라고 확신합니다."

판사는 틀리지 않았다. 사람들이 밀려나오는 복도에서 환호성이 터져 나왔다. 법원 서기는 냉담하게 기록하고 있다. "이 판결은 붐볐던 법정을 아주 만족하게 한 것처럼 보였다." 데이비드의 친구들은 그가 피고석을 내려갈 때 악수를 했다. 마침내 그의 시련이 끝이 난 것이었다.

8
에필로그

...

결투는 식인주의, 노예제도, 일부다처제와 다른 많은 것들처럼 사회의 일정 단계에 속하는 일시적 제도들 중 하나로 더 이상 불필요해 사회에 병적인 생성물이 될 때 부패하고 쓸모없는 것으로 폐기된다.

리처드 버튼, 『칼에 대한 소감』, 1911

...

아래로부터 중간계급의 적대감으로 위로부터는 귀족의 점증하는 무관심으로 짓눌리는데다 법과 종교의 반대에 부딪친 결투 관습은 약화되어 쇠퇴되다 결국 19세기 중엽에 들어서 사라진다.

제임스 캘리, 『명예라는 빌어먹을 관념』, 1995

1845년 5월 20일 새벽 네 명의 남자가 포츠머드에서 서쪽으로 6마일 떨어진 해안가 황무지에 모여 있었다. 차가운 바닷바람이 외딴 모래자갈 언덕을 가로질러 금잔화 잔가지를 굴려 보내며 불어오고 있었다. 수로 밖에선 저녁 나절 갑자기 변한 조수를 타고 요트 몇 척이 정박해 있었다. 해변에 모여 있던 사람들 중 두 명은 분주하게 권총에 총알을 장전했다. 그들의 결투 참여자들은 둘 다 바다 쪽을 바라보며 15보폭 떨어진 채 말없이 서 있었다. 한 명은 젊은 장교 헨리 호키 해군 중위였고 또 다른 사람은 제임스 세턴으로 전직 경기병 대위였다. 그들은 한때 친구였지만 그날 저녁 차갑고 외진 해변가에서 세턴이 호키 중위의 아내에게 느낀 사랑 때문에 서로 맞서게 된 것이다. 이사벨라 호키는 24살로 "열정적이고 생기발랄하며 즐겁고 멋진 춤꾼으로 뱃놀이와 사냥을 좋아했다. 그녀가 남편 친구들의 감탄을 불러일으키는 것은 아주 당연한 일이었다." 하지만 제임스 세턴의 감탄은 사랑으로 변했고 곧 강박관념이 되었다. 자신도 결혼을 했지만 그는 사우스 씨의 살롱과 다과회가 열리는 곳마다 그녀를 쫓아다녔다. 그녀는 세턴을 꾀어 들이긴 했지만 그의 굶주린 매력에 넘어가지는 않았다. 하지만 전날 밤 파티에서 그들은 도를 넘어서고 말았다. 남편이 보는 앞에서 부정한 짓을 한 것이었다. 세턴은 이사벨라에게 꽃을 주었고 그녀는 밤새 그와 춤을 추었다. 대부분의 포츠머드 사람들은 이미 알고 있는 것을 그제야 깨닫게 된 호키는 조용히 아내의 구애자에게 결투 신청을 했다. 세턴은 거부하고 무례하게 이사벨라와 마지막 춤을 함께 추었다. 호키에게 이것은 도를 넘어선 짓이었다. 춤곡의 마지막 화음이 울릴 때 그는 세턴에게로 걸어가 그의 정강이를 걷어차며 큰 소리로 다음과 같이 선언했다. "너는 불량배이자 악당이야, 세턴. 나와 결투를 하자, 아니면 포츠머드 중심가에서 채찍질을 당하게 될 거야." 세턴은 덫에 걸렸다. 그는 공개적인 결투신청을 피할 수 없었으며 결국 24시간 후 자기 열정의 결과를 대면하며 산들바람이 부는 해변에 서게 되었다.

입회인들 중 한 명이 "발사!"라고 외쳤다. 세턴이 총을 쏘자 한 발의 총성이 모래톱에 울려 퍼졌고 총알은 상대의 머리를 지나쳤다. 실수로 반안전장치를 해둔 호키의 권총은 발사되지 않았다. 권총이 재장전되어 공이를 제대로 젖혔다. 다시 입회인들이 물러섰다. 이번엔 명령에 따라 두 명의 결투자가 함께 총을 발사했고 세턴은 배를 움켜쥐며 바닥에 쓰러졌다. 호키는 부상당한 상대에게 다가가려는 듯 움직였지만 다시 생각해보고는 멈추어 "프랑스로 가겠다"고 외치며 피신했다. 총소리에 놀란 지역 해안경비원이 세턴의 입회인이 피를 흘리는 결투자를 요트 중 하나로 운반하는 것을 도와 포츠머드에서 치료를 받을 수 있게 해 주었다. 세턴은 10일 동안 고통스럽게 질질 끌다 부상과 실패한 수술 때문에 사망했다. 결국 영국 땅에서 두 명의 영국인 간에 벌어진 결투에 대한 마지막 기록은 허름한 포츠머드 호텔에서의 탐욕스럽고 피에 물든 사건으로 끝을 맺는다.

이 결투는 근대 유럽 결투에 흔히 등장하는 모든 요소들을 포함하고 있는 사건으로 아주 진부한 사례였다. 두 명의 군인이 삼각관계에 연루되어 무례한 모욕을 퍼붓고 마지못해 결투를 받아들여 권총을 오발하고 생명을 잃게 된다는 따위가 전개되고 있는 것이다. 제도로서의 결투는 그것이 의무나 마찬가지라고 말하는 것과 다름없었다. 하지만 1845년 영국 국민들은 결투가 더 이상 매력적이지 않다는 사실을 전하고 있다. 영국에선 한두 차례 더 결투가 벌어지긴 했지만 그것은 외국인들 사이의 하찮은 대결이었다. 물론 해외에서 영국인들은 여전히 결투를 벌였으며 멀리 떨어진 식민지에선 이주한 상인, 군인과 행정관리들이 권태, 알코올중독과 밀실공포 때문에 치명적인 대결을 벌이곤 했다. 하지만 영국 내에서 결투는 시대에 뒤떨어진 관습이 되었다. 위대한 결투 연대기 편자인 앤드류 스타인메츠는 세턴−호키 결투가 "잉글랜드에서 영국인들끼리 벌인 마지막 결투이며 어쨌든 더 이상의 기록을 찾을 수 없었다"고 결론짓고 있다.

전유럽의 귀족에게 수백 년간 상처를 남겼던 이러한 재미있는 현상이 한동안 고통을 주었지만 이제 적어도 영국에서 더 이상의 결투는 벌어지지 않았다. 결투가 하룻밤 사이에 사라진 것은 아니며 결투가 종식되도록 한 씨앗은 오랜 세월에 걸쳐 뿌려진 것이었다. 역사가들은 아직도 결투가 쇠퇴한 이유에 대해 논쟁하고 있다. 마르크스주의적 분석을 선호하는 사람들은 결투가 점증하는 산업화된 중간 계급의 손에 약화된 봉건 귀족들의 방어 거점이었다고 믿고 있다. 산업화된 중간계급은 자신들의 고유한 사회적 우선권과 이데올로기적 관심사들을 강제하고자 했다는 것이다. 또 다른 사람들은 산업화된 중간계급이 실제로 계층 상승에 대한 열망으로 결투를 받아들였으며 따라서 결투 관행은 산업화된 중간계급이 해야 할 다른 어떤 것을 발견하고 나서야 사라지게 되었다고 주장하고 있다. 두 가지 주장에 어느 정도 진실이 담겨 있긴 하지만 어느 것도 완전한 진실을 설명하지는 못하고 있다. 사실상 결투는 복잡한 사회·역사적 사건들과 결투에서 그 문화적 정통성을 박탈하는 추세를 배경으로 쇠퇴했다. 결투는 단지 불합리한 짓이 되었던 것이다.

많은 소수의 행위들처럼 결투는 그것이 대중화되는 순간 어려움을 겪게 된다. 18세기의 마지막 10년간 그리고 19세기 초에 결투는 유행하게 되었으며 특히 나폴레옹 전쟁의 결과로 확산되었다. 앤드류 스타인메츠의 "오랜 전쟁의 끊임없는 흥분상태는 민족의 도덕성을 극히 동요시켰다. 호전적 감정과 군사적 야망이 모유처럼 주입되었다.……개인 간의 전쟁에 지나지 않는 결투가 어떻게 유행하지 않을 수 있겠는가?"라는 글처럼. 한때 귀족과 신사라는 제한된 계급의 특권이었던 것이 더 낮은 계급에서도 일반적인 관행이 되었다. 어떤 역사가는 결투가 '통속적인 유행'이 되었다고 쓰고 있다. 첫 번째 충격은 기술 때문이었다. 최신식 권총이 칼을 대신했으며 이내 누구나 결투를 할 수 있게 되었다. 과거 검술결투에는 오랜 훈련이 필요했기 때문에 사전에 신사 교육을 받은 사람만이 결투에 참여할 수 있었다. 그러나 이제 어떤 계급 출신의 사람도 총포상점을 둘러보고 한 벌의 격발권총을 구입해 다음날 아침 상대를 총으로 쏘아 죽일 수 있었다. 편집자들은 칼럼을, 의사들은 치료 과정을, 판사들은 자신들의 판결을 옹호하기 위해 결투를 했다. 또한 중간 계급의 젊은이들도 결투의 엘리트주의에 열광했다. 그들은 특히 결투가 자신들을 멋지게 보이게 한다고 생각했기 때문에 결투를 좋아했다. 결투는 사회적 야심을 위한 매개물로 보였고 결투에 가장 열광한 사람들은 속물근성이 있는 군인들이었다. 수년을 나폴레옹과 싸우며 보내면서 자신들의 귀족 상급자들을 흉내내는 수천 명의 중간계급 장교들이 1815년 평화 이후에 돌아와 강박관념을 가진 사람처럼 결투를 했다. 동시에 법률가, 교구 목사, 언론인들과 공무원 같은 전문직 중간 계급사람들은 엄격한 장자 상속법에 따라 생활비를 벌어야 했던 귀족의 둘째, 셋째 아들들에게서 결투의 신선한 피가 끊임없이 주입되었다. 1817년 아브라함 보스케트는 "현재 영국보다 결투에 더 집착하고 있는 나라는 없다"고 쓰고 있다.

이 같은 결투의 명백한 민주화는 결투를 쇠퇴하게 하는 길을 준비하는 흥미로운 효과를 가지고 있었다. 상층 계급은 한때 자신들만의 특권이 일반 관습으로 되는 것을 보고 경악했다. 결과적으로 소위 신사는 사회에서 배척될 각오를 하지 않는다면 결투 신청을 거부할 수 없다는 결투의 가장 강력한 규칙들 중 하나가 약화되기 시작했다. 상대가 같은 계급의 사람이 아니라면 남자들은 더 이상 자동적으로 결투신청을 받아들여야 한다고 생각하지 않았다. 결투는 더 이상 그 자체로 신사 계급에 대한 정의가 아니었으며 결과적으로 상층 계급이 결투하는 사례가 줄어들었다.

산업화된 중간 계급의 더 나이든 기존 구성원들은 그들의 귀족 상대자들 못지않게 경악했다. 그들은 때로 서로에게 총을 쏘는 지주 계급에 대해 아주 만족하고 있었다. 하지만 점차 포함되고 있는 중간 계급 젊은이들의 전망은 훨씬 더 신중했다. 갑자기 결투는 그들 계급이 대표하고 있는 모든 것에 대한 위협이 되었다. 중간계급은 결투를 법의 지배, 자제, 신뢰도라는 자신들의 부르주아적 가치를 불안정하게 하는 위험한 안티테제로 보았다. 결투는 이익, 번영 그리고 사회적 평화에 대한 위협이었다. 역사가 케빈 맥알리어는 "자기 목숨을 버리는 것과 어려운 때를 대비해 저축을 하는 것 사이엔 서로 다른 세계가 존재하고 있다"고 쓰고 있다. 헌신적인 자본가가 사업상의 분쟁에 휘말릴 때마다 결투의 위험을 감수할 수는 없다. 그런 불안정한 공적 행위는 헌신적인 자본가에겐 하나의 저주이자 지난 세기 무도한 행위의 상징이었다. 게다가 진정한 부르주아는 당연히 자신의 사업과 가족을 개인의 명예라는, 그럴듯하긴 하지만 시대착오적인 개념보다 우선시한다. 앤소니 심프슨에 따르면 중간 계급은 "결투가 유행하면 유행할수록 더욱더 통제하기 어려워지고 따라서 더욱더 큰 사회적 위협이 된다"라고 믿고 있었다. 결국 국가가 분쟁 중인 개인들 사이에서 중재할 책임을 지는 것이 필수적이었다.

산업화된 중간 계급 가운데 불안감이 확산되었다. 한때 언론이 결투의 흥분과 명성에 찬사를 보내던 자리에 이제 대중 출판물들은 조소를 보내기 시작했다. 카디건 경과 터킷 대위 간에 벌어졌던 1840년의 우스꽝스러운 결투의 여파로 「더 타임스」는 거리낌 없는 비난을 가하기 시작했다. "일반적으로 사회에 미친 영향에 대해 결투는 법이 극악한 범죄로 선언하고 있는 반면 귀족과 '신사들'은 결투를 하는 것이 정당하다고 생각하기 때문에 제한하거나 처벌해서는 안 되고 제한하거나 처벌할 수도 없는 범죄가 존재한다는 사실을 이해하게 해야 한다. 우리는 결투자들에 대한 판결을 상급자들로부터 악습을 배우는 더 낮은 계급의 모방과 선례의 힘을 알고 있는 판사들에게 맡기고 있다. 우리는 결투 옹호자들의 주장을 인민 헌장운동이나 심지어 사회주의 그 자체가 제창했다는 사실보다 더 유해하거나 무정부적인 원칙은 없다고 분명하게 확신하고 있다." 강력한 내용으로 어조가 반전되었다. 더 뻔뻔스러운 대중 언론에서 결투는 풍자만화에서 조롱거리가 되었고 한때 엄숙한 행동이었던 것이 웃음거리가 되었다. 거짓 결투자들이 폭로되어 종이나 수은으로 만들어진 가짜 총알이나 화약만 장전한 권총으로 결투한 것에 대해 조롱당했다. 카디건 경이 상원 의회에서 무죄로 석방되던 날 그는 드루리 레인에서 공연된 연극을 관람하려 했지만 소동이 일어났다. "야유, 휘파람, 비명과 불평소리 때문에 공연을 시작할 수 없었다. 공격받지 않을까 두려워한 카디건 경은 옆문을 통해 극장에서 빠져 나갔다." 결투에 반대하는 사회단체들이 생겨났다. 가장 영향력 있는 단체는 결투반대협회로 이 단체는 1843년 "326명의 회원으로 설립되었으며 그들 중 많은 사람이 두 개의 직업을 갖고 있거나 귀족, 준남작 그리고 의원들이었다." 그들은 결투를 "하느님과 인간의 법에 위배되며 죄스러울 뿐 아니라 명백히 비합리적인 것"이라고 선언했다. 솔직한 결투 반대 활동가 중 한 명인 조셉 해밀턴이라는 아일랜드 사람은 엄격한 새로운 법률을 요구했다. 그는 모든 입회인들은 1000파운드의 벌금을 내야 하고 재산의 절반을 가난한 사람들에게 헌납해야 한다고 주장했다. 그리고 결투자에 대해선 "사망자의 시체는 납으로 만든 관에 넣어 납땜을 해 불쾌한 냄새가 나지 않게 해야 한다. 그리고 제사 때마다 결투가 벌어진 가까운 중심가나 도시의 가장 공개된 장소에서 살아남은 자와 함께 한 시간 동안 관을 썰매에 싣고 끌려져야 한다." 당연히 입법자인 의원들은 해밀턴의 생각을 받아들이지 않았다.

이렇듯 변화하는 일부 견해들은 더 낮은 사회 계층으로 확산되었고 보통의 노동자 계급 가운데서도 반대의 목소리가 높아졌다. 무엇보다 그들은 자신들이 귀족의 특권으로 알고 있는 것에 반감을 갖고 있었다. 그들은 도둑질을 한 농민이 재고의 여지도 없이 교수대에서 처형을 당하는 반면 살인자인 신사는 법을 피할 수 있는 이유를 물었다. 왜 부자와 가난한 자에게 적용되는 법이 서로 다른가? 1820년대와 1830년대 영국은 이미 거대한 사회적 · 산업적 불안의 시기였으며 농민과 새로 나타난 노동 계급은 상류 사회를 증오하는 또 다른 이유로 결투를 반대했다. 지주 계급도 이러한 감정에 무감각한 것은 아니었다. 그들은 1789년 프랑스 대혁명 기간 중 영국 해협 건너편의 동료 신사 계급이 맞은 운명을 잊지 않고 있었다. 따라서 많은 귀족들은 결투를 그만두기로 결심했고 결투의 관행은 더 이상 자기 계급을 지킬 수 있는 방어거점이 아니라 제거되어야 할 잠재적 취약점이라고 생각했다. 많은 역사가들은 19세기를 지주 계급인 구권력이 산업사회의 늘어나는 중간계급인 신권력에게 전략적 · 점진적으로 양보한 시기로 보고 있다. 영국과 아일랜드의 가톨릭교도에게 과해졌던 여러 가지 징벌적 · 제한적 규정을 철폐한 1829년 가톨릭교도 해방령, 1846년 곡물 수입에 중세를 과한 곡물법 폐지, 1832년 부패선거구가 폐지되고 중간계급에 선거권을 주는 등의 선거법 개정안이 있었다. 많은 신사들은 단지 자신들이 자기 계급이 남는 것을 보장하는 데 필요하다고 믿었던 포기 항목에 결투를 추가했을 뿐이었다.

이러한 견해가 해협을 건너서도 공유되었던 것은 아니다. 유럽의 귀족은 영국의 귀족 동료들이 하고 있는 일에 경악했다. 그들은 서로에게 총을 쏘는 자신들의 권리를 더 굳건히 사수함은 물론 결투를 점증하고 있는 부유한 중간 계급의 맹공격에 대한 자기 계급의 상징으로 보았다. 그리고 그들은 영국의 귀족을 조롱했다. 1890년대 귀족인 독일 역사가 하인리히 폰 트라이츠케는 "영국 상류 계급의 명예에 대한 오랜 감각과 선입관은 탁월한 돈의 힘 앞에서 사라지고 있는 반면, 독일 귀족들은 가난하지만 기사도 정신이 남아 있다"고 쓰고 있다. "결투는 쓸모없게 되었거나 완전히 사라졌으며 말채찍이 칼과 총을 대신하고 있다. 이 같은 야만의 승리는 계몽정신의 승리로 칭송받고 있다." 자신들의 계급적 특권과 정체성을 지키고자 하는 이러한 욕망은 영국의 귀족들보다 대륙의 귀족들 가운데 더 큰 불안감과 취약성에 대한 의식이 있었음을 무심코 드러내고 있다. 영국의 귀족들은 귀족적 제도와 상징들을 더 많이 축적하고 있었으며 더 오랜 전통을 가지고 있었다. 영국의 귀족들이 결투를 포기할 만큼 강했던 반면 유럽의 귀족들은 새롭긴 하지만 덜 안정된 자신들의 민족 국가에 불안감을 느끼고 있었다. 1848년 전 유럽을 휩쓸었던 민중봉기는 그들이 옳았음을 증명하는 듯 보인다.

결투가 그 계급적 기원 때문에 어려움을 겪고 있었다면 그것은 또한 변화하는 사회·문화적 태도하에서 압력을 받고 있었다. 결투는 핵심적인 측면에서 극히 개인주의적 행동이었다. 결투 당사자들은 자신들의 개인적 명예와 동료들 사이에서의 평판이 삶에서 가장 중요하다고 믿어야 했다. 가족, 친구, 부양가족, 직업 이 모든 것은 명예에 비하면 부차적인 것이 된다. 이 점을 가장 적나라하게 보인 결투자는 영국 수상 윌리엄 피트로 그는 조국보다도 자신의 명예를 우선시했다. 1789년 나폴레옹의 프랑스에 대항해 유럽이 투쟁하던 어둡고 불안한 시기에 조지 티어니라는 아일랜드 국회의원이 침략의 위협에 맞서 해군을 강화하려는 피트의 계획을 비판했다. 당시 39살로 그다지 젊지 않았던 피트는 전형적인 욱하는 스타일로 하원 회의장에서 티어니가 자신을 비판한 진의에 의문을 제기하고 발언 철회를 거부하자 다음날 결투 신청을 받았다. 놀랍게도 그는 결투 신청을 받아들였다. 5월 27일 일요일 3시 피트는 런던 서남쪽에 있는 푸트니 헤스에서 12보폭 떨어져 무장한 상대를 마주보고 서 있었다. 그들은 두 발의 총알을 주고 받았고 다행히 두 번 모두 빗맞았다. 침략과 반란의 위협이 있었고 프랑스와 영국의 갈등이 중요한 단계에 있을 때, 아주 유능한 전쟁 지도자가 별 중요하지 않은 국회의원과 사소한 시비 끝에 생명을 잃을 위험을 감수했던 것이다. 당시 이 일은 일부 사람들에겐 어리석은 짓으로 받아들여졌다. 조지 3세는 수상에 대해 분노했다. 그는 "나는 지금 일어난 일이 다시는 반복되지 않을 것이라 믿고 있다"라고 쓰고 있다. "공적인 인물은 자신에 대한 의무만을 중시할 권리가 없으며 조국에 대한 의무도 고려해야 한다."

결국 결투는 남자가 할 수 있는 가장 이기적인 것들 중 하나로 시간이 지나면서 많은 사람이 이 사실을 깨닫게 되었다. 그리고 이 사실에 처음 반격을 가한 것은 당연히 가족이었다. 생계를 책임진 가장을 빼앗긴 미망인과 아이들의 미래가 밝지 않았기 때문이었다. 제인 오스틴의 『오만과 편견』에서 베넷 부인은 남편이 길을 잘못 들어 가출한 딸 리디아를 찾는 동안 결투로 죽음으로써 가족 모두를 가난에 몰아넣지는 않을까 진심으로 두려워하고 있다. 가족들은 점차 어리석은 가장들에게 결투는 위험한 일이라는 사실을 인식시킨다. 미국 국회의원 존 와이스는 1884년 페이지 맥카티에게서 받은 결투 신청을 거절할 때 이러한 태도의 변화를 보여주고 있다. 그는 "안정된 직업, 유쾌한 아이들로 가득 찬 편안하고 아늑한 가정이 있는 나는 행복하게 살고 싶다"고 쓰고 있다. "맙소사! 페이지 맥카티 같은 자가 이러한 나의 삶을 위태롭게 하며 총을 들고 10발자국 떨어져 마주 서고자 하다니. 그가 나에게 한 욕설은 한밤에 개 짖는 소리와 다를 바 없다. 그는 나를 너무 늦게 초대했다. 나도 그런 미친 짓을 탐닉할 만큼 어리석었던 때가 있었지만 나이 들어 인생 그리고 그 책임과 의무를 더 폭넓게 보게 되면서 나는 맥카티 식의 남자다움에 영원히 작별을 고했다." '어떤 기독교도 애국자'라는 가명의 아일랜드 작가는 일부러 상대를 아침에 초대해 결투를 피한 한 남자를 묘사하고 있다. "아침식사 후 결투 신청자는 집주인에게 약속을 상기시켰다. 집주인이 대답했다. '당신이 아침 식사에서 보았던 사랑스러운 여인과 아무 것도 모르는 6명의 아이들은 자신들을 부양할 내 에너지에 의존하고 있으며 당신이 그에 동등한 가치 있는 어떤 것을 제시할 때까지 우리는 결투에서 졸렬하게 맞서게 될 것이라고 생각합니다." 결투 신청자는 이 주장을 받아들였고 두 사람은 친구처럼 악수했다. 또 다른 가정적인 사람인 웨스트 프러시아의 로젠베르크 출신인 신원미상의 관료는 결투 신청자에게 구체적인 요구를 함으로써 결투를 피했다. 그는 "당신이 알다시피 당신의 손에 내가 죽을 경우, 나에겐 돌보아야 할 아내와 다섯 명의 자식이 있습니다. 현재 나의 연 수입은 4천5백 마르크입니다. 나는 당신에게 나의 현재 수입에 상응하는 이자를 지급할 수 있도록 그 금액을 은행에 예치해 달라고 요구합니다. 그렇게 되면 남편 없는 나의 아내와 아버지 없는 나의 아이들이 생활할 수 있게 될 겁니다." 당연히 결투 신청자는 그의 요구를 거부했다. 그 관료는 다음과 같이 답했다. "그럴 경우 우리의 결투가 벌어질 수 없게 될까 두렵습니다. 자신의 생명 이외에 잃을 것이 아무것도 없는 남자에게 나를 총으로 쏘고 미망인이 된 나의 아내와 아이들에게 그에 상응하는 어떤 유형의 보상 없이 구걸하게 하도록 기대할 수는 없을 것입니다."

결투자들의 개인주의는 개인보다 집단을 강조하는 새로운 사회적 추세에 의해서 마찬가지로 도전을 받는다. 어떤 측면에서 이것은 개인적 명예에 대한 신사의 감정이 집단적 의무감으로 대체되기 시작한 것으로 볼 수 있다. 남자는 자신에 대한 것이 아니라 자기 가족, 사회, 국가, 군주에 대한 의무가 있다. 이것은 제국을 세우고, 젊은이들을 이유 없이 죽음의 골짜기로 뛰어들게 부추기며, 백년 후 젊은이들이 위기에 처한 조국을 위해 진흙 참호 꼭대기로 기어오르도록 선동하게 한 자기 희생적 의무였다. 그것은 후에 몇몇 나라에선 개인이 국가에 종속되는 극단적 민족주의와 공산주의에 이르게 된다. 또 다른 단순한 측면에서 똑같은 추세가 공통의 목적을 추구하는 자아 속에 포함되어야 하는 팀 경기의 증가로 인도한다. 역사가 리처드 코헨은 "결투는……문화적 정당성을 상실했다"라고 쓰고 있다. "새로운 오락 거리들이 나타났다. 조직화된 축구, 사이클, 부유한 사람들을 위한 요트 경기와 산악등반이라는 유쾌한 위험으로 그것은 1800년에는 거의 알려지지 않았지만 1900년에 그것은 매혹적인 새로운 야외 활동들 중 하나였다. 점차 크리켓이나 축구 같은 대중적 팀 경기들은 개인을 더 큰 집단의 일부로 보는 경향을 촉진시켰고 개인적 이해관계와 필요들은 집단적인 이해관계와 필요에 종속되었다." 늘어나는 스포츠에 대한 관심은 상층 계급의 강박관념으로 결투가 특히 권투로 대체되는 것을 볼 수 있다. 어떤 역사가들은 또한 알코올에 대한 태도 변화도 지적하고 있다. 18세기 과음 상태에서 치른 수백 건의 결투는 많은 사람이 늘 취한 상태로 술집에서 벌어진 싸움 때문에 유발되었다. 세기 초 빅토리아 시대 사람들은 그같은 방종을 인정하지 않았고 따라서 술 마시고 논쟁하는 일이 더 적었다.

지적인 사람들은 결투의 합리성에 의문을 제기하기 시작했다. 과거엔 많은 사람들이 결투 관행에 대해 국가를 문명화하는 힘으로 옹호했다. 19세기 팸플릿 저자인 베르나르 망데빌은 "국가가 일반적으로 공손한 예절, 대화의 즐거움, 함께하는 것의 행복 같은 고귀한 축복을 얻기 위해 일년에 6명 정도의 남자가 희생되는 것을 보기 싫어하는 것은 이상하다"라고 쓰고 있다. 결투 옹호자들은 사전에 두 번 생각하게 함으로써 무례를 억제할 수 있다고 믿었다. 그렇게 되면 남자들은 자신의 말과 행동에 책임을 질 수 있게 된다. 결투는 갈등 해결을 위한 통제된 출구를 제공함으로써 더 큰 폭력을 막는다. 또한 결투는 뿌리 깊은 반목이 계속되는 복수보다는 신속하게 분쟁을 해결할 수 있는 기회를 제공한다. 결투는 유일하게 사회에 이익이 될 수 있는 남자다운 명예 개념을 영속하게 한다. 그리고 무엇보다 결투는 국가의 과도한 힘에 대한 개인적 자유를 증명한다. 19세 프랑스 작가 쥘 야닝은 "결투는 우리 각각을 강하고 독립적인 힘으로 만든다"고 쓰고 있다. "결투는 법이 정의라는 대의명분을 저버린 순간 그것을 보호한다. 결투는 법이 처벌하고, 경멸하고 모욕할 수 없는 것을 처벌하고 있다.……우리는 결투를 보존하고 있기 때문에 오늘날 문명화된 민족이다."

하지만 이제 더 많은 의문이 제기되기 시작한다. 어떤 사람들은 고대 그리스 로마에서처럼 모든 결투자들이 관심을 갖는 명예라 불리는 것이 수치에 대한 두려움보다는 영광에 대한 애정에 기

초해야 하는지에 대해 궁금해 하기 시작한다. 또 다른 사람들은 명예가 실제로 단일한 폭력적 행보보다는 행동 패턴으로 증명될 수 있는 미덕에 더 가까운 것인지 궁금해 한다. 어떤 사람들은 단순히 명예와 결투의 규칙이 문명화된 힘이라기보다는 사실상 폭력을 예방하지 않고 촉진함으로써 법규에 도전하는 "지난 야만주의 잔재의 틀을 만들고 있다"고 생각한다. 어떤 사람들은 단지 실용주의적이다. 도덕주의자인 윌리엄 팔레이는 정의의 수단으로 결투의 효력에 의문을 제기한다. "처벌로서의 결투는 비합리적이다. 결투는 모욕한 자를 처벌하든 모욕당한 자를 처벌하든 위험이 같기 때문이다." 어떤 케임브리지 수학과 학감은 단순한 논리를 전개해 두 학생 간의 결투를 막는다. 그는 결투하려는 한 학생에게 "무슨 일이지, 왜 결투를 하는 건가?"라고 물었다. 학생이 "저에게 거짓말쟁이라고 했기 때문입니다"라고 대답했다. 학감은 잠시 생각한 후 말했다. "자네에게 거짓말쟁이라고 말했다고, 그런가? 좋아 그 친구에게 그 말을 증명하도록 기회를 주게. 만약 그 친구가 증명을 한다면 물론 자네가 거짓말을 한 거지. 하지만 그 친구가 증명하지 못한다면 거짓말하고 있는 사람은 그 친구가 되겠지. 그런데 자네는 왜 서로 총질을 하려는 건가?"

결투에 대한 더 효과적인 공격들 중 하나는 단순한 근대성의 출발에서 비롯되었다. 결투는 문제를 해결하는 18세기 구식 방법으로 보였다. 산업과 과학의 동시대적 진보는 1851년 런던 세계 박람회가 개최되던 시대에 결투를 단지 어리석게 보이도록 결합

했다. 전기 작가 세실 우드햄-스미스는 "철도, 증기선, 가스등, 대중 교육과 대중 과학 시대에 결투는 범죄이자 비합리적으로 보였다"라고 쓰고 있다. 노예 제도와 마녀 사냥처럼 결투는 더 이상 문명화된 사회에서 받아들여질 수 없었다. 결투에 대한 최소한의 효과적 억제는 아마도 법 그 자체였을 것이다. 수세대에 걸쳐 내려온 법제정은 남자들이 서로에게 총질을 하기 위해 의도적으로 법에서 벗어나는 것을 막는 데 거듭 실패했다. 하지만 두 가지 법률적 변화가 어느 정도 효과가 있었다. 우선 민사 법정의 성장은 일부 남자들에게 그들이 결투장보다는 민사 법정에서 시정할 수 있다고 설득하기 시작했다. 금전적 손해에 대한 예상은 육체적 부상의 위험보다 더 매력적으로 보였다. 특히 1843년의 명예훼손 법안은 명예훼손 형사 소송에서 피고인이 변명으로 진실에 항변하는 것을 중지하게 함으로써 원고에 유리한 법으로 다시 균형을 잡았다. 하지만 더 중요한 것은 1844년 도입된 하나의 특별법이 결투를 보는 군의 방식 모두를 변화시켰다.

빅토리아 여왕은 실제로 결투를 좋아하지 않았다. 하지만 결국 특정 결투에 자극받기 전까지는 결투를 중지시키기 위해 그 어떤 조치도 전혀 취하지 않았다. 1843년 7월 1일 왕실 기마 근위대의 알렉산더 문러 중위는 노드 런던의 캠던 타운에서 벌어진 결투에서 매부를 총으로 쏘아 부상을 입혔다. 55연대 데이비드 포셋 중령은 이틀간 목숨을 연명하다 아내의 품에 안겨 죽는다. 결투는 일반 런던 시민들 사이에서만이 아니라 버킹검 궁에 사는 사람들 사이에서도 분노를 불러일으켰다. 빅토리아 여왕은 자신의 기분을 알렸고 다음해 그들은 행동에 들어갔다. 1884년 3월 15일 전쟁 장관 헨리 하딘지는 여왕이 "결투라는 야만적인 관행을 최대한 억제할 수 있는 어떤 조처를 고안하기"를 열망하고 있다고 하원에 말했다. 이러한 아이러니에 주목하는 사람은 거의 없었다. 하딘지는 15년 전 윈칠 시 경과의 결투에서 웰링턴의 입회인이었다. 다음 달 전쟁 조항들이 개정되었고 "또 다른 장교와 결투하기 위해 결투 신청을 하거나, 결투 신청을 받아들이거나, 결투할 의도에 내밀히 관여해 그 같은 결투를 막기 위해 적극적인 조치를 취하지 않거나, 결투 신청을 하지 않거나 거부한 데 대해 비판을 하거나, 이견에 대한 명예로운 조정을 위해 작성된 합리적인 제안을 거부하거나 거부할 것을 충고한 모든 장교는 일반 군사법원에서 유죄가 입증된다면 면직을 피할 수 없으며 법원이 제정하게 될 다른 처벌도 받게 될 것이다." 한때 군 법규는 암묵적으로 결투 신청 거부를 군법 위반으로 만듦으로써 결투를 조장했던 곳이었으나 그들은 이제 결투 그 자체가 위법이라고 선언하고 있다. 아주 분명한 변화였다. 수상인 로버트 필 경은 그 점을 분명히 납득시키려는 듯 법을 더욱더 개혁해 결투한 장교의 미망인에겐 어떤 군인 연금도 지급하지 않도록 했다. 그는 "용기의 확인과 남자다움의 증명에 기초한 제도가 아내와 자식들을 빈곤하게 만들 수 있다면 타파될 수 있다"고 주장했다. 그가 옳았다. 가족에 대한 의무는 이제 자신에 대한 의무에 우선했으며 거의 하룻밤 사이에 결투는 가장 중요한 사도들인 군을 잃었다. 따라서 1850년대 말까지 적어도 영국에서 결투는 더 이상 존재하지 않았다.

지치긴 했지만 한시름 던 데이비드 랜달은 퍼스에서 무죄 석방된 후 키르컬디로 천천히 돌아오고 있었다. 그는 자신이 명예롭게 행동했다는 것은 알고 있었지만 그 경험을 다시 되풀이하고 싶지는 않았다. 결투로 그와 그의 가족은 엄청난 중압감을 느꼈을 뿐 아니라 사업에도 지장을 주었다. 존 앤더슨이 홀로 랜달 사를 경영할 수 있을 것으로 기대할 순 없었다. 사업을 재정비할 시간이었다.

일부 키르컬디 사람들은 결투를 찬성하지 않았다. 결투를 반대하는 사람들은 더 나아가 한두 장의 팸플릿을 쓰기도 했다. 팸플릿 저자 중의 한 명은 켈로의 향사인 조지 부헨으로 그는 재판 결과에 반대하며 갈고 닦은 모든 법률적 · 정신적 주장을 활용해 데이비드 재판에 대한 교묘한 팸플릿을 작성했다. 하지만 그 역시 개인적으로는 데이비드에 대해 아무런 감정도 없다는 사실을 분명히 했다. 그는 "개인의 인격에 대해 어떤 나쁜 생각도 품고 있지 않으며 데이비드 랜달 씨에 대해 주로 느끼는 감정은 불행하게 동료 인간의 피를 흘리게 할 수밖에 없었던 그가 처한 고통스러운 상황에 대한 깊은 걱정이다"라고 쓰고 있다. 키르컬디에서의 어떤 반대도 일시적인 현상에 불과했다. 19세기에 벌어졌던 현상처럼 사회에서 배척당했던 일부 결투자들과는 달리 데이비드는 환영받으며 자기 둥지로 돌아왔다. 후에 그의 사망 기사는 "그 후로 오랫동안 데이비드 랜달 씨는 계속해서 큰 사업을 하며 그와 상업 거래를 하는 모든 사람에게 명예로운 존경을 유지했다"라고 기록하고 있다. 데이비드는 곧 키르컬디 상공회의소 의장이라는 영향력 있는 자리로 되돌아왔다. 결투 이후 1826년 11월 14일 첫 번째 모임의 메모는 데이비드가 그들의 연례 정기 모임 날짜를 정하는 것을 잊은 데 대해 "위원회가 관대히 양해해 줄 것을 청했다"는 사실을 보여주고 있다. 예의 삼가는 어투로 그는 "최근 개인적으로 처하게 된 기이한 상황"이라 부른 것에 정신을 빼앗긴 자신을 자책했다. 데이비드 랜달은 그 후로 4년간 상공회의소 의장직을 유지하게 된다.

데이비드는 투표함에서 결투 후에 자신의 평판을 시험하기까지 한다. 그는 성공적이었고 지방정부에 참여해 부패 선거구를 폐지하고 선거권을 중간계급에까지 확대하는 1832년 선거법 개정에 찬성하며 열심히 선거운동을 했다. 그의 사망기사 담당기자는 "랜달 씨는 선거구에 대해……합당한 관심을 보였으며 선거개혁 법안이 통과되기 이전의 투쟁기간 동안 그는 법안의 운명에 열광적인 관심을 갖고 수차례 대중 집회에서 법안을 지지하는 연설을 했다"고 기록하고 있다. 결투가 벌어진 지 9년 후인 1835년 키르컬디 사람들은 데이비드에 대한 자신들의 최종적 신뢰를 보이며 그를 시장으로 선출했다.

데이비드의 개인적인 삶은 정치적 삶 못지않게 화려했다. 첫 번째 아내가 죽은 지 8년만에 데이비드는 다시 사랑을 찾았다. 그는 메리 러셀을 어릴 때부터 알고 있었다. 그녀는 그의 가장 가까운 가족 친구들 중 한 명인 윌리엄 러셀이라는 동료 린넨 상인의 딸이었다. 랜달과 러셀 가족은 오랫동안 친밀하게 지냈으며 이미 혼인으로 맺어져 있었다. 1814년 데이비드의 형인 제임스는 윌리엄의 또 다른 딸인 헬렌과 결혼했다. 이제 오랜 세월이 흐른 뒤 그들의 더 젊은 형제들이 사랑에 빠졌고 1828년 3월 19일 결투가 벌어진 지 거의 2년 뒤에 데이비드 랜달과 메리 러셀은 결혼한다. 그는 42살이었고 그녀는 23살이었다. 그들의 결혼은 분명 사랑의 관계였다. 이후로 20년간 그들은 4명의 아들과 7명의 딸을 포함한 11명의 자녀를 갖는다.

어쨌든 데이비드 랜달의 회사는 회복되었다. 상황이 아주 좋아져 데이비드는 새로운 무역으로 사업을 확장할 수 있었다. 그는 소규모 건조 염장 사업을 선택하고 배 두 척의 공동 소유주가 되었다. 인구 조사 기록에 따르면 1815년 랜달 사는 50명의 여자와 16명의 남자를 고용했으며 그들은 모두 로치티 길 바로 위쪽에 있는 좌측 창고와 표백장에서 일했다. 데이비드의 두 아들인 21살의 제임스와 17살의 로버트 러셀은 모두 무역을 배우며 아버지의 직원으로 일했다. 그리고 메리는 유모, 가정부, 요리사와 함께 늘어나는 가족을 돌보았다.

데이비드 모건의 삶은 그다지 행복하지 않았다. 결투 이후

결투 2년 후 데이비드 랜달과 결혼한 메리 러셀의 사진. 당시 데이비드 랜달은 42살 그녀는 23 살이었다. 그들은 11명의 아이를 가졌다. 비스카운트 잉글리비 소장. 해리 미들턴이 찍은 사진.

1826년 11월 7번째 아이가 태어난 일 이외에 그를 기운 나게 하는 일은 거의 없었다. 한동안 데이비드 모건은 홀로 은행을 운영하기 위해 노력했다. 키르컬디 사람들은 조지 모건의 행동을 잊지 않았으며 그들은 그의 형에게 복수했다. 스코틀랜드 은행의 공식 역사는 "어느 도시에서나 은행 업무는 결정적으로 대리인의 인격과 능력에 좌우된다는 사실을 간과하기 쉽다"라고 기록하고 있다. "키르컬디 결투의 영향들 중 하나는 도시 린넨 제조업자들 가운데 은행 사업이 사라져 없어졌다는 사실이었다." 몇 년 후 데이비드 랜달의 오랜 친구이자 동료 린넨 상인인 월터 퍼거스는 직접 은행업에 진출하기로 결심하고 유니온 뱅크를 설립해 스코틀랜드 은행 사업의 대부분을 가지고 갔다. "본사는 데이비드 랜달이 떠나고 새로운 산업에 의존한 새로운 신용거래가 일어날 때까지 대리인은 아무것도 할 수 없다는 사실을 인정했다. 새로운 산업은 황마 교역의 성장, 항구 개발과 마루깔개인 리놀륨 제조 공정의 발명 등으로 1840년대와 50년대 키르컬디 지사에 두 번째 활기를 띠게 했다." 스코틀랜드 은행은 또한 교훈을 얻어 은행의 키르컬디 신입직원이 이 지역 지점에서 근무하는 것을 금했고 이 규칙은 1940년이 되어서야 폐지되었다.

한동안 분명 자금의 압박이 있었다. 1830년 7월 데이비드 모건은 지역 교회에 가족석을 팔아야 했다. 조지가 죽은 후 모건 집안은 수년간 그의 군 급료를 계속 청구하기 위해 관례를 악용했을 것이라고 시사하는 기록이 있다. 1826년 조지가 총에 맞아 죽긴 했지만 그는 1831년까지 보병 77연대에 휴직 중위로 등록되어 군 명부에 기재되어 있었다. 물론 통신과 기록 유지가 미비한 시기였기에 부정확할 수도 있다. 하지만 조지 모건의 죽음은 「더 타임스」의 머리기사를 장식했었다. 연대의 누군가가 그 소식을 들었더라면 기록을 수정했을 것이다. 하지만 몇 가지 이유에서 기록 수정은 이루어지지 않았다. 그리고 그 이유는 누군가 자신들이 벌 받지 않고 해낼 수 있다고 생각하는 한 급료의 절반을 계속해서 요구했다는 사실이었을 것이다.

데이비드의 아들인 알렉산더 깁슨 모건이 1839년 아버지와 함께 은행 일을 시작하면서 모건 집안에 서광이 비추기 시작했다. 알렉산더는 1817년 5월 2일 데이비드와 마가렛 모건의 7명의 자식들 중 다섯째로 태어났다. 그는 분명 능력이 있었다. 실제 기록에 따르면 알렉산더는 무급으로 14살 때 은행에서 아버지를 위해 일을 시작했다. 하지만 그는 가족 중 대학에 간 첫 번째 인물로 1815년 세인트 앤드류에서 화학을 공부했다. 하지만 일년 후 19살이 되자 다시 가족 사업에 참여하기로 결정하고 연 30파운드를 받고 퍼스에 있는 스코틀랜드 은행 금전 출납원으로 일하게 된다. 3년 후 그는 키르컬디로 돌아와 아버지의 직원으로 일할 만큼 능력을 인정받았다. 어느 모로 보나 결투 당시 9살이었던 알렉산더는 죽은 조지 삼촌과는 정반대였다. 그는 끈기 있고 완고하며 존경할 만했다. 알렉산더는 "조용하고 다소 수줍어하는 기질과 매우 신사다운 행동거지"를 보였다. 후에 그의 사망 기사는 "존중받은 시민"이자 "우리 가운데서 가장 존경받았던" 사람으로 회상하고 있다. 알렉산더는 또한 독실한 기독교인으로 스코틀랜드 교회에 종파 분열이 일어난 후 분리된 자유 프레비스테리언 Free Presbysterian '위 프리 Wee Free' 교회에 참여했다. 나이 든 아버지가 은행 경영의 중압감으로 계속 힘들어하자 1841년 24살의 알렉산더는 공동 대리인이 되어 연 300파운드를 벌었고 서서히 아버지에게서 업무를 넘겨받기 시작했다. 린넨 상인들이 여전히 좋지 않은 감정을 가지고 있었기 때문에 알렉산더는 성장하는 산업들 가운데 새로운 사업을 개척하는 데 집중했다. 그리고 피프의 성장 산업은 후에 키르컬디가 유명해진 새로운 리놀륨 무역을 의미했다. 알렉산더는 특히 키르컬디 리놀륨의 중요 사업가인 미첼 네이른 경의 친한 친구였다. 점잖게 에딘버러 은행 경영진은 데이비드의 은퇴를 권유했고 1849년 그는 모든 대리 업무를 알렉산더에게 넘겨주고 은퇴했다.

결투는 1850년대에 이르자 영국에서 사라졌지만 다른 곳에선 사라지기 어려웠다. 미국에서 결투는 수십 년 동안 계속해서 유행했다. 다른 많은 것처럼 결투는 초기 이민자들과 함께 식민지에 수출되었고 미국에서 기록된 첫 번째 결투는 두 명의 하인들 사이에서 벌어지긴 했지만 1621년 6월에 일어났다. 에드워드 도티와 에드워드 레스터는 주인들이 인정하지 않았기 때문에 주인들은 부상을 입었는데도 그들의 손과 발을 24시간 동안 함께 묶어 놓는 가혹한 처벌을 했다. 청교도, 퀘이커교도, 네달란드인이었던 초기 미국인들은 강렬한 결투자들은 아니었다. 하지만 영국과 독립전쟁을 치를 때까지 결투는 매우 인기 있었고 특히 남부에서 인기가 있었다. 많은 영국군과 프랑스군이 상주했다는 사실이 결투 관습을 확산하는 데 크게 기여했다. 미국의 결투자들은 유럽의 결투 규칙을 따랐지만 더 애매하고 풍부한 상상력을 발휘했다. 그들은 신사일 필요가 없었으며 결투는 모든 보통 사람들에게 개방되어 있었다. 그들은 더 많은 무기를 사용했으며 흔히 60보폭에선 소총을, 40보폭에선 엽총을, 아주 가까운 거리에선 사냥칼을 선호했다. 때로 기술이 발전해 더 믿을 수 있게 된 연발 권총을 사용했다. 하지만 이는 의식화된 결투와 영화 스크린에서 더 과장되게 묘사되고 있는 통제되지 않는 총격전 간의 분명한 한계를 왜곡했다. 서부 영화 장르에서 아주 선호되던 누구나 참여할 수 있는 총격전은 유럽식 결투의 유산과는 거의 관계가 없다. 먼지 날리는 거리를 걸어가는 두 명의 카우보이 사이에서 빠르게 총을 뽑아드는 남자끼리의 결투는 순전히 할리우드의 발명품으로 19세기 서부극 소설의 배경 작가들에게 약간 도움을 받아 만들어졌다. 서부 총격전의 현실은 더 세속적이었다. 즉 한 남자가 상대에게 다음에 다시 만나게 되면 그에게 총을 쏘겠다는 말을 한다. 이 두 사람은 다시 만날 때까지 무기를 들고 주위를 어슬렁거리다 다시 마주치는 순간 총격전이 이어지고 한 사람이 살아남는 것이다. 1868년 앤드류 스타인메츠는 실제 분위기를 다음과 같이 포착하고 있다. "미국 남자들은 본격적으로 싸운다. 연발총이 늘 돌아가고 있다. 새총, 엽총, 사냥칼 등 가리지 않는다. 목 뒤를 긁으려고 손을 들면 당신에게 가장 가까이 있는 남자가 사냥칼을 뽑아 든다. 수도 워싱턴의 호텔 객실 벽에도 총알구멍들이 나있고……바텐더는 늘 자기 뒤에 있는 선반에 연발총을 준비해두고 있다."

미국의 결투는 유럽의 명예 회복이라는 개념보다는 대개 확실한 복수에 초점이 맞추어져 있었다. 1831년 알렉시스 토크빌은 "명예 문제에 대한 극도의 민감성에 근거한 결투는……미국에선 거의 알려져 있지 않다"라고 쓰고 있다. 그는 미국에서의 결투는 단지 법을 벗어나 적을 살해하는 방법에 불과하다고 주장한다. "유럽에선 결투하겠다고 말할 수 있는 계급에 속한 경우 이외엔 결투를 거의 하지 않는다. 그리고 모욕은 일반적으로 씻어내고 싶은 일종의 도덕적 오점이며……미국 사람들은 단지 살인하기 위해 결투한다. 사람들은 자신의 상대가 사형 판결을 받게 될 가능성이 없기 때문에 결투를 한다." 많은 미국인들은 유럽식 결투를 하나의 희극으로 조롱한다. 당신이 분쟁을 해결하기 위해 사람을 살인할 각오가 되어 있다면 그렇게 하면 된다. 결투를 막기 위해 입회인을 지명하지 말고 상대에게 무기 선택을 하게 하지 말고 당신이 해야 할 것 이상으로 목숨을 잃을 위험을 감수하지 말라. 마크 트웨인은 다소 냉소적으로 "나는 결투에 결사반대다"라고 말하고 있다. "어떤 사람이 나에게 결투 신청을 한다면 나는 친절하고 너그럽게 그의 손을 잡고 조용한 장소로 데려가 그를 죽여 버릴 것이다." 따라서 미국의 결투는 명예를 지킨다기보다는 폭력을 통해 분쟁을 해결하려는 것이다. 이는 무엇보다 미국 결투의 상당수가 명예 문제라기보다는 정치 분쟁 때문에 일어났다는 사실로 설명되고 있다. 역사책엔 결투를 한 많은 상원의원, 하원의원, 정부 관료들이 열거되어 있으며 앤드류 잭슨 같은 한두 명의 대통령까지 있었다. 정치인들은 선거운동, 재산권 그리고 무엇보다 노예제도 때문에 결투를 했다. 그리고 정치 단체의 의견은 정책만큼이나 권총으로 보호될 필요가 있었다. 선거운동을 하는 언론인들은 자신들이 명예를 훼손한 상대 독자와 자주 결투해야 했다. 많은 기자실은 화난 희생자가 문을 박차고 들이닥칠 경우를 대비해 무기를 준비해두었다. 어떤 19세기 샌프란시스코 편집인은 자기 문에 메모를 꽂아 두기까지 했다. "기부금은 9시에서 4시까지 접수하며 결투 신청은 11시에서 12시까지만 받습니다." 미국 국회의원들은 당연히 결투에 반대하는 법을 만들었지만 유럽처럼 이 법은 대개 무시되거나 집행할 수 없었다. 메사추세츠는 결투자들을 사형에 처해 시신에 말뚝을 박고 관 없이 매장했다. 결투는 남북전쟁 이후 먼저 북부에서 감퇴하기 시작했지만 노예를 소유한 지주 계급들이 자신들의 사회적 고귀함의 상징을 완강하게 고수했던 남부에서는 더 오래 계속되었다. 하지만 19세기말에 이르자 결투가 완전히 사라지진 않았지만 거의 찾아볼 수 없게 되었다.

하지만 유럽 대륙에선 결투가 다시 유행하기 시작했다. 이탈리아에선 1879년부터 1889까지 10년 동안 약 2759건의 결투가 기록되었으며 결투 대부분은 여전히 칼을 갖고 벌어졌다. 독일과 오스트로-헝가리 제국에서 결투는 제국주의적 군사주의 사상에 힘을 얻어 유행했다. 정통적인 권총 결투는 물론, 특히 독일 대학들에선 '멘슈렌 mensuren'으로 알려진 특별한 검으로 하는 결투가 번성했다. 매우 독일적인 이 결투는 그 자체로는 엄밀히 말해 결투가 아니었다. 대신 그것들은 경쟁하는 학생 친목단체나 사교 클럽 간의 무시무시한 스포츠 대결이었다. 결투자들 사이에 어떤 의미 있는 분쟁이 있는 경우는 거의 드물었다. 그들이 생명을 잃을 위험을 무릅쓸 것으로 기대하지도 않았다. 하지만 그들은 극단적인 명예와 용기 개념에 이끌려 많은 결투 규칙들을 채택하고 서로에게 많은 피를 흘리게 했다. 두 명의 학생이 거리를 두고 날카롭긴 하지만 찌를 수는 없는 칼을 들고 결투를 한다. 그들은 채찍을 사용하는 것과 같은 손목의 움직임으로 상대의 머리칼을 자르는 동안 상대적으로 조용히 서 있는다. 그들은 가죽 장갑을 손에 끼고 가슴에서 무릎까지 두꺼운 가죽 바지를 입는다. 팔엔 특별한 보호 패드를 넣고 비단 붕대로 단단히 감는다. 목은 두꺼운 가죽 목도리로 싸고 눈을 보호할 수 있는 두꺼운 유리 없는 보호안경을 묶는다. 이어 붐비는 여관 안에서 술 취한 학생 무리에 둘러싸여 분필로 그려진 그들이 물러설 수 없는 12평방피트의 경기장 안에 선다. 그들의 목적은 아주 단순하다. 상대의 머리칼이나 머리를 베는 것이며 뺨이나 이마를 베는 것이 더 낫다. 어떤 역사가는 이것은 결투는 아니지만 '더 세련된 의식적 얼굴 수술'이라고 결론짓고 있다. 뺨의 상처는 남자들에게 용기와 명예의 상징으로 보여지며 귀와 코가 없거나 스카프 역시 여자들에게 성적 매력으로 보여진다. 종종 결투자들은 상처를 보존하기 위해 특별히 준비된 소금 혼합물이나 말총을 상처에 문지르곤 했다. 몇몇 초기의 성형외과의사들은 결투할 용기가 부족한 학생들을 위해 깊은 상처를 내는 절개 수술을 한 것으로 알려졌다. 결투자들이 또한 먼저 부상을 입는 것처럼 극기적인 용기로 술 취한 의과대학생이 상처 꿰매는 것을 견딜 것으로 기대되기도 했다. 어떤 나약함이나 고통을 보이게 되면 학생 단체에서 추방되는 결과를 가져올 수 있었다. 이러한 '멘슈렌'은 당연히 불법이었지만 독일의 엘리트들은 젊은이를 교육하는 데 인격을 육성하고 입증하기에 좋은 도구로서 적극적으로 권장했다. 세평에 따르면 1830년대에 학생이었던 오토 폰 비스마르크는 이런 결투를 78차례나 한 것으로 알려져 있다. 미래의 카이저인 빌헬름 2세는 왼팔이 쇠약하게 태어나 오른팔을 강화하기 위해 오랜 세월 동안 펜싱 연습을 했다. 그는 부끄러움 없이 '멘슈렌'의 이점을 믿고 있었다. "중세 시대의 남자다운 힘과 용기가 마상 창 시합 연습으로 단련되었던 것처럼 단체의 회원자격에서 얻어지는 정신과 습관은 세계로 나아갈 우리에게 필요한 강인함을 제공해 준다." '멘슈렌'은 아직 불법이고 여전히 미친 짓 같지만 오늘날 여전히 일부 독일 대학에서 행해지고 있다.

프랑스에서도 대혁명 이후 새로운 권력으로 등장한 부르주아들이 길로틴에 처형된 귀족들을 뒤로 한 채 칼을 뽑아 들게 되면서 결투는 여전히 유행했다. 귀족, 군인, 제4의 계급인 언론인들은 거리낌 없이 결투에 나서 피를 흘렸다. 마를린 몬로가 "프랑스인들은 사랑을 위해 죽으러 태어났다. 그들은 기꺼이 결투를 한다"고 노래했듯. 하지만 19세기 말 들어서 여전히 칼이 압도적인 결투 무기였던 프랑스에서는 결투가 더 의식적이고 덜 치명적이 되었으며 첫 번째 부상으로 피를 흘리면 중단되곤 했다. 이 같은 현상은 어떤 사람들에게 냉소를 불러일으켰다. 미국의 풍자가인 앰브로스 비어스는 프랑스에서의 결투를 "두 명의 적이 화해하기에 앞서 행하는 공식적 의식"으로 정의했다. 하지만 프랑스인들에게 결투의 관행은 민족의 고전적인 개인주의의 증거로 여전히 유행했다. 프랑스 철학자들은 결투를 애국적 행위, 문명의 도구, 정의의 전달방법으로 옹호했다. 사실상 프랑스인들에게 결투는 1870년 독일에게 참혹한 패배를 당한 여파로 민족의 도덕성과 정체성을 회복할 수 있는 어떤 것이었다. 세기 전환기에 프랑스 수상 조르주 클레망소는 결투를 열렬히 옹호했다. 1906년에서 1909년, 1917년에서 1920년 사이에 프랑스를 이끌었던 클레망소는 권총으로 7번, 칼로 5번 등 모두 12차례 결투를 했다. 리처드 코헨은 "그는 칼을 더 좋아했지만 대부분 그가 결투를 신청했기 때문에 무기를 선택할 수 없었다"고 기록하고 있다. "클레망소의 상대들은 일반적으로 권총을 선택했다. 그가 살인할 생각은 없기 때문에 서로 상대를 빗맞추겠지만 칼로 하는 결투에서 그는 많은 피를 흘려야만 만족할 것으로 믿었기 때문이었다."

천천히 시작되기는 했지만 러시아 엘리트들 사이에서도 결투는 광범위하게 확산되었다. 애초에 그들은 아주 이국적인 관습으로 생각한 것에 대해 회의적이었다. 하지만 러시아인들이 프랑스를 찬미하게 되고 러시아군이 서유럽으로 점점 더 깊이 진주하여 전쟁을 벌이게 되면서 결투는 다른 많은 문화적 기호와 함께 결국 모스크바에까지 이르게 된다. 많은 군주들처럼 차르들은 둘로 나뉜다. 예카테리나 여제의 아들인 파벨 1세는 전쟁으로 많은 사람이 피 흘리는 것을 피하기 위해선 유럽의 군주들이 수상을 입회인으로 두고 결투해야 한다고 믿었다. 따라서 그는 나폴레옹 보나파르트에게 하부르크에서 결투를 하자고 결투신청을 했지만 당연히 답변을 듣지는 못했다. 하지만 표트르 1세와 같은 더 초기의 차르들은 결투 관행을 싫어해 단지 결투를 계획하는 것만으로도 교수형에 처하라고 지시했다. 후에 니콜라이 1세는 언론에서 결투를 언급하는 것조차 금지시켰다. 푸쉬킨의 운명적 결투는 그가 죽은 지 6주가 흐를 때까지 보도되지 않았다. 하지만 "19세기 말 프랑스의 모든 것과 사랑에 빠진 모스크바와 상트 페테르부르크에서 자존심이 있는 장교나 신사는 누구도 새로운 흥분을 불러일으키는 사건에 초연해 있을 수 없었다." 특히 문학계에 있는 많은 젊은이들은 차르로부터 자신의 독립성을 증명하기 위해 결투를 했다. 하지만 결국 다른 많은 것들처럼 혁명과 함께 러시아의 결투는 종말을 고했다.

결국 권총 결투를 종식시킨 것은 1차 세계대전이라는 전쟁이었다. 어떤 측면에서 단순한 학살의 규모는 사소한 모욕이나 오도된 개인의 명예심 때문에 더 중요한 죽음을 감수하는 짓을 무의미하거나 불합리하게 만들었다. 또한 젊은 결투자였을지도 모를 세대의 시신들이 플랑드르의 들판에 누워 썩어가고 있었다. 또 다른 측면에서 결투는 전쟁 그 자체의 본질과 매우 유사하다는 이유로 의심받았다. 많은 역사가들은 전쟁과 결투가 유사하다고 주장하고 있다. 고전적 독일 군사 이론가인 칼 폰 클라우제비츠는 "전쟁은 확대된 규모의 결투에 불과하다"고 주장했다. 하지만 1차 세계대전은 늘 대부분의 비유를 이끌어내고 있다. 역사가들은 참호전 —— 치명적인 타격의 교환, 화해추구에 대한 완강한 거부 —— 의 본질은 전쟁 그 자체가 일종의 국가 간의 결투라는 것을 의미한다고 주장한다. 물론 전쟁에선 많은 군장교들과 지휘관들 —— 특히 독일과 프랑스 측 —— 이 싸우며 그들은 결투에 대한 폭넓은 경험을 갖고 있다. 빅터 키에넌은 "세계대전은 전쟁을 끝내기 위한 전쟁은 아닌지 모르지만 사실상 결투를 끝낸 결투로 불리었다"고 기록하고 있다.

1918년 이후 치명적인 결투는 거의 없었으며 오히려 대부분이 심각한 1대1 대결이라기보다는 공개적인 묘기였다. 프러시아적인 모든 것에 대한 반작용으로 바이마르 공화국에선 결투가 금지되었다. 하지만 칼로 하는 결투는 1930년대 파시스트 독일과 이탈리아 사회에서 잠시 폭발적으로 유행했었다. 파시스트 독일과 이탈리아는 자기 체제에 그럴듯한 역사적 정통성을 부여하기 위해 의협적인 기사도 정신의 시대착오적인 꿈을 채택했다. 베니토 무솔리니는 결투를 좋아했고 파시즘 추종자들 사이에 검술을 장려하기 위해 할 수 있는 일은 모두 했다. 독일에서 나치는 처음에 대학 결투 남학생 사교 클럽들을 잠재적 위협으로 생각해 그것들에 대해 조심했다. 하지만 학생들이 '멘슈렌'에 대한 금지령에 따르기를 거부하자 나치는 정책을 바꾸었다. 갑자기 명예 규칙들이 국가 사회주의와 민족적 자부심의 규칙이 되었다. 우연히 망상에 사로잡힌 검술가이자 결투자였던 하인리히 히믈러와 라인하르트 하이드리히 같은 나치 지도자들은 검술을 장려하기 위해 최선을 다했다. 하지만 2차 세계대전은 그 모든 것에 종말을 고하게 했고 현대 유럽 사회에서 결투는 마침내 종식되었다.

데이비드 랜달의 이야기는 행복하게 끝을 맺지 못한다. 결투가 있고 오랜 세월이 지난 어떤 뜨거운 여름날 이 린넨 상인은 큰 발작으로 몸이 마비된다. 60살이었다. 「키르컬디 애드버타이저」에 'C'로만 알려진 기고자에 따르면 "말년에 랜달 씨는 한쪽 편이 마비되었고 후에 전혀 걸을 수 없게 되어 장애인 의자를 타고 움직여야 했다." 당시 찍은 은판 사진은 깔끔하게 단추가 달린 외투를 입은 채 엄격한 표정을 짓고 의자에 딱딱하게 곧추서 앉아 있는 데이비드를 보여주고 있다. 심한 발작의 모든 특징을 간직하

1850년대 노쇠했을 당시에 찍은 데이비드 랜달의 사진. 비스카운트 잉글리비 소장. 헨리 미들턴이 찍은 사진.

고 있는 왼손은 손톱 주위가 구부러진 채 넓적다리 위에 힘없이 놓여져 있는 반면 오른손은 균형을 잡기 위해 단장 끝을 쥐고 있다. 데이비드의 불구는 가족이 홀로 감당할 수 없을 정도였다. 인버케딩 출신의 아키볼드 싱클레어라는 남자 '간호사'가 고용되었다. 그는 세인트 마리에 머물며 데이비드가 죽는 날까지 그를 돌보았다. 하지만 다른 것들은 의학적 도움으로 해결될 수 없었다. 데이비드의 마비는 그의 사업에 엄청난 충격을 안겨주었다. 그는 더 이상 사업체를 경영할 수 없었고 점차 랜달 사는 내리막 길을 걷게 된다. 그의 사망 기사는 데이비드에게 '마비'가 찾아온 이후 그가 "그 질병 때문에 간헐적으로 반복되는 쇼크가 심해지면서 점차 사업 참여가 어렵게 되었고 개인적으로 확대된 사업을 관리 감독할 수 없게 되었다"고 기록하고 있다. 1853년 그는 회사 운영을 돕는 동업자로 큰 아들인 제임스와 로버트 러셀 랜달을 받아들여야 했다. 분명 사업은 더 나아지지 않았다. 'F'라는 기자는 1907년 「피프쉐어 애드버타이저」에 "어려웠을 시기 데이비드 대가족의 절조"를 아직도 기억할 수 있으며 "그 후 그들은 금전적으로 큰 손실을 보았다"고 말했다. 마비의 심각성은 데이비드가 말할 수 있는 능력조차 잃은 것처럼 보일 정도였다. 어떤 법률 문서에 따르면 그는 말년에 "병 때문에 자신의 유언장에 어떤 수정도 할 수 없었다"고 전한다.

하지만 데이비드는 오랫동안 불편한 세월을 살아내고서야 1861년 10월 4일 아침 세인트 마리에 있는 자기 침대에서 5시가 조금 지나 사망했다. 그의 사망 확인서엔 사망 원인이 '마비'로 기재되어 있으며 끔찍하게도 그 병이 15년간 지속되었다고 기록되어 있다. 길고 사랑에 넘친 그의 부음기사에서 「피프쉐어 애드버타이저」는 데이비드의 죽음이 슬프긴 하지만 예상되었던 일이라고 기록하고 있다. "오랜 삶을 살면서 평생 랜달 씨의 이름은 시 무역과 긴밀한 관계가 있었으며 불행하게도 그에게 어려움이 닥쳐 끝을 맺게 되었지만 사망자를 잘 알고 있는 모든 사람이 육체적 고통과 상업적 불운이 합쳐져 그를 압도하기 전 그는 한결같이 영국 상인의 정직성과 성실 그리고 신사의 정신을 보여주었다고 우리가 말하는 것을 지지해 줄 것으로 믿는다."

당연히 부음기사는 결투를 언급하지 않을 수 없었지만 오랜 세월이 지난 후에도 여전히 민감한 문제였다. "랜달 씨의 생애 중 이 시기에 말하지 않고 지날 수 없는 비극적인 사건이 일어났었다. 분명 불필요하게 고통스러운 기억을 불러일으키고 싶지는 않지만, 그럼에도 불구하고 우리가 언급하고 있는 것은 두말할 필요도 없이 모건 씨와 랜달 씨 간의 결투다. 이 결투에서 모건 씨는 불행하게도 치명적인 부상을 입고 쓰러졌다. 엄청난 도발로 인해 결투를 해야 했고 그렇기 때문에 동료 시민들에게 가장 불행했던 이 사건에서 그의 역할이 무죄였다고 말하지 않는 것은 랜달 씨를 추도하는 데 부당한 일일 것이다." 하지만 1860년대 초인 당시에도 결투는 다소 불행한 시대착오적인 짓으로 보여졌다. 부음기사는 조지 모건의 행위를 "군인이었던 그는 군인이었던 신사들 사

365

이에서 유행했던 명예에 대한 높은 평가를 간직하고 있었을 것이다"라고 말함으로써 조지 모건의 행동을 설명했다. 이어 우산으로 공격을 받았던 데이비드 랜달의 반응에 대해 부음 기사를 쓴 사람은 "자신이 분노와 모욕적인 말은 참았지만 구타를 참을 수 없다고 느끼고 당시 신사들 사이에 일반적이던 분개 방식을 취했다"고 설명해야 한다고 느꼈다.

1861년 10월 4일 데이비드 랜달이 죽을 무렵 랜달 사는 파산한다. 그의 아들 제임스와 로버트는 분명 아버지의 사업적 재능을 갖고 있지 못했다. 제임스는 몇 년 전 인도양 상의 섬나라인 모리셔스로 슬며시 달아났고 따라서 재산을 정리하는 일은 로버트에게 맡겨졌다. 어떤 법률 문서엔 "재산을 정리하는 그의 목표는 무역상인들인 데이비드 랜달 회사의 동업자로서 데이비드 랜달이 죽을 당시 파산했던 상기 데이비드 랜달의 채권자들 가운데 매상금을 똑같이 나누려는 목적으로 상기 개인 재산에 대한 항목을 작성하는 것이며 그의 재산은 현재 파산 상태이다"라고 기록되어 있다. 로버트는 동료 경영자인 제임스가 스코틀랜드에 있는 집으로 돌아올 때까지 기다리기를 원했다. 제임스는 모리셔스에서 돌아오고 있는 중인 것으로 알려졌지만 그가 언제 도착할지에 대해선 아무도 알지 못했다. 하지만 채무 부담은 로버트가 단순히 기다릴 수 없을 정도였다. 변호사에게 보낸 진술 조서에 그는 "절대적으로 상기 개인 재산을 즉시 현금화하여 분할할 필요성이 있으며 채권자들은 그 같은 일에 대한 요구를 재촉하고 있다. 처리를 더 이상 지연하는 것은 관련된 모든 사람에게 엄청난 비용과 손실을 수반하게 될 것이다"라고 쓰고 있다.

데이비드의 유언장은 울적한 연민을 자아낸다. 그것은 누가 무엇을 갖고 사업이 어떻게 분할되어야 하며 자본이 어떻게 분산되고 어떤 조건하에서 11명의 자식과 그 가족들에게 나누어져야 하는지, 더 어린 자식들은 어떻게 교육받아야 하는지, 로버트와 제임스는 랜달 사에 대한 데이비드의 몫을 어떻게 구매할 것으로 예정되었는지, 메리가 결혼하지 않는다면 평생 어떻게 연금을 받을지에 대한 상세한 지시로 가득 차 있다. 하지만 모두 헛된 것이었다. 로버트는 어머니를 위해 겨우 세인트 마리를 보존했다. 그의 처남인 조지 윌슨이 관대하게도 380파운드에 모든 가구를 구입해 텅 비지 않게 되었다. 하지만 그 이외의 모든 것, 토지, 소유권, 로치티 워터 위에 있는 표백장 등 모든 것이 채권자들에게 빚을 갚기 위해 처분되었다. 결국 이 결투자는 그의 은행가가 아니라 그의 사업에 패배한 것이다.

아론 부어와의 결투 전날 밤 알렉산더 해밀턴은 유언장을 작성했다. 그는 유언장에서 역설적으로 자신이 미국의 부통령과 결투하는 것은 잘못이라고 믿는 이유를 설명하고 있다. 흥미롭게도 부어의 높은 직위는 문제가 되지 않았다. 대신 해밀턴은 "우선 나의 종교적 그리고 도덕적 원칙은 결투 관행에 강력히 반대하고 있으며 법이 금하고 있는 개인적 결투에서 동료 인간의 피를 흘리게 하는 것은 일찍이 나에게 고통을 주었다. 두 번째로 내 아내와 자식들은 나를 매우 사랑하고 있으며 나의 생명은 여러 가지 점에서 그들에게 매우 중요하다. 세 번째로 나는 나의 채권자들에게 어떤 의무감을 느끼고 있다. 나에게 무슨 일이 생겼을 경우 채권자들은 나의 재산에 대한 강제 매각으로 어느 정도 피해를 입게 될 것이다. 나는 정직한 사람으로서 마음대로 채권자들을 가벼이 위험에 노출시키는 사람이라 생각하지 않았다. 네 번째로 나는 정치적 대립을 제외하면 부어 씨에게 악의를 품고 있지 않으며 정치적 대립은 순수하고 정직한 동기에서 진행되었다고 믿는다. 마지막으로 많은 것을 위태롭게 하면서 내가 결투 결과로 얻을 수 있는 것은 하나도 없을 것이다." 그가 옳았다. 유언장을 쓴 다음날 아침 해밀턴은 스스로의 충고를 무시하고 배를 타고 허드슨 강을 건너 뉴저지로 가 총에 맞아 죽는다. 이보다 더 자기 모순적이고, 위선적이며 정신분열적이기까지 한 짓은 없을 것이다. 여기에 표면적으로는 결투에 반대하지만 수차례 결투에 참여했으며 결국 자신의 생명을 잃은 남자가 있다. 하지만 다른 많은 결투자들도 이러한 딜레마를 겪으며 비슷하게 분리된 감정을 느꼈다. 가족에 대한 걱정, 죽음에 대한 공포, 종교적인 양심의 가책, 합리적 반대 등 이 모든 것들은 그들이 싸울 수밖에 없는 개인적 명예심 때문에 극복되고 있다. 하지만 이처럼 강한 동기 부여를 하는 개념인 명예는 사람들마다 많은 차이를 보이고 있다.

　　스펙트럼의 한쪽 끝에는 공적인 평판과 함께 개인적 자기 존

중이 결합되어 형성된 이상적이고 진짜 현실적인 명예라 할 수 있는 명예에 대한 감각이 존재하고 있다. 이는 오랜 격언처럼 사람만이 스스로에게 부여할 수 있는 명예이다. 그것은 자기 절제, 의지, 일상적 욕망에 굴하지 않고 자신의 원칙을 지키는 능력이자 타인에 대한 존중이다. 이러한 유형의 명예를 지키기 위한 결투는 정당화할 수 있고, 의미 있으며 기사도적이기까지 한 고귀한 행위인 진정한 투쟁으로 볼 수 있다. 급진적 철학자인 제레미 벤담은 결투가 현실적 사회악을 바로잡는다고 믿었다. "결투는 모욕이 명예에 각인시킨 오점을 완전히 지운다." 이러한 유형의 결투는 가족, 집이나 조국을 지키기 위한 투쟁과 동일시할 수 있다. 그것은 아마도 남자가 일생에 한두 번 하는 어떤 것일 것이다. 이러한 명예에 대한 개념은 너무 소중해 그것에 대한 쓰라린 모욕은 결투 신청을 정당화한다. 이러한 관점에서의 결투는 두 사람 간의 진정한 견해 차이에 대한 것이다. 이것은 평판에 대한 부적절한 심각한 비난, 잘못된 심한 비방에 의해서만 도전받을 수 있는 유형의 명예이다.

하지만 스펙트럼의 또 다른 쪽 끝에는 쉽게 위협받는 유약한 개념인 인위적이고 무가치한 명예 관념, 하찮은 사회적 구성 개념이 존재한다. 이것은 선술집에서의 우연한 부딪침이나 사소한 시비로 무시될 수 있는 유형의 명예다. 이것은 명예가 아니라 불합리하고 우스꽝스러운 결투를 불러일으키는 어떤 것으로 그저 무색한 모방에 불과하다. 이것은 동료들에서 비롯된 명예로 이때 사람들은 단지 관습을 따르고 공개적인 창피를 피하기 위해 싸운다.
1827년 결투에 참가하기 전날 밤 WG 그래험이라는 뉴욕 사람
은 다음과 같이 유언장에 쓰고 있다. "내가 분쟁을 해결하는 이런
불합리한 방식을 진심으로 경멸하며 여기에 이의를 제기한다는
점은 말할 필요도 없다. 하지만 어찌 관습이라는 패권에 굴복하지
않을 수 있단 말인가?" 다음날 아침 그는 총에 맞아 사망했다. 이
러한 유형의 덧없는 명예를 지키기 위한 결투엔 다소 애처로운 어
떤 것이 존재한다. 이때 결투는 치명적임에도 우아한 의식에 지나
지 않는다. 이것은 역사가인 케빈 맥알리어가 변색된 유형의 명예
를 위한 결투라고 한 것이다. 그는 "그것은 가치 진공상태를 숨기
고 있다"라고 쓰고 있다. "살아가기 위한 고귀한 가치를 박탈당한
결투자들은 죽을 수 있는 명예 규칙이라는 일련의 귀족적 지침들
을 받아들인다. 그들은 남자다움에 대한 다소 단순하고 애매한 희
극적 견해를 가진, 남자다움을 과시하는 청소년들보다 못한 현대
적 기사로 너무 인간적임을 입증한다." 이것은 그 위반이 단순히
싸우기 위한 빈약한 구실에 불과한 일련의 거의 직업적 결투자들
의 명예다. 이것은 "낮에는 사냥하고 저녁에 술 먹고 다음날 아침
결투"하곤 했던 아일랜드 신사들 같은 광신적 결투자들의 명예
다. 가장 좋은 예는 1748년 태어나 폭력적이고 의미 없는 삶을 살
며 26차례나 결투를 할 정도로 싸움을 즐기던 아일랜드 사람 로
버트 조지 피츠제럴드다. '싸움꾼 피츠제럴드'로 알려진 이 잔인
한 이튼교 출신자는 자기만족과 복수 그리고 술 마시고 사냥하는

사이에 시간을 보내기 위해 결투를 했다. 그는 부끄러움 없이 결투 규칙을 위반했다. 그가 하는 일에 명예롭다 할 수 있는 일은 하나도 없었다.

제도로서 결투의 치명적 약점은 명예라는 이 두 가지의 상이한 개념을 구분하지 못했다는 사실이다. 1855년 저작에서 미국의 결투 역사가인 로렌조 사빈은 이 문제를 발견하고 "단순한 명예 문제에 근거한 결투"로 덜 중요한 것과 "실제적인 잘못이나 심한 권리 침해에 대한 결투"인 더 중요한 결투를 구분했다. 하지만 많은 결투 규칙 모두는 그 문제에 대해 침묵하고 있다. 그들은 어떻게 모욕의 본질이 결투의 본질을 결정하는지 상세히 설명하고 있다. 하지만 그들은 모욕의 본질이 우선 결투가 벌어져야 하는지 여부를 결정하는가 여부에 대해선 분명히 하지 않고 있다. 앤소니 심프슨은 "규칙들은 결투 신청을 정당화하는 정확한 상황"을 분명히 하지 않고 있다고 말했다. 규칙들은 단지 신사는 아무리 우스꽝스럽더라도 모든 결투 신청을 받아들여야 한다고 주장하고 있다. 어떤 모욕들은 명예에 진짜 모욕적이고 너무 심해 간과될 수 없다. 또 다른 모욕들은 터무니없어 무시될 수 있고 무시되어야 한다. 하지만 결투는 이 두 가지 모욕을 구분하지 않고 있다. 모욕은 아무리 사소해도 모욕이며 결투 신청을 불러 일으킨다.

역사적 일반화는 늘 위험하며 필연적으로 개별적인 사례에 의해 이의가 제기된다. 하지만 때로 어느 정도 일반화는 유용하며 특히 더 폭 넓은 문제를 설명하는 데 유용하다. 따라서 결투에 대한 많은 설명을 읽어보면 결투가 시작될 무렵이 사라질 무렵보다 진정한 명예문제로 더 많이 일어났다고 결론지을 수 있다. 결투 관행이 사라질 무렵엔 많은 결투들이 덜 심각한 모욕 때문에 일어났다. 결투가 점차 암살이나 유혈의 난투를 대체하면서 많은 사람은 결투를 남자들 사이의 행위 규제 방법으로 보았다. 결투는 명예가 위태로워졌을 때 진짜 중요한 의견 차이를 해결하기 위해 있었으며 그것은 사법적 결투에서 결투의 기원을 반영하고 있는 어떤 것이었다. 하지만 세월이 흐르면서 더 많은 결투들은 인위적인 명예 개념에서 근거를 찾았다. 역사가 빅터 키에넌은 "곳곳에서 남자들은 진정한 원칙을 지킬 수도 있었지만 이런 예외적인 혼란스러운 무의미한 난투 속에서 사라져갔다." 궁극적으로 결투를 사라지게 한 것은 이 같은 사실이었다. 결투가 진짜 분쟁 해결에서 멀어져 가면 멀어져 갈수록 결투에 대한 평판은 더 악화되어 갔기 때문이다.

조지 모건과 데이비드 랜달의 결투는 이러한 변화를 반영했다. 1820년대까지 전보다 더 많은 결투들이 인위적 명예 개념에 근거해 벌어졌다. 따라서 데이비드와 그의 친구들은 사업상의 분쟁 때문에 결투하는 것은 터무니없는 짓이라고 생각했다. 사업상의 분쟁과 같은 유형의 갈등은 대부분의 결투자들이 갖고 있었던 것처럼 보이는 당시의 그럴듯한 명예 개념에 포함되지 않았다. 당시 결투자들은 사람들이 자신들을 째려보거나 무분별하게 말하기 때문에 싸웠지만 거래처 은행가와 싸우지는 않기 때문이다. 하지만 일단 조지가 공공 거리에서 우산으로 데이비드를 구타하면서 모든 상황이 변했다. 이내 그들은 진정한 실체에 불만이 있고 명예가 위태로워진 두 명의 신사가 결투를 해야 하는 장소로 시간을 거슬러 올라간 것이다. 모욕의 본질이 매우 중요하다. 따라서 데이비드의 결투는 당연히 그 제도의 기원으로 거슬러 올라간다. 결투에 의한 재판에 참여한 사람들처럼 데이비드는 결과를 결정하는 것은 기술이 아니라 하느님이라고 진심으로 믿으며 엄격한 의식에 따라 결투했다. 또한 기사도 시대의 기사들처럼 데이비드는 승패보다는 또 다른 사회 엘리트 구성원과의 분쟁에서 명예를 회복하기 위해 고안된 정당한 의식에 따라 결투했다.

　이것이 데이비드 랜달 이야기의 핵심이다. 조지 모건과 그의 운명적 대결은 단지 이 결투가 당시 대부분의 다른 결투들과 아주 달랐기 때문에 두드러진 것은 아니다. 그것은 그럴듯한 갈등이 아니라 진정한 분쟁에 근거한 결투였다. 그것은 숙련된 싸움꾼이 아니라 처음으로 결투에 나선 사람들 간의 결투였다. 그리고 무엇보다도 그것이 결투가 사라지고 있다는 아주 많은 징후들을 내포하고 있기 때문에 두드러져 보인다. 즉 결투의 정당성에 대한 데이비드의 끊임없는 의문, 친구들 사이에서 승인 받고자 되풀이된 그의 노력, 결투자로서 그의 미숙함, 밀리가 입회인이 되기를 꺼렸다는 사실, 규칙에 대한 밀리와 밀너의 불확실성, 당시 결투 규칙들의 명백한 이완, 조지 모건이 결투 신청을 꺼렸다는 사실, 법에 대한 조지 모건의 무지, 닥터 존스턴이 결투에 참관하지 못하게

막으려는 가족들의 시도, 데이비드 랜달이 결투에서의 성공이 자신의 평판을 회복하기에 충분치 못하며 대신 사업상의 신용을 회복하기 위해 재판과 무죄판결을 필요로 한다는 점을 인정했다는 사실, 결투에 대한 일반적인 반대 등이 그것이다.

이러한 의문들, 이러한 불확실성 그 모든 것은 결투를 쇠퇴하게 한 19세기 초반에 일어났던 중간 계급의 반대, 법정의 발전, 일반적 반대, 개인주의 쇠퇴와 같은 더 광범위한 사회적 변화들을 반영하고 있다. 1820년대에 영국은 근대성의 선봉에 서 있었으며 결투의 쇠퇴는 결국 마주하지 않을 수 없었던 사회 변화를 설명하고 있다. 영국 사회는 당시의 산업적, 과학적 그리고 사회적 진보를 받아들이면서 결국 피의 전통을 버린다. 역사가 도나 T 앤드류가 쓰고 있듯이 "합리성, 기독교와 통상에 근거한 새로운 사회 비전이 존재했으며 이러한 사회에서 결투는 어울리지 않고 어리석어 보이기 때문에 실행되지 않았다." 이런 맥락에서 빅토리아 시대의 사회가 결투를 현실적으로 거부했다는 사실은 역사에서 멋진 변화를 특징짓고 있다. 당시 영국은 구시대적인 것이 현대적인 것에 밀려나는 순간 미래를 포용할 수 있도록 그 과거의 일부를 벗어 던졌다.

치명적인 결투는 종종 유감스러운 유혈사태를 야기했다. 방아쇠를 부드럽게 당기는 순간 가족과 공동체를 분열시키는 들끓는 원한을 야기하게 할 수 있다. 명예라는 구실과 의식에도 불구하고 결투는 그 핵심에서 두 명의 남자가 서로를 살해하려 하고 종종 서로를 살해하는 데 성공하는 것이기 때문이다.『결투 규칙』의 가장 열렬한 신봉자들은 상대의 품에서 죽을 때 서로를 용서할 것이다. 하지만 그들의 가족과 친구들이 용서하기는 쉽지 않다. 수없이 많은 아내들이 남편 없이, 아이들이 아버지 없이, 가족이 생계 수단 없이 남겨졌다. 이는 시간이 지나도 거의 치유될 수 없는 적개심과 신랄한 비판을 불러 일으켰다. 조지 모건은 아내나 자식이 없었다. 하지만 그렇다고 그의 가족이 데이비드 랜달에 대한 악의 이상의 어떤 것을 느끼지 못하게 할 수는 없었다. 1907년 「키르컬디 애드버타이저」에서 익명의 기고자 'C'는 "모건의 죽음은 두 가족 간에 매우 고통스러운 감정을 야기했다"고 기록하고 있다.

때문에 당시 벌어진 일은 더욱더 특별했다. 1851년 봄 오래전 죽은 조지 모건의 조카로 데이비드 모건의 아들인 알렉산더 모건은 젊은 키르컬디 처녀와 사랑에 빠졌다. 완고한 은행가는 34살이었고 좋은 직업을 가지고 있었으며 가정을 꾸릴 준비가 되어 있었다. 존경받는 지역 상인의 딸이자 7명의 자매들 중 다섯째로 그녀는 19살이었고 결혼할 준비가 되어 있었던 매력적인 처녀였다. 그녀의 이름은 엘렌 랜달이었고 그녀의 아버지는 25년 전 알렉산더의 삼촌을 총으로 쏘아 죽인 남자였다.

알렉산더와 엘렌이 어떻게 만났는지, 그들이 어떻게 구혼했는지는 알 수 없다. 분명한 것은 그들이 1851년 9월 2일 키르컬디의 자유 교회에서 목사 존 알렉산더의 주례로 결혼을 했다는 사실이다. 이것은 두 가족 간의 놀라운 화해 행위였다는 점에 의심의 여지가 없다. 알렉산더가 제안하고 엘렌이 받아들였다는 사실은 결혼이 가족에게 받아들여졌다는 사실을 보여주고 있다. 결혼식 참석자들의 명단은 기록되어 있지 않지만 부모의 동의가 없었다면 분명 이 결혼식은 진행될 수 없었을 것이다. 데이비드 랜달은 발작으로 쓰러지긴 했지만 죽기 10년 전이었고 능력을 모두 잃은 것은 아니었다. 알렉산더의 아버지 데이비드 모건도 당시 아주 활발하게 활동하고 있었다.

알렉산더와 엘렌의 결혼은 성공적이었다. 그들은 키르컬디 하이 스트리트에 있는 아늑한 저택인 모건 가족의 집으로 이주했다. 그들은 일단의 가사를 담당할 하인들을 고용하고 집안을 일으키기 시작했다. 20년간 그들은 4명의 딸과 5명의 아들을 낳았고 막내를 조지라고 불렀다. 수십 년이 흐르고 랜달과 모건 가족은 사랑만이 아니라 사업도 동업하기 시작했다. 1880년대에 알렉산더와 엘렌의 세 아들인 데이비드, 알렉산더 그리고 로버트 모건은 인도 캘커타로 여행을 떠났고 흥분, 모험과 일을 찾아 대영제국 전역으로 확산된 스코틀랜드인들의 이주에 동참했다. 이미 데이비드 랜달의 가장 어린 아들이자 엘렌의 오빠인 알렉산더 랜달은 캘커터에 이주해 살고 있었다. 알렉산더 랜달과 그의 세 명의 조카들은 랜달 앤 모건이라는 중개인 회사를 설립했다. 그들은 거의 모든 것을 취급했지만 특히 황마교역에 집중했으며 리놀륨 사업을 하기 위해 키르컬디로 되돌아왔다. 일부 설명에 따르면 이 회사는 1950년대까지 유지된 것으로 전하고 있다. 30년 이상 키르컬디에 있는 스코틀랜드 은행을 운영한 후 1875년 은퇴한 알렉산더 모건은 아내 엘렌과 함께 해안으로 이주해 남은 여생을 세인트 앤드류에서 보낸다. 결국 알렉산더는 1902년 6월 3일 오후 8시 85살의 나이로 기관지염으로 사망한다. 흔히 그렇듯 엘렌은 알렉산더가 죽은 지 몇 달 만에 71살의 나이로 사망한다. 그들은 북해를 바라보는 세인트 앤드류 성당의 폐허 가까이에 있는 같은 무덤에 매장되었다. 그곳은 한 세대 전 새벽에 그들의 아버지와 삼촌이 결투를 했던 곳에서 해안으로 불과 몇 마일 올라가지 않은 장소였다.

감사의 말

다른 책들도 마찬가지이겠지만 이 책도 다른 사람들의 도움이 없었다면 나올 수 없었을 것이다. 특히 스코틀랜드 국립도서관과 국가 문서 보관소 직원들에게 감사를 드리고 싶다. 알랜 브로치 씨는 몇 가지 중요한 문서의 위치를 알려주었다. 키르컬디 도서관 개빈 그랜트, 달라스 맥컨 그리고 카트린느 쉬러러. 키르컬디 피프 무역 사무소의 헬렌 로버트슨과 켈리안 캠벨. 카덴바른 농장의 조이스와 로빈 베이어드, 피프 위원회 문서 보관소 센터의 앤드류 도우시. 퍼스 쉐리프 법원의 조 머피. 이 이야기에 생명을 불어넣은 앤 미드의 열정과 에너지에 감사를 드린다. 스코틀랜드 은행에서 고문서를 발굴해 준 숀 예이츠, 로즈마리 무디 그리고 세네이드 맥도널드, 데이비드 랜달의 초상화를 사용하도록 허락해 주고 도움을 준 데 대해 비스카운트 잉글리비, 원고를 다듬어준 더블린 성 패트릭 컬리지의 닥터 제임스 켈리, 이 분야에 대한 자신의 연구에서 도움을 얻을 수 있게 해 준 리처드 모건, 스코틀랜드 은행가 설립 기관의 찰스 문, 조이스 블랙, 데이비드 존스톤, 마이크 카티그나니, 로버트 모건, 데이비드 러셀, 앤드류 스패로우, 로렌 블레이어께도 감사드린다. 물론 이 책의 어떤 실수나 오류도 전적으로 나의 책임이다.

몇 사람에겐 특히 감사를 드리고 싶다. 기이 월터스는 내가 글을 쓰도록 용기를 주었다. 나의 에이전트인 잭로 & 네스비의 팁 로니스께는 책임지고 참을성 있게 초심자를 받아들여 처음으로 『결투』를 믿어 준 데 대해 언제나 감사할 것이다. 물론 제이미 바인지, 앤디 밀너 그리고 끊임없는 지지와 헌신을 해 준 캐논게이트 출판사의 모든 분께 감사드린다. 하지만 무엇보다 사랑과 인내로 나의 부재, 강박관념, 극도의 피로를 감내해 준 아내와 딸의 사랑과 인내에 큰 빚을 졌다.

제임스 랜달,
런던 2005년 4월

1차 자료들

The Cockburn Papers

Cockburn, Lord. The case of David Landale. MSS. Advocates Library/National Library of Scotland. Ref: Adv.MSS.9.1.2

이것은 책의 가장 중요한 일차 자료이다. 이 원고는 데이비드 랜달 재판에 대해 수집된 모든 증거들을 포함하고 있다. 데이비드 랜달의 변호사인 헨리 콕번은 결투법에 있는 기존의 판례들 때문에 자신의 기록을 위해 복사한 문서를 가지고 있었다. 원고 대부분은 랜달/모건 결투에 관련된 29명의 사람들이 개인적으로 목격한 것을 증언한 것이었다. 그들은 증인 예비 심문으로 알려진 스코틀랜드의 법률 절차로 결투 후에 즉시 면담을 했다. 이 가운데엔 재판을 해야 할지 여부를 판단하기 위해 당국이 수집한 증언들이 포함되어 있었다. 그들의 증언은 직접적인 증언이 4만 단어에 이른다. 이렇게 상세하게 데이비드 랜달과 조지 모건의 결투를 재창조할 수 있었던 것은 이 원고 덕분이었다. 책에서 기술된 대화의 대부분은 증언에서 기록된 직접적인 말이다. 하지만 일부는 '목격자'를 목격자의 이름으로 바꾸고 인용부호를 넣고 한두 명의 이름은 대명사로 바꾸어 전언을 직설법으로 표현했다. 다른 말들은 바꾸지 않았다.

증언을 한 사람들

Robert Stocks, Alexander Balfour, William Russell, David Birrell, Michael Barker, Provost Millar, James Fleming, Robert Inglis, Alexander Beveridge, James Aytoun, James Brown, William Tod, James Gumming, David Morgan, William Millie, Lt. William

Milne, Dr Alexander Smith, Dr James Johnston, Gilbert Garner, John Mason, Robert Kirk, David Macrae, George Graham, George Aitken, Thomas Ronald, George Douglas Mitchell, William Henry, William Oliphant and Walter Fergus.

콕번 원고는 다음과 같은 것들도 포함하고 있다.

1. 헨리 콕번이 직접 작성한 서문으로 데이비드 랜달의 권총 구입과 이 사건에 대한 질리스 경의 태도에 대한 묘사를 포함하고 있다.
2. 이 사건과 관련해 가장 중요한 편지들의 선택. 이 편지들엔 다음과 같은 것들이 포함되어 있다. 데이비드 랜달의 보증 대부 신청과 에딘버러에 있는 스코틀랜드 은행에 보낸 항의서, 자신들의 행동을 변호하는 데이비드 모건과 조지 모건의 편지, 스코틀랜드 은행의 답장, 결투로 치닫고 있을 당시 데이비드 랜달과 조지 모건 사이에 긴박하게 오갔던 서신들
3. 데이비드 랜달에 대한 공식 고발장
4. 잠재적 목격자들의 명단
5. 데이비드 랜달의 변호에 대한 짤막한 공식적 언급
6. 헨리 콕번이 상세하게 작성한 변론문
7. 데이비드 랜달이 자기 변호사를 위해 작성한 상세한 개인적 기록
8. 질리스 판결 전문

법률문서들

두 번째로 많은 일차 자료는 에딘버러 스코틀랜드 국립 문서 보관소에 보관되어 있는 랜달/모건 결투와 관련된 법률 문서 모음집. 이것은 세 가지로 분류되고 있다.

1. 사건 서류들, 고등 법원. Ref:JC 26/478 이 서류들 중엔 소환장, 소장, 목격자 명단, 배심원들 명단과 중요한 증거 서류들이 포함되어 있다.
2. 증인의 예비 심문 문서 기록들. Lord Advocate's department Ref:AD 14/26/368. 이 기록들엔 결투 장소에 대한 묘사, 체포영장, 왕실 대리인 Adam Rolland, 지역 법원 직원 Will Douglas와 피프 주장관 Andrew Galloway 사이에 오간 서신들이 포함되어 있다.
3. North Circuit 상세한 저술 목록, 고등 법원. Ref:JC 11/72. 이 목록엔 재판에 대한 짧지만 공식적인 설명이 포함되어 있다.

데이비드 랜달 사건에 대한 설명

- Report of the trial of David Landale Esq. Before the circuit court of justiciary at Perth on Friday, 22 September 1826, second edition,
- Perth: R Morison
- A Famous Fife Trial'.The Kirkcaldy Duel Case, Cork, Purcell & Co., printers, 24 Patrick Street, 1893
- Perthshire Courier, September 28 1826
- Edinburgh Weekly Journal, September 27 1826
- Edinburgh Evening Courant, September 25 1826
- Morning Herald, London, September 27 1826
- Scotsman, September 27 1826
- The Times, September 28 1826

신문 기사들

- Edinburgh Evening Cowant, August 24 1826 early report of duel
- The Scotsman, August 25 1826 – early report of duel
- Edinburgh Weekly journal, August 29 1826 early report of duel
- The Times, August 28 & 29 1826 early reports of duel
- Fifeshire Advertiser, October 5 1861 David Landale's obituary
- Fifeshire Citizen, September 24 1904 the last duel in Fife
- Fifeshire Advertiser, May 4 1907 a narrative of the duel and trial
- Fifeshire Advertiser, May 11 1907 – more correspondence, including letter by 'C'.
- Fifeshire Advertiser, May 18 1907 more correspondence
- Fifeshire Advertiser, May 25 1907 copies of David Landale's letters to his land agent, John Anderson. 이 편지들은 재판이 진행되는 동안 그리고 재판 후에 데이비드 랜달이 생각한 것에 대한 상세한 직접적인 증거들을 제시하고 있다.
- The Fife Free Press, June 7 1902 Alexander Morgan's obituary
- Findlay, Jessie Patrick. The last duel fought in Fife, local Fife newspaper, date uncertain, likely to be 1920s, two such articles, both held at Kirkcaldy Library
- Fifeshire Advertiser, October 12 1940, 'The last duel fought in Scotland' by J Y Lockhart

General Register Office for Scotland, Edinburgh

1. Census returns: David Landale, 1851 & 1861; David Morgan,1851; Alexander Gibson Morgan, 1851, 1861, 1871, 1881, 1891,1901
2. Marriage certificates: David Landale & Isabella Spears, December 7 1819; David Landale & Mary Russell, March 191828; Alexander Gibson Morgan & Ellen Russell Landale, September 2 1851
3. Death certificates: David Landale, October 4 1861; Alexander Gibson Morgan, June 3 1901

다른 자료들

1. Minutes of meetings, Kirkcaldy Chamber of Commerce: July 18 1825; November 14 1826. Records held at the Fife Chamber of Commerce, Kirkcaldy.
2. Documents from Bank of Scotland archives: letters from the Bank of Scotland directors in Edinburgh to George and David Morgan. Ref: BS/1/32/11; background material on David, George and Alexander Gibson Morgan, compiled by archivists; copies of some of David Landale's bonds and cash accounts.
3. Wills: David Morgan, National Archive of Scotland, ref. SC20/50/24 pp. 1263~94; David Landale, National Archive of Scotland, ref. SC 20/50/33 pp. 1497~1520 and 1607~10.
4. Selected military documents relating to George Morgan, held at the National Archive at Kew, ref. WO 31/419, WO 31/363 and WO 31/344.
5. Map of Kirkcaldy, John Wood, Edinburgh, 1824. Reproduced by Caledonian Maps, Scotland, 1992.

Chronology of letters

• January 23 1826 From David and George Morgan to George Sandy, Secretary to the Bank of Scotland, Edinburgh. Expresses their view that David Landale's security is good.
• April 8 1826 From David Landale to William Caddell, Treasurer, Bank of Scotland. Argues his case for the cash credit.
• April 25 1826 From David and George Morgan to David Landale. Their refusal to pay

one of David's bills worth L1000.

- June 5 (possibly 3) 1826 From Alexander Balfour to David Landale. Balfour's request to have his debt with Landale reduced.
- June 23 1826 From David Landale to William Caddell, Treasurer ofthe Bank of Scotland, Edinburgh. Explaining why David withdrew his business from the bank.
- June 27 1826 From David Morgan to David Landale. Invitation to dinner.
- June 28 1826 From David Landale to David Morgan, declining invitation to dinner.
- July 11 1826 From Archibald Bennet, Bank of Scotland, to David Morgan. Contains copy of Landale's letter of complaint and demands an explanation.
- July 21 1826 From David Morgan to Archibald Bennet, Secretary to the Bank of Scotland. Defends himself against Landale's accusations.
- July 31 1826 From Archibald Bennet to David and George Morgan.
- Demands how big Landale's overdraft is and how many of his bills are still out-standing.
- August 2 1826 From George Sandy to David and George Morgan. Demands Landale update his insurance policies with the bank.
- August 3 1826 From George Morgan to Archibald Bennet. Defends himself against Landale's charges.
- August 8 1826 From Archibald Bennet to David and George Morgan. Demands full statement of Landale's debts with the bank.
- August 9 1826 From George Sandy to David and George Morgan. Issues modest telling off for George Morgan but allows him to continue in office.
- August 12 1826 From George Morgan to David Landale. Morgan's first demand for an apology from Landale.
- August 12 1826 From David Landale to George Morgan. Landale's first reply to Morgan, insisting that he can substantiate his accusations.
- August 12 1826 From George Morgan to David Landale. Says Landale's reply was evasive and points directly to those accusations he finds most offensive.
- August 14 1826 From David Landale to George Morgan. Landale's second reply, insisting he has evidence from Robert Stocks, and informing Morgan that he will be out of Kirkcaldy for a few days. Morgan returns this reply without response.
- August 22 1826 1 p.m. From David Landale to William Millie. Requests that Millie delivers challenge to George Morgan, and says he will go to Edinburgh to buy pis-

tols.

- August 22 1826 From David Landale to George Morgan. The challenge.
- August 22 1826 From David Landale to John Anderson, setting his affairs in order and issuing instructions.
- August 23 1826 From David Landale to John Anderson. In Glasgow. In the evening after the duel. Says he will write to legal authorities.
- August 24 1826 From George Sandy to David Morgan. Acknowledges death of George Morgan.
- August 24 1826 From Andrew Oliphant to Adam Rolland, crown agent. Explains circumstances of duel and attempts to arrest participants. Also hints at Morgan's unpopularity.
- August 24 1826 From David Landale to John Anderson. In Glasgow. Says he will travel using an alias.
- August 28 1826 From David Landale to John Anderson. In Keswick. Asks for arrangements to be made for him to get cash from the banks.
- August 29 1826 From David Landale to John Anderson. In Keswick. Tells Anderson to stop worrying.
- September 5 1826 From David Landale to John Anderson. Location unknown. Welcomes the support of his friends who are lobbying for him.
- September 11 1826 From David Landale to John Anderson. In Edinburgh. Seeks Cumming's evidence about Morgan's earlier threat to David on the street.
- September 20 1826 From David Landale to John Anderson. In Edinburgh. Two days before the trial, asks for stomach powders and warm shoes.

2차 자료들

Select bibliography:

- Anon. The British Code of Duel, London, Knight and Lacey, 1824. Republished by Richmond Publishing Co., 1971
- Anon. Guide to the City and County of Perth, fourth edition. Perth, R. Monson, 1824
- Atkinson, John. The British Duelling Pistol, London, Bloomfield/Arms and Armour Press, 1978

- Atkinson, John. Duelling Pistols and Some of the Affairs they Settled, London, Cassell, 1964
- Baldick, Robert. The Duel—A History of Duelling, NewYork, Clarkson Potter, 1965
- Billacois, Francois. The Duel— its Rise and Fall in Early Modern France, trans. Trista Selous, London, Yale University Press, 1990
- Bosquett, Abraham. The Young Man of Honour's Vade-Mecum, London, 1817
- Breinner. David. Tlie Industries of Scotland, Edinburgh, Adam and Charles Black. 1869
- Bryson. John. Industries of Kirkcaldy and District, reprinted from the Fife News, Kirkcaldy, 1872
- Buchan, George. Remarks on the Late Trial of David Landale Esq. for the Killing of Mr Morgan in a Duel, Edinburgh, John Lindsay & Co., 1826
- Burleigh, JHS. A Church History of Scotland, London, Oxford University Press, 1960
- Cameron, Alan. Bank of Scotland 16951,995 - a Very Singular Institution, Edinburgh, Mainstream Publishing Co., 1995
- Campbell, AJ. Fife Shopkeepers and 'Traders, 1820~1870, vol III, held at Kirkcaldy Library
- Churchill, Winston. A History of the English-Speaking Peoples, vol IV, London, Cassell, 2003
- Cockburn, Henry. Memorials of his Time, ed. Karl Miller, Chicago, University of Chicago Press, 1974
- Cohen, Richard. By the Sivord, London, Macmillan, 2002
- Conrad, Joseph. A Set of Six, first published 1906, republished Pennsylvania, Wildside Press, 1995
- De Massi, Coustard. The History of Duelling in All Continents, London, 1880
- Douglas, William. Duelling Days in the Army, London, Ward & Downey, 1887
- Durie, Alastair. The Scottish Linen Industry in the 18th Century, Edinburgh, John Donald. 1979
- Fraser, George MacDonald. Flashman, London, HarperCollins, 1999
- Frevert, Ute. Men of Honour a Social and Cultural History of the Duel, Cambridge, Polity Press, 1995
- Gregg, Pauline. A Social and Economic History of Britain, London, Harrap, 1973
- Hague, William. William Pitt the Younger, London, HarperCollins, 2004

- Halliday, Hugh. Murder among Gentlemen: a History of Duelling in Canada, Toronto, Robin Brass Studio, 1999
- Hamilton, Joseph. The Code of Honour as Approved liy Several Gentlemen of Rank, Dublin, 1824
- Hamilton, Joseph. The Only Approved Guide through all Stays of a Quarrel, Dublin & Liverpool, 1829
- Holland, Barbara. Gentlemen's Blood a History of Duelling from Swords at Dawn to Pistols at Dusk, New York, Bloomsbury, 2003
- Kelly, James. 'That Damn'd Thing Called Honour' Duelling in Ireland 1570~1860, Cork, Cork University Press, 1995
- Kiernan, VG. The Duel in European History Honour and the Reign of Aristocracy, Oxford, Oxford University Press, 1989
- Lockhart, John. Kirkcaldy '1838~1938 a Century of Progress, Edinburgh, the Alien Lithographic Co. Ltd, 1939
- Maupassant, Guy de. The Coward, extract cited in The History of Duelling by Robert Baldick, pl90~92
- McAleer, Kevin. Dueling: the Cult of Honor in Fin-de-siecle Germany, Princeton, Princeton University Press, 1994
- Milhngen, John Gideon. The History of Duelling, two vols., London, Richard Bentley, 1841, republished Elibron Classics, 2004
- O'Brian, Patrick. HMS Surprise, London, HarperCoilins, 1996.
- 'Patriot, A Christian'. Reflections on duelling, Dublin, 1823
- Pigot & Co. New Commercial Directory of Scotland, London, 1825/26
- Pushkin, Alexander. Eugene Onegin, trans. James E Falen, Oxford, Oxford University Press, 1998
- Raikes,Thomas. The Journal of Thomas Raikes, vols. 1 & 2, London, 1858 Rogers, Samuel. Recollections of the Table Talk of Samuel Rogers, London, The Richards Press Ltd, 1952
- Rush, Philip. The Book of Duels, George Harrap & Co., 1964
- Sabine, Lorenzo. Notes of Duels and Duelling, Boston, Crosby Nichols & Co., 1855.
- Simpson Ross, lan. The Life of Adam Smith, Oxford, Clarendon Press, 1995
- Stanton, Lieutenant Samuel. The Principles of Duelling, London, 1790
- Steinmetz, Andrew. The Romance of Duelling in All Times and Countries, 2 vols.,

London, 1868, republished by Richmond Publishing Co., 1971

- Stevens, William Oliver. Pistols at Ten Paces - the Story of the Code of Honor in America, Boston, Houghton Mifflin Co, 1940
- 'Traveller, A'. The Art of Duelling, London, 1836, republished by Richmond Publishing Co., 1971
- Truman, Major Ben C. The Field of Honour, being a complete and comprehensive history of duelling in all countries. New York, Fords, Howard and Hulpert, 1884
- Waugh, Evelyn. Officers and Gentlemen, London, Penguin, 1955
- West, Sir Algernon. Recollections 1832~1836, vol. 1, London, 1899
- Wilson, John Lyde. The Code of Honor or rules for the. government of principals and seconds in duelling, 1838

신문/잡지 기사들

- Andrews, Donna T. 'The code of honor and its critics: the opposition to duelling in England, 1700~1850', Social History 5, No. 3, 1980
- Holland, Barbara. 'Bang! Bang! You're Dead', Smithsonian Magazine, October 1997
- MacNiven, Ian. 'Banker and Customer: a quarrel and its sequel', Scottish Bankers, vol. xlvii, No. 186, pp. 102~08, August 1955
- Mead.Anne. 'Pistols at Dawn', Scots Magazine, August 1995
- 'The Last Duel. A three-page account of the duel not published, author's private papers
- 'An Affair of Honour, another account of the duel, not published, author's private papers
- Morgan, Richard. 'George Morgan 1754~1829 and the origin of the Morgans in Kirkcaldy, private paper, March 2002
- Morgan. Richard. 'David and George Morgan, Agents of the Bank of Scotland in Kirkcaldy. private paper, April 2004
- Simpson, Antony. 'Dandelions on the Field of Honour: Duelling, the Middle Classes, and the Law in Nineteenth-Century England', Criminal Justice History, vol. 9, 1988

| 찾아보기 |

ㅎ

명예와 죽음의 역사

결투

초판 1쇄 발행일 2008년 4월 15일

지은이 │ 제임스 랜달
옮긴이 │ 채계병
펴낸곳 │ 이카루스미디어

출판등록 제8-386호 2002년 12월 10일
136-110 서울특별시 성북구 길음동 1280번지 길음뉴타운 225동 103호
전화 : (070)7587-7611 팩시밀리 : (02)303-7611
E-mail : icarusmedia@naver.com

ⓒ 2008 이카루스미디어

ISBN 978-89-956395-6-6 03900